日本铝产业

—— 铝冶炼产业的兴衰

（日）三和元 著

章吉林 史宏伟 赵正平 等译

日本のアルミニウム産業

—— アルミニウム製錬業の興隆と衰退

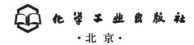

化学工业出版社
·北京·

《日本铝产业——铝冶炼产业的兴衰》描述了世界铝业概况，并对日本铝业的特征进行解析；对高速发展时期的铝冶炼产业扩张过程及新加入铝冶炼企业进行分析；探究了铝冶炼企业最终选择退出的根本原因；对政策效果进行评价，讨论了铝冶炼衰退对日本经济和铝加工业的影响；对铁矿石和铜精矿开发进口过程进行比较；最后对铝业的未来产品方向进行论述，并从资源理论的观点出发对其未来进行展望。

本书可作为铝电解行业从业人员的参考书。

北京市版权局著作权合同登记号：01-2020-2349

图书在版编目（CIP）数据

日本铝产业：铝冶炼产业的兴衰/（日）三和元著；章吉林等译. —北京：化学工业出版社，2020.7
ISBN 978-7-122-36763-1

Ⅰ.①日… Ⅱ.①三…②章… Ⅲ.①炼铝-冶金工业-工业史-日本 Ⅳ.①F431.363

中国版本图书馆 CIP 数据核字（2020）第 077907 号

责任编辑：韩亚南　段志兵　　　　　　　文字编辑：林　丹　毕梅芳
责任校对：宋　夏　　　　　　　　　　　装帧设计：王晓宇

出版发行：化学工业出版社（北京市东城区青年湖南街 13 号　邮政编码 100011）
印　　装：北京虎彩文化传播有限公司
787mm×1092mm　1/16　印张 11¼　字数 267 千字　2020 年 8 月北京第 1 版第 1 次印刷

购书咨询：010-64518888　　　　　　　　售后服务：010-64518899
网　　址：http：//www.cip.com.cn
凡购买本书，如有缺损质量问题，本社销售中心负责调换。

定　　价：88.00 元　　　　　　　　　　　　　　　　版权所有　违者必究

中文版序

　　章吉林先生多年从事有色金属行业，现任中国有色金属加工工业协会副理事长兼秘书长。史宏伟先生我认识多年，虽因工作关系结识，但私人关系也很好。史宏伟先生是天津新艾隆科技有限公司总经理，在业界有一定影响力。他将本书译文发给我，请我作序，我欣然同意，这主要是由于我长期在铝行业管理岗位上工作，对我国铝产业有比较深刻的认识，同时也对本书的内容很感兴趣。

　　很感谢章吉林先生和史宏伟先生，能将本书译成中文，这样方便我们阅读，更好地了解日本铝产业发展的历史，尤其是能从其铝冶炼产业的兴衰中获得一些启示。

　　本书总结了日本铝产业快速发展的历史，透露的是依托新产品开发、技术的突破和迅猛增加的市场支撑。尽管我国铝产业快速发展的起点与日本相比滞后，但我国铝产业快速发展的支撑条件，与日本也有着惊人的相似。三和元先生总结日本 1950 年后铝冶炼产业快速发展中技术壁垒不是限定因素，而是电力保障、低电价和筹集设备资金，这也和我国现在铝冶炼产业发展最关键的制约因素是一致的。

　　日本铝冶炼从盛到衰的分水岭，日本学界普遍认为是 1971 年美元危机和 1973 年第一次石油危机，高电价直接削弱了日本国内铝冶炼的国际竞争力，而我国目前铝冶炼产业发展和布局调整也再次证实了电价对电解铝产业竞争力的决定性作用。三和元先生等众多日本同行认为，压垮日本铝冶炼产业的"最后一根稻草"是日美谈判，日本将铝锭进口关税从 1988 年 1 月起降至 1％。尽管我认可这一观点，但也认为缺乏竞争力的产业靠关税保护是不可持续的。

　　本书还有一个亮点就是全面分析了日本政府围绕拯救其铝冶炼产业所采取的措施，但应该看到所有的措施都没能解决电价高的核心问题，但其采取的铝锭储备制度、生产限制劝告、不景气产业设定和冻结削减设备能力等，对今天我国铝产业无疑也是可以借鉴的。

　　日本铝产业根据本国资源、能源、环境条件和自身竞争力，果断关闭铝冶炼产能。中国也有类似的声音，认为电解铝属于"两高一资"，中国也应该向日本学习，关闭部分电解铝产能，加大电解铝进口。对此，本人持有不同观点：第一，中国铝的大规模消费刚刚 20 余年，还没有积累足够的二次资源（再生铝）；第二，中国人口众多，原铝消费量在未来几十年的时间内仍将保持世界第一，中国电解铝进口量会对国际铝价产生重大影响；第三，中国电解铝海外产能布局和资本输出还没开始，海外产能对国内铝的有效供给还要经过一个十分漫长的过程。因此，中国在相当长的一个时期内电解铝需求必须依靠国内供给，这也是中日铝产业发展之路的区别之根本所在。正像三和元先生书中所述：在发达国家，没有自己冶炼产业而加工业蓬勃发展的只有日本一家，就连德国铝消费量的 20％ 也是由其国内冶炼的（2010 年数据）。日本铝加工业通过确保新铝进口保持稳定，主要原因是对海外冶炼产业进行了投资和融资。

　　"以史为鉴，可以知兴替"，我们要研究日本 80 年铝冶炼产业的兴衰史，也要思考新时代中国铝冶炼产业发展之路。希望读者通过本书，能有所思、有所悟。

中国有色金属工业协会副会长

文献军

二〇一九年六月十二日于北京

译者前言

中国的电解铝行业在改革开放后蓬勃发展，目前在世界上已经处于遥遥领先的地位，可以说最先进的技术和最高的产量都在中国。

50多年前日本的电解铝也曾经处于世界第二的位置，后来因为能源问题、环保问题、汇率问题等，现在已经完全没有电解铝的生产了（三和元先生的原著对此做了深入浅出的分析）。他山之石，可以攻玉，我们不能完全参照日本，但可以之为鉴。尤其现在的中美贸易战更给了我们警醒，对于金属铝这样的战略物资需要慎重。

本书适合电解铝行业、有色金属行业的从业人员阅读，想必会让他们有所收益。

本书翻译过程中赵正平先生做了大量工作，章吉林先生做了大量校对和补充，余泉和先生参与了相关工作，在此表示感谢！

史宏伟

2019 年 6 月 13 日于天津

原著前言

2014年3月，最后一家铝冶炼厂——日本轻金属蒲原工厂正式停产。自此，日本铝冶炼产业完全消失了。自1934年由日本沃度（日本电气工业）大町工厂开始的铝冶炼产业经过80年的历程，最终落下了帷幕。

日本铝冶炼产业经历了由飞机主导的武器制造产业带来的飞速发展，第二次世界大战后，由于军需产业萎缩而有所停滞，直至对日占领政策缓和带来的再次启动，对铝产品的需求增大而带来产量的快速扩大。到20世纪70年代后期，原有的3个工厂加上新建的3个工厂共计6个工厂的产量，已处于仅次于美国和苏联而排名在世界第三。20世纪70年代，伴随国际经济环境巨变，爆发美元危机和石油危机，加上铝冶炼产业耗电大，使生产成本居高不下，逐渐失去国际竞争力而陷入经营危机，虽然政府出台了一定的救助政策但也无济于事。进入20世纪80年代后，各铝冶炼企业相继退出了铝冶炼产业，至1988年只剩下日本轻金属蒲原工厂。

近代产业史中，在整个国家的全部产业构成中完全消失的实例，在日本有纺织业和煤炭业。但一个产业由最鼎盛时期到衰落所经历的最短时间来看，铝冶炼产业是极其罕见的。就煤炭业来看，到1959年煤炭矿业会议前后跨度约40年，其间对产业结构进行调整，产量由5100万吨降至310万吨。铝冶炼产业由1977年的164万吨（历史最高）产能，到1988年仅仅过了11年就急减至年产3.5万吨，降速惊人。

众所周知，在煤炭业的调整过程中政府投入了巨额的财政资金。铝冶炼产业也投入了相当大的政府补助，可是由于在降低电费价格上没有给出有效的产业政策，铝冶炼产业最终走向了消亡。

铝冶炼产业虽然衰退了，但是铝加工产业伴随原铝和再生铝的进口，加之日本国内的需求急速扩大而逐渐成长了起来。在发达国家，没有自己冶炼产业而加工业蓬勃发展的只有日本，就连德国铝消费量的20%也是由自己冶炼的（2010年数据）。日本铝加工业为确保新铝进口保持稳定，对海外冶炼产业进行了投资和融资。与炼钢产业和炼铜产业相比，虽然或多或少有些落后，但铝冶炼企业和综合商社从20世纪60年代到70年代就积极参与了矾土矿和原铝的进口开发。1976年开始的印度尼西亚Asahan（译者注：地名）项目和1978年巴西亚马逊（Amazon）项目，是由国家投入资金开发的国家级项目。日本铝业就是在这种国际分工协作体系中稳步前进的，甚至在铝加工产业伴随汽车产业和电机产业走向海外的同时，以零部件加工业为中心在海外投资建厂变得活跃起来。

在国际性资源匮乏和为获得资源而进行激烈竞争的形势下，日本原铝的自给率为零，这可能会威胁到铝产业的健康发展。原料矾土矿存储量很大，其供给不足的可能性很小。但在当今冶炼技术条件下其耗电量巨大，在影响节约能源的情况下，使得原铝的供给价格不断攀升，这一点也许会使得供给变得有些不稳定。即使是为稳定供给而开发的国家级项目——印度尼西亚Asahan项目，也有可能因为印度尼西亚政府民族主义政策倾向而在合同期满以后难以续约。

因此，为了铝业的健康发展有必要制定新的资源政策。从铝业成品的角度看，出现了与作为航空素材的碳素纤维进行竞争的态势，在需求显著增长的汽车产业中，已经形成了与由新技术制造的超高张力钢进行竞争的格局。汽车本身因环境问题逐渐由燃油车转向混合动力车和电动车，在发动机上铝材使用量也有减少趋势。20世纪作为金属而被广泛使用的铝，从需求方面进入了新时代。

    基于此，本书目的就是探讨随着日本铝冶炼产业的终结，我们在回顾铝业发展史的同时，思考21世纪产业问题的关键点到底是什么。

三和 元

2015 年 10 月

目　　录

课题和方法

1. 课题

铝与支撑现代社会发展的金属材料铁和铜有同等重要的地位。1880 年工业化技术——Hall-Héroult 法开发应用，由于纯铝重量轻、强度弱，当时用途仅限于餐具和装饰品等。进入 20 世纪，具有较高强度耐断性铝合金（与铜等金属合金）硬铝被开发成功，并应用于飞机的零部件。其后，相继开发出铜、锌、镁、锰、镍等多种铝合金，随着加工性、焊接性、耐腐蚀性、耐磨损性、导电性、导热性好和强度高等优点更多的材料被开发成功，合金的应用范围更广泛了。

20 世纪中前期，建筑用建材和电线、电力用铝箔等被研制出来。飞机，特别是军用飞机需求增加使得铝产业腾飞起来。20 世纪中后期，伴随着铝材的广泛使用，如运输行业用的铁道车辆、汽车、船舶、运输集装箱等，建筑行业用扣板、屋顶、墙壁、罐、桥梁、型材等，电气机器行业用的家电、办公设备、一般电气机器等，金属制品行业用罐类、胶卷、容器等，食品行业、机械部件等，电力行业用的电线等，使得铝业飞速发展。

到 2010 年，全世界推算出的铝消费总量近 4912 万吨，在日本消费总量为 353 万吨[1]。2010 年，以原铝为基准推算的铝消费量，中国为 1580 万吨，美国为 424 万吨，日本为 202.5 万吨，为世界第三[2]。

从 1950 年开始，原铝的消费和生产每 5 年的统计数据见序表-1。世界原铝消费量从 1950 年的 150.7 万吨到 2010 年的 3966.6 万吨，60 年时间里增长了约 25 倍；日本的消费量由 1.9 万吨到 202.5 万吨，增长了约 107 倍。日本的消费量到 1990 年增长显著，1990 年原铝消费量占世界总量的 12.5%，之后原铝消费量趋于减少，2010 年原铝消费日本市场占有率降低到 5% 左右。

1990 年以后，原铝消费量停滞不前，日本经济长期停滞，特别是建筑行业需求低迷，这与废铝的再生利用导致供给增加也有一定关系[3]。

铝生产工艺是以矾土矿为原料制造，电解铝的铝冶炼，原铝或者再生铝（用废铝再生熔融得到的二次铝锭）冶炼加入其他元素制造的铝合金，经轧制、挤压成型、生产铝线、铸造、锻造等工艺过程加工成各种一次铝材，将材料经过拉伸、弯曲、切削、焊接、表面处理等工艺加工成各种成品的二次加工流程[4]。

一些铝相关企业将生产工艺的某一部分作为产业进行经营。到底经营哪一部分范围内的产品，要依据企业自身状况和历史条件来决定。在北美洲和欧洲的一些企业从铝冶炼开始到轧制、铸造等加工工艺为止进行一体化生产。而日本大部分都是以铝冶炼、制造合金和轧制、铸造等加工工艺进行分离的经营模式为主。

日本的铝业如表 0-1 所示，1950 年开始日本国内铝冶炼产业兴盛，1978 年日本的铝冶炼产业规模达到了年产 164 万吨，排名世界第三[5]。1980 年，能保持日本国内 60% 的自给率。可由于第二次石油危机和日元升值因素的影响，冶炼企业陆陆续续地从这个行业撤退。1988 年后，日本国内生产原铝的日本轻金属浦原工厂，年产量也仅有 2 万吨～5 万吨的水平。2014 年 3 月末，浦原工厂也停止了铝冶炼。始于 1934 年的日本铝冶炼产业 80 年历史，画上了句号。

表 0-1　原铝的消费和生产　　　　　　　　　　单位：kt

年份	世界的原铝消费	日本的原铝消费	日本的市场占有率	世界的原铝生产	日本的原铝生产	日本的市场占有率	日本的原铝自给率
	(A)	(B)	(B/A)	(C)	(D)	(D)/(C)	(D)/(B)
1950	1507	19	1.26%	1507	25	1.66%	131.6%
1955	3105	50	1.61%	3105	58	1.87%	116.0%
1960	4177	151	3.62%	4543	133	2.93%	88.1%
1965	6635	298	4.49%	6586	292	4.43%	98.0%
1970	10027	911	9.09%	10302	728	7.07%	79.9%
1975	11457	1171	10.22%	12838	1013	7.89%	86.5%
1980	15332	1639	10.69%	16695	1092	6.54%	66.6%
1985	15889	1695	10.67%	16568	227	1.37%	13.4%
1990	19275	2414	12.52%	19379	34	0.18%	1.4%
1995	20497	2336	11.40%	19682	18	0.09%	0.896
2000	25065	2225	8.88%	24418	7	0.03%	0.3%
2005	31697	2276	7.18%	31889	6	0.02%	0.3%
2010	39666	2025	5.11%	41169	5	0.01%	0.2%

出处：《世界金属统计》各年版。

日本国内铝冶炼产业衰退后，其轧制、铸造等加工业继续发展，并满足了日本国内大部分铝产品的需求[6]。铝加工业在以冶炼企业和综合商社投资开发的海外冶炼企业为主的进口原铝的基础上，原料得以稳定供给，其经营一直也得以维持。日本铝业从 1990 年代以后，原料主要依靠海外进口，供给日本国内市场成品，一直以这种国际分工的形式保持着发展的态势。

像日本铝产业这种发展模式，在现代铝消费大国当中是极其特殊的。以 2010 年节点为例，世界最大的消费国中国以原铝为基准的消费量为 1580 万吨，而其生产量为 1619 万吨；消费量排名第二的美国为 424 万吨，而其生产量 173 万吨；消费量排名第四的德国 191 万吨，而其生产量 40 万吨，它们各自支持着国内的铝生产。比起这些国家，消费量为 202.5 万吨的排名第三的日本其生产量仅 4700 吨，明显自给率太低[7]。

即便在日本国内，同样是基础材料的钢铁和铜，生铁、炼铁、粗钢、电解铜的自给率极高[8]，与此相比铝锭的自给率如此之低实在是罕见。炼铝锭需要耗大量的电，在电费价格奇高的日本，铝冶炼产业经营难以维持有其不得已的一面，然而从政策层面上降低工业用电价格的选择也是可以考虑的[9]。所以铝产业政策对造成日本铝自给率如此之低有不可推卸的责任。

如此低的基础材料自给率，在供给量和供给价格的稳定性方面都有可能产生问题。当国际需求关系出现危机时，确保进口就会变得困难，进口价格就会暴涨。石油危机已经很好地诠释了这一过程。

不仅仅是石油，铁矿石资源、金属资源、植物资源等的国际价格，伴随发展中国家的经济发展需求不断上涨，进入 21 世纪后各种资源价格已经明显上涨了。围绕各种资源，大型资源企业逐步走向经营垄断化。

本书所要研究的课题是：在资源问题越来越严峻的历史潮流中，原料自给率极低的日本铝业今后到底会面临什么样的局面呢？让我们在回顾铝业发展历史进程的同时，进一步探讨和展望未来的问题关键点到底是什么。

2. 研究方法

在经济学和经营学领域中的铝业与自然科学领域是有所不同的，研究历史也比较短暂。在日本文献里安西正夫《铝工业理论》（钻石社，1971 年）作为产业理论研究评价很高，作为商学博士论文被早稻田大学采用。可是其后到 2013 年为止，其间就再没有关于铝产业方面的文科博士论文被采用，也没有期刊发表过关于产业论文的研究类文章。1970 年铝业相关领域的专业杂志《Altopeer》月刊开始发行，1994 年月刊杂志《铝》开始发行，刊载关于铝产业论文研究成果，其中横尾敬次（住友化学工业出身）主编的《铝产业理论》（第 1 回～第 22 回，2002 年 10 月～2004 年 8 月）是最为全面的学术期刊。

关于铝业历史的论文研究期刊发行很多。作为铝业相关企业发行的"公司史"文献，有日本轻金属的《日本轻金属二十年史》（1959 年）、《日本轻金属三十年史》（1970 年）、《日本轻金属五十年史》（1991 年）；三菱化成工业的《三菱化成史》（1981 年）；住友化学工业的《住友化学工业株式会社史》（1981 年）、《住友化学工业最近二十年史》（1997 年）；昭和电工的《昭和电工铝五十年史》（1984 年）；日本亚马逊铝业的《日本亚马逊项目 30 年的历程》（2008 年）；古河电工的《古河电工创业 100 年史》；神户制钢所的《神户制钢 80 年史》（1986 年）；其他有《东洋铝 50 年史》（1982 年）、《日本制箔 50 年史》（1984 年）、《YKK50 年史》（1984 年）、《三协铝业 30 年史》（1990 年）。另外，相关企业发行的文献有秋津裕哉（住友银行）《从我国铝冶炼史来看企业经营上的诸问题》（建筑资料研究社，1994 年）；清水启（日商岩井）《铝外史》上下卷（Kallos 出版社，2002 年）；牛岛俊行和宫岗成次（三井铝工业）《自黑钻石的轻银——三井铝业 20 年的历程》（Kallos 出版社，2006 年）；宫岗成次《三井的铝冶炼和电力事业》（Kallos 出版社，2010 年）。作为记录文献，有收录相关人员采访内容的集团 38《铝冶炼史的片段》（Kallos 出版社，1995 年）；日本铝业协会编《社团法人日本铝业联盟的记录》（日本铝业协会 2000 年）。

通商产业省（经济产业省）的铝业政策相关的书，有色金属工业概况的编辑委员会编（通产省基础产业局金属科）《有色金属工业的概况》（1977 年版～1980 年版，小宫山印刷工业出版部，1976 年～1979 年）；通商产业省编《基础材料产业的展望和课题》（通商产业调查会，1982 年）；通产省基础产业局有色金属科《金属工业，88》（通产省资料调查会，1988 年）；通商产业省通商产业政策史编委员会编《通商产业政策史》第 1 卷（通商产业调查会，1994 年）、第 14 卷（通商产业调查会，1993 年）；通商产业省通商产业政策史编委员会编、山崎志郎等著《通商产业政策史 1980—2000》第 6 卷（通商产业调查会，2011 年）等。除此之外，分析产业政策相关的书有小宫隆太郎、奥野正宽、铃村兴太郎《日本的产业政策》，田中直毅《铝冶炼产业》（东京大学出版会，1984 年）。

上述书籍均是作者对其所关心问题的论述。安西正夫《铝工业理论》是出身于文科（法学部和经济学部）并担任昭和电工总经理的经营者，用经营学方法分析了铝产业的现状，描述的是对将来的发展和展望。该书对石油危机前高度成长期的分析很精准，但其判断前提是建立在对电力状况乐观的基础上，没有充分认识到铝冶炼产业陷入困境和衰退的过程。根尾敬次《铝产业理论》也是行业的佼佼者，书中论述了铝冶炼衰退后铝产业的工业特征和世界事业的展开，在追忆日本冶炼产业理论的兴起和没落的同时，也介绍了最大的生产和消费国中国的铝产业现状。局限性在于罗列了大量事实关系，没有明确提出产业发展方向问题，没有对产业衰退的历史原因进行深入分析。

而企业所编撰的企业史，只是对基本的事实关系进行了记述，几乎都没有对经营战略进行客观的评价，对影响客观评价的经营数据大多没有提及。作为企业史对有关经营者的责任问题没有记述是可以理解的，但从经营史学观点出发很不充分。

通商产业省（经济产业省）是铝产业政策制定和执行的责任机构，其发行的刊物对事实经过有客观的记述。即便如此，产业政策到底带来了什么样的效果和评价都没有明确的判断。官方编撰史书共有的特点是不会自吹自擂和自我批评，但对读者来说总感觉有些地方还是不尽如人意。

对于这些已经发行的铝产业理论、产业史、产业政策史的文献，想从中学到明确的论述方法是很难的。当然参考对已经发行期刊的批评和表达不满的文章，对构建新的研究方法还是会有所启迪。在社会科学领域，借鉴已经积累下来的科学研究方法是正确的。

在分析铝业发展过程中，用基础性工学知识对产业理论进行研究是可行的。在生产技术的发展阶段，以既定的技术水准为基础，边应对成品需求的扩大边分析扩大生产的过程，伴随产业环境（生产成本方面和市场价格方面）的变化来分析经营收益是如何变化的。

关于铝业经营的主体，采用经营学的方法进行分析是合理的。不同国家经营主体的经营形态有不同特点，同时同一个国家在不同的年代也有差异，因而有必要对其发展至今的过程进行解析。另外，经营主体在铝业中到底包含了哪些领域（冶炼、加工、流通等），根据国别、年代要对其差异进行比较分析。

铝相关企业到底选择了什么样的经营战略，评价其为实行这个战略到底取得了什么样的成果，用经营学企业分析方法进行分析是很重要的工作。当然，有关个别企业的经营实际情况，只能根据公开的经营资料进行分析，有其局限性是在所难免的，有必要尽最大限度的努力去收集相关资料。关于经营战略，可以采用经营战略理论、经营思想决定理论和市场理论等方法；有关实行经营战略，可以采用经营组织理论、统治力理论和经营管理理论等。

铝相关企业，特别是铝冶炼企业，采用工业布局的方法还是很适用的[10]。原料来源布局和选址布局是最基本的。耗电量大的铝冶炼企业布局要选水力发电和火力发电资源丰富的地点，但是铝冶炼过程中产生的废弃物（红泥）等对环境会产生污染，需要对污染物和废气进行处理。

2007 年在世界铝产业界，Rio Tinto 用 TOB 形式收购了 Alcan，世界最大的铝生产企业 Rio Tinto Alcan 诞生了，巨大的跨国企业形成了垄断。对于这样的情况，就需要采用多国籍企业分析[11]和国籍资源理论[12]的方法进行解析。

据推测，铝原料矾土矿的可开采埋藏量有 280 亿吨，仅次于铁（2320 亿吨），是相对较多的金属资源。废铝再生后的品质变化不大，成本较低，比起埋藏量少的铜（6.1 亿吨）来说，是不会出现国际价格急速上涨的情况的[13]。因此其关注度较低，但也决不能轻视。对铝产业和资源政策的历史状况有必要用经济政策史进行探讨研究。

关于日本铝冶炼产业，借鉴已经消失了的煤炭工业和纺织产业，进行对比分析还是很有意义的[14]。

由于有开发进口原铝的因素，日本铝供给稳定。钢铁工业的原料也是依存进口，日本已经构建了稳定的铁矿石进口体系，对两者进行对比分析也是很有益的[15]。

铝业发展至今的历史进程可以采用经济史和经营史的分析方法。铝业发展带来的经济环境变化，用经济史的方法对其进行宏观上的分析；对主体经营环境变化和把握经营选择战略用经营史的方法进行微观分析，从而对铝业发展至今的历史进程得出综合性的判断。

在分析日本铝业过程中，采用经济学和经营学理论和方法对问题进行研究及对研究对象进行逐个推进。

本书第一章描述了世界铝业概况，并对日本铝业的特征进行解析；第二章在对铝冶炼产业在战争期间到战后复兴时期的历史进程进行描述基础上，对高速发展时期的铝冶炼产业扩张过程和以新加入铝冶炼企业为中心进行分析；第三章分析了外部环境的变化对铝冶炼产业衰退过程中各企业的战略影响，探究铝冶炼企业最终选择退出的根本原因；第四章对铝产业政策是如何确认实施的基础上，对政策效果进行评价，讨论铝冶炼衰退对日本经济和铝加工业的影响；第五章对铁矿石和铜精矿开发进口过程进行比较，研究当时客观情况，并对开发进口进行评价；第六章对铝业的未来产品方向进行论述，并从资源理论的观点出发对其未来进行展望。

注释：

1. 世界金属统计，2010 年版。

2. 消费量顺序 2012 年仅次于德国为第 4 位。

3. 日本的废铝消费量由 1985 年的 79 万吨，1990 年 118 万吨，2000 年 181 万吨，2007 年扩大至 191 万吨，2010 年稍微减少为 151 万吨。

4. 轧制和挤压成型为二次加工，各种成品的加工也被称为三次加工，本书将前者称为一次加工，后者称为二次加工。

5. 1978 年铝锭生产能力，美国 478.5 万吨，苏联 247 万吨。《日本轻金属五十年史》337 页和 343 页。

6. 2013 年铝成品需求，日本国内 341 万吨，进口 33 万吨，出口 31 万吨，进口超出出口 2 万吨左右。

7. 世界金属统计，2010 年版。

8. 根据 2012 年的需求，见附表-1，生铁、钢锭、钢材、粗铜、电解铜、铜坯等自给率（生产量/生产量＋进口量）在 97% 以上。

9. 以 2009 年为例，附表-2 为各国电费的比较。民用电费价格和工业用电费价格的比率，在日本是 1∶0.69，德国是 1∶0.37，德国的工业用电价格相对便宜。

10. 富坚幸一《战后日本铝冶炼工业的选地变动和地区开发政策》《经济学地理学年报》第 30 卷第 1 号，1984 年。

11. Jeffrey Jones（安室宪一和梅野巨利翻译）《国际经营讲义——跨国企业和全球化的资本主义》，2007 年。

12. David Simpson，Robber Ayers（植田和弘翻译）《资源环境经济学的国境》日本评论社，2009 年。

13. 铝锭价格由 2000 年的每吨 1552 美元到 2010 年上升至每吨 2173 美元，在此期间粗钢的价格由每吨 1815 美元急升至 7538 美元（IMF，Primary Commodity Prices）。

14. 渡边纯子《产业发展与衰退的经济史》，有斐阁，2010 年。杉山伸也和牛岛利明编《日本煤炭产业的衰退》应庆义塾大学出版会，2012 年。

15. 田中彰《战后日本的资源贸易》，名古屋大学出版会，2012 年。

附表-1　2012 年钢铁和铜需求表

单位：t

项目	钢铁				铜			
	生铁	合金钢	钢锭	钢材	粗铜	电解铜	铜坯	铜（板材、管棒、盘条）
生产	8140547	908146	107232297	186813068	1888948	1516354	296379	389176
进口	197508	170416	12107	5001352	4030	35744	131	24541
出口	402584	230394	6071	35530134	215	512277	33630	76588
进口比率	0.24%	187.65%	0.01%	2.68%	0.21%	2.36%	0.04%	6.31%
出口比率	0.49%	25.37%	0.01%	19.02%	0.01%	33.78%	11.35%	19.68%
自给率	99.76%	34.76%	99.99%	97.39%	99.79%	97.70%	99.96%	94.07%

出处：财务省贸易统计，经济产业省钢铁、有色金属、金属制品统计年报。

附表-2　各国电费的比较

单位：美元/(kW·h)

2009 年	生产用	住宅用	两者比率
日本	0.158	0.228	0.69
美国	0.068	0.115	0.59
英国	0.135	0.206	0.66
德国	0.12	0.323	0.37
法国	0.107	0.159	0.67
意大利	0.276	0.284	0.97
韩国	0.058	0.077	0.75

出处：资源能源厅电力和燃气事业部《各国电费的比较》2011 年 8 月。

第一章

铝业的概况

第一节　世界铝业

1. 铝业的历史

（1）铝业的工业化

铝作为地壳构成的元素，含量仅次于氧（46.6%）和硅（27.7%）排名第 3 位（8.1%），是比铁（5.0%）丰富的金属。铝以氧化铝形式存在，与铁和铜不同，其与氧的结合能力超强，用木炭和煤炭中的碳元素是不可以将其还原的。因此直到 19 世纪铝也没有能够被当作金属进行有效利用[1]。

丹麦物理学家 Hans Christian Qrsted 在 1825 年首次提取出金属铝单质，1827 年德国化学家 Friderich Wohler 用金属钾处理氯化铝的方法第一次成功制造出粉末铝。法国学者 Henri Etienne-Claire Deville 在 1854 年采用金属钠代替高价金属钾的方法，成为工业化的先驱。Deville 制造的铝，在 1855 年巴黎第二次万国博览会上进行了展示，受到广泛关注并被称作 "黏土提取的银"[2]，得到了比金子还要尊贵的待遇，被应用于装饰品和高级食器。采用 Deville 制造铝的方法被 1855 年创业的 Pechiney （最初是 Compangnie des Produits Chimiques Henri Merle，现在是 Rio Tinto Alcan）获得了从 1860 年开始的 30 年专利垄断权[3]。

真正开始铝工业化是由电解氧化铝的方法被开发成功之后。电解方法 Deville 最初也采用过，但真正实现实用化是由美国的 Charles Martin Hall 和法国的 Paul Héroult 各自独立且几乎同时开发出来的。Hall 于 1889 年在美国取得专利。将熔融冰晶石溶入矾土矿进行电解制铝的方法被称作 Hall-Héroult 方法，后来变成了基本制铝方法。

Hall 在 1888 年成立了 Pittsburgh Reduction Company （Alcoa 前身）；Héroult 先在瑞士（Aluminium Industuie A. G. in Neuhausen，后在 Schweizerische Aluminium，简称 Alusuisse，现在 Rio Tinto Alcan），法国（Société électrmétallurgique franncaise），1894 年在英国（British Aluminium，经 Alcan 后 Alcoa，现在停业）被工业化。（译者注：此 3 处的 Aluminium 单词原文既如此，注释中有说明）。

（2）铝生产量的扩大

铝锭生产量如表 1-1-1 所示，1890 年仅有 110t，1900 年是 7300t，1910 年是 4.3 万吨，1920 年是 14.8 万吨，到 1930 年急速扩大至 26.7 万吨。在 1910 年左右是以美国和法国为中心，随后德国、挪威和加拿大的生产量也急速增加。

表 1-1-1　原铝的生产量　　　　　　　　　　　　　　　　单位：kt

年份	世界合计	美国	加拿大	法国	德国	挪威	俄罗斯	日本	中国	澳大利亚	巴西	印度	阿拉伯联合酋长国（简称"阿联酋"）
1890	0.11	0.03		0.04									
1895	1.4	0.4		0.4									
1900	7.3	3.2		1.0									
1905	12	5		3									
1910	43	15	4	10		1							
1915	88	45	9	8	2	1							
1920	148	63	12	12	31	6							
1925	187	63	14	20	27	21							
1930	267	104	35	25	31	27							
1935	248	54	21	71	14	1	16	3					
1940	787	187	99	62	205	28	60	31					
1943	1952	835	450	47	203	24	62	114					
1945	867	449	196	37	20	5	86	17					
1950	1507	652	360	61	28	45	209	25					
1955	3105	1420	551	129	137	72	400	58					
1960	4543	1828	691	235	169	171	700	133	114	12	18		
1965	6616	2499	753	341	234	276	1200	294	128	88	30		
1970	10257	3607	963	381	309	522	1700	728	232	206	56		
1975	12693	3519	880	383	678	595	2150	1013	218	214	121		
1980	16051	4654	1068	432	731	662	2420	1092	396	304	261		
1985	15578	3500	1282	293	745	724	2300	227	523	852	549		
1990	19300	4050	1570	326	720	845	3520	34	847	1230	931	433	174
1995	19700	3375	2172	372	575	847	2724	18	1676	1297	1188	537	240
2000	24400	3668	2373	441	644	1026	3245	7	2794	1769	1271	644	470
2005	31900	2481	2894	442	648	1372	3647	7	7806	1903	1499	942	722
2010	41200	1726	2963	356	402	1109	3947	54	16244	1928	1536	1607	1400

注：1960—1990 年德国的数据是指西德的数据。译者注：俄罗斯 1991 年 12 月 26 日之前属于苏联，此处原著如此。"中国"数据根据中国有色金属工业协会数据进行了修改。

出处："世界金属统计"，各年版。

　　面对急速增加的产量，新的需求开发没有及时跟上，竞争异常激烈，因此 1901 年结成国际企业联合联盟（Aluminium Association，也称国际铝业联合联盟），就销售价格和销售数量及销售区域等签订协议。国际企业联合联盟的成立成功稳定了铝锭价格，随着 Hall-Héroult 法的专利即将期满，1907 年左右企业数量急剧增加，国际企业联合联盟于 1908 年解散。

　　除了日用品以外，汽车和家电产业需求也开始增长，同时生产开始过剩。1912 年第 2 次结成国际企业联合联盟。联盟协定预计有效期 10 年，由于爆发第一次世界大战，国际企业联合联盟于 1915 年再次解散[4]。

　　第一次世界大战对使用 1908 年发明的硬铝材[5] 军用汽车和飞机起到了促进作用，铝的生产量也急速增加。但战争结束后铝的生产开始过剩。1926年由欧洲企业第3次结成国际企业联合联盟，一直存续至1931年。从1931年开始由于有加拿大的参加，更名为第4次国际企业联合联盟，存续到爆发第二次世界大战的1939年。第3次和第4次国际企业联合联盟Aluminum Co. of America（Alcoa）没有参加。美国市场由于有关税保护的因素，Alcoa一直处于垄断支配地位。

国际企业联合联盟使铝锭价格稳定处于相对低位，同时飞机和汽车上铝材使用量扩大，铜芯铝线被开发成功，长距离高压输送电线的需求也随之增加，铝锭的生产持续增加。1929年经济大衰退时期生产量虽短时有所降低，但20世纪30年代后期在国际关系紧张的情况下，军需旺盛使得生产急速恢复。

第二次世界大战期间各国铝锭生产不断扩大。1943年全世界的生产量总计达到195.2万吨，与1940年相比，战乱中的欧洲区域产量有所减少，美国和加拿大的产量有所增加，当时日本铝锭产量明显增加。

1936年，日本住友金属工业应海军航空工厂要求，开发了强度更高的超硬铝。超硬铝被零式舰载战斗机（0战）采用并发挥了巨大作用。

与第二次世界大战前的1935年相比，1955年世界铝锭生产北美（美国和加拿大）市场占有率由30.3％扩大至63.5％。经过第二次世界大战，铝锭生产中心由西欧转向了北美洲。

在美国，从1926年开始制造铝包装材料的Reynolds Metals Co.（1919年成立）公司接受政府的融资，于1940年加入铝锭生产，Alcoa的垄断地位崩溃。美国政府为确保军用需求，政策上采取了政府建设铝冶炼工厂并委托民间企业经营的方式，战后对政府工厂进行处置。1946年经营造船业的Henry John Kaiser公司成立Kaiser Aluminum（最初为Permanente Metals Corp.，1949年更名），借助政府对工厂投入变成了第三大铝冶炼企业。其后，Anaconda Aluminum及Harvey Aluminum Co.等铝冶炼企业也加入进来。

在加拿大，Alcoa的兄弟企业Northern Aluminum Co. 1902年成立，1925年更名Aluminum Company of Canada Limited，1945年使用Alcan作为商号。Alcan在加拿大市场独家垄断，1956年Canada British Aluminum Ltd也加入进来。

20世纪50年代初，世界迎来了经济高速成长期，铝的需求也急速增加，世界铝锭生产量由1950年的150.7万吨，1960年的454.3万吨，增至1970年的1025.7万吨。在此期间美国和加拿大的市场占有率由1950年的67.2％降至1970年的44.6％。受到战争创伤的西欧生产开始恢复，其市场占有率不断扩大，同期苏联产量超过加拿大，市场占有率也在不断扩大，此间1972年仅次于美国和苏联世界位列第三的日本市场占有率也明显扩大（见附表-1）。

（3）铝生产的地理结构变化

纵观1970年以后20年间的铝生产国，北美洲和西欧的市场占有率减少，澳大利亚、巴西、苏联、中国的市场占有率扩大。日本从冶炼市场撤退，市场占有率减少。这种变化的起因就是能源价格高涨。经过两次石油危机，伴随发展中国家石油需求的增加，石油价格急剧上升，电费价格也大幅度上涨。电费成本比较低的国家发挥竞争力优势，发展成为新的铝生产国。国有企业和国家资金的投入，促进了对天然资源和基础材料等的开发，由于国家政策的介入，使得新兴生产地域快速成长起来。

这样的变化一直持续着。2010年美国和加拿大的市场占有率由1970年的44.6％急降至11.4％，西欧3国（法国、德国、挪威）的市场占有率也从11.8％减少至4.5％。与此相对应的是中国在此期间的市场占有率由1.3％扩大至39.3％，一跃成为世界第一大生产国，澳大利亚也由2％扩大至4.7％，巴西也由0.5％增长至3.7％。紧随其后的印度和阿拉伯联合酋长国（阿联酋）也于2010年成长为分别占有3.9％和3.4％市场的生产国。

1970年世界生产总量为1025.7万吨，40年后的2010年为4120万吨，扩大至4倍左右，铝生产的地域构成也发生了巨大变化。

2. 铝成品市场

从铝消费国家和地区来看，2000年排名前五的是美国、中国、日本、德国、韩国，2010年排名变成了中国、美国、日本、印度、德国（表1-1-2）。

表1-1-2　世界铝消费量　　　　　　　　　　　　　　　　　　　　单位：kt

国家	原铝消费		铝总消费量	
	2000年	2010年	2000年	2010年
美国	6161.3	4242.5	9611.3	6924.5
中国	3532.7	15854.5	5360.0	20510.0
日本	2224.9	2025.0	4037.6	3533.8
德国	1490.5	1911.8	2381.8	2954.6
韩国	822.6	1254.6	877.9	1280.0
加拿大	799.5	576.6	947.5	761.6
法国	782.3	549.3	1085.4	780.1
意大利	780.3	867.1	1428.9	1210.1
俄罗斯	748.4	685.0	748.4	685.0
英国	575.5	270.0	755.6	592.4
世界合计	25064.9	39665.6	34401.3	49119.3

出处："世界金属统计"，2000年版，2010年版。

从主要消费国人均年消费量来看，2006年美国是34.1kg，日本是33.2kg，加拿大和意大利是30.8kg，德国是28.4kg，到2010时韩国是31.3kg，德国是28.5kg，日本是25.8kg，意大利是23.1kg，而美国为22.4kg。中国在此期间的人均消费量由7.8kg上升到14.2kg，人均消费量显著增长（表1-1-3）。

表1-1-3　几个国家人均铝消费量　　　　　　　　　　　　　　　　单位：kg

国家	2006年	2010年	国家	2006年	2010年
美国	34.1	22.4	加拿大	30.8	21.9
中国	7.8	14.2	法国	20.2	12.1
日本	33.2	25.8	意大利	30.8	23.1
德国	28.4	28.5	印度	1.2	1.8
韩国	26.2	31.3	巴西	4.8	6.7

出处："世界金属统计"，2006年版，2010年版。
译者注："中国"数据根据中国铝协数据，2010年中国人均铝消费量为12.12kg。

铝的需求因成品用途的扩大而增长，表1-1-4为1975年以后美国最终需求构成比的变化。

表 1-1-4　美国最终需求构成比的变化

年份	建筑	耐久耗材	包装及容器	电器	机械器具	运输	其他	合计
1975	25％	8％	22％	13％	7％	19％	6％	100％
1980	22％	7％	28％	12％	7％	19％	5％	100％
1985	21％	7％	29％	10％	6％	21％	5％	100％
1990	18％	8％	32％	9％	7％	22％	4％	100％
1995	15％	8％	28％	8％	7％	32％	3％	100％
2000	15％	8％	23％	8％	7％	37％	3％	100％
2005	16％	7％	22％	7％	7％	38％	3％	100％
2010	13％	7％	29％	9％	7％	31％	4％	100％

出处：1995 年 U. S. Bureau of Mines，Minerals Yearbook. http：//minerals. usgs. gov/ds/2005/140/aluminum-use. xls. 2000 年以后来自日本铝业协会资料。

1975 年占第 1 位的是建筑方面的需求（25％），第 2 位是包装、容器类需求，第 3 位是运输类需求。自 1975 年后运输和包装及容器类需求增长，2010 年运输类变为第 1 位，包装及容器类为第 2 类，建筑则为第 3 位了。

运输类需求增长主要是由于汽车工业铝零部件使用量增大。据推算，1990 年每台乘用车铝使用量为 81.2kg，到 2010 年变为 153.3kg，每台卡车的使用量由 68.5kg 增长至 167.4kg[6]。

最终需求的构成因国家与地区的差异而有所不同，但总的来说需求从以建筑方面为中心逐渐转移为以汽车为中心的运输类。

按用途分美国铝产品出货量见表 1-1-5。铝锭的最大消费行业是运输行业，2000 年日本国内消费 74.7％，2010 年也维持在 65.8％的高水平。精密铸造制造发动机零部件，轧制品和包装及容器类占比最大，2000 年日本国内消费占 32.2％，2010 年扩大至 37.6％。包装及容器行业轧制品铝箔消费占比维持在 60％～70％的高水平。轧制品使用仅次于包装及容器行业的是运输行业，建筑行业几乎是同等水平。轧制品中型材的最大消费行业是建筑，门和窗的用量较多。耐久耗材行业铝箔的消费较多，电器行业和机械行业型材的用量也较多。

表 1-1-5　按用途分美国铝产品出货量　　　　　　　　　　　　单位：kt

项目	铝锭		轧制品								合计	
			总计		薄板、厚板		箔		型材			
	2000 年	2010 年	2000 年	2010 年	2000 年	2010 年	2000 年	2010 年	2000 年	2010 年	2000 年	2010 年
建设	40.4	22.7	1413.0	1010.2	694.5	471.7	24.0	17.2	650.0	495.8	1453.4	1032.9
运输	2090.6	1217.9	1514.1	1158.9	811.9	655.9	61.2	35.8	439.1	298.5	3604.7	2376.8
耐久耗材	176.0	143.3	591.5	404.2	256.7	174.2	125.6	117.9	152.9	59.9	767.5	547.5
电器	98.0	93.0	675.0	574.7	162.8	134.3	8.2	5.4	102.1	84.8	773	667.7
机械设备	263.1	198.7	415.5	365.6	201.4	203.2	5.9	5.4	117.9	78.9	678.6	564.3
包装及容器	0.0	0.0	2264.4	2198.1	1919.2	1779.5	344.3	418.7	0.0	0.0	2264.4	2198.1
其他	130.6	175.5	161.9	142.0	52.2	26.3	2.3	4.5	22.7	21.3	292.5	317.5
国内出货量	2798.7	1851.1	7035.4	5853.7	4099.2	3445.1	571.5	605.1	1484.6	1039.2	9834.1	7704.8
出口	294.8	934.4	982.5	528.9	792.4	363.3	32.7	25.8	28.9	31.3	1277.3	1463.4
合计	3093.5	2785.5	8017.9	6382.6	4891.6	3808.4	604.2	631.0	1511.4	1070.5	11111.4	9168.1

出处：日本铝业协会资料。

3. 矾土矿和氧化铝

(1) 矾土矿和氧化铝的生产

铝原料矾土矿（也称铝矾土矿）世界生产量 1972 年为 7100 万吨，到 2010 年扩大至 2.1549 亿吨。1972 年澳大利亚是世界第一生产国，牙买加、苏里南、苏联紧随其后，到 2010 年则变为澳大利亚、巴西、中国、印度尼西亚，生产国构成发生了变化。澳大利亚市场占有率由 1972 年的 20％扩大至 2010 年的 31.7％，前 5 国市场占有率合计由 1972 年的 64％扩大至 2010 年的 78.9％，生产高度集中（表 1-1-6）。

表 1-1-6　铝土矿生产国（1972 年和 2010 年）

1972 年		2010 年		
国家	构成比	国家	生产量/kt	构成比
澳大利亚	20％	澳大利亚	68415	32％
牙买加	18％	巴西	32028	15％
苏里南	11％	中国	368370	14％
苏联	10％	印度尼西亚	23213	11％
法国	5％	几内亚	16427	8％
圭亚那	5％	印度	12662	6％
几内亚	4％	牙买加	8540	4％
希腊	3％	俄罗斯	5475	3％
匈牙利	3％	塔吉克斯坦	5310	2％
其他	21％	其他	13421	5％
世界合计/kt	71000	世界合计	215491	100％

出处："世界金属统计"，1972 年版，2010 年版。

氧化铝世界生产量 1972 年为 2410 万吨，到 2010 年扩大至 8605 万吨。氧化铝主要生产国 1972 年前 5 国是美国、澳大利亚、苏联、牙买加、日本，到 2010 年前 5 国则变为中国、澳大利亚、巴西、美国、印度。前 5 国市场占有率合计由 1972 年的 66％上升到 2010 年的 75.9％，与矾土矿类似，排在前面几个国家的生产高度集中（表 1-1-7）。在此期间，日本从生产铝锭产业撤退的同时，氧化铝生产也停止了。

表 1-1-7　氧化铝生产国（1972 年和 2010 年）

1972 年		2010 年		
国家	构成比	国家	生产量/kt	构成比
美国	25％	中国	29065	34％
澳大利亚	13％	澳大利亚	19957	23％
苏联	12％	巴西	9433	11％
牙买加	9％	美国	3950	5％
日本	7％	印度	3000	4％
苏里南	6％	俄罗斯	2857	3％
加拿大	5％	爱尔兰	1850	2％

1972 年		2010 年		
国家	构成比	国家	生产量/kt	构成比
法国	5%	牙买加	1591	2%
德国	4%	苏利南	1485	2%
其他	14%	其他	12974	15%
世界合计/kt	24100	世界合计	86052	100%

注：因四舍五入取值，表中百分数为约数，下文同。

出处："世界金属统计"，1972 年版，2010 年版。

（2）矾土矿和氧化铝生产企业

矾土矿的生产企业 1971 年 Alcoa 占有率 19% 为第 1 名，Aluminum Company of Canada Limited（Alcan）为第 2 名，Kaiser 是第 3 名。前 6 家公司的市场占有率占 63%。2010 年 Alcan 并购 Rio Tinto Alcan 后市场占有率为 15.9% 成为第 1 名，Alcoa 变为第 2 名，第 3 名以后的企业是澳大利亚的 Alumina Limited、中国的中国铝业（Chinalco）、俄罗斯的 Rusal、巴西的 Vale，均为新兴市场的国家企业。前 6 名企业的市场占有率约 54%，集中度稍微有所下降（表 1-1-8）。

表 1-1-8　生产矾土矿的大型企业（1971 年和 2010 年）

1971 年		2010 年		
企业名	市场占有率	企业名	生产量/kt	市场占有率
Alcoa	19%	Rio Tinto Alcan	33400	15.9%
Alcan	14%	Alcoa	28200	13.4%
Kaiser	12%	Alumina Limited	17000	8.1%
Reynolds	11%	Chinalco	12200	5.8%
Pechiney	5%	Rusal	11700	5.6%
Alusuisse	2%	Vale	11500	5.5%
其他	37%	BHP Billiton	10300	4.9%
合计	100%	其他	85700	40.8%
		世界合计	210000	100%

出处：1971 年资料来自 John A Stuckey，Joint Ventures and Vertical Integration in the Aluminium Industry，Harvard University，Cambridge，1983，p.84. 2010 年资料来自日本铝业协会。

生产氧化铝的大型企业在 1971 年时与生产矾土矿企业排名顺序是相同的，前 6 名企业的占有率为 79.2%，比矾土矿的生产集中度要高。2011 年 Alcoa 市场占有率为第 1 名，紧接着的是中国铝业、Rio Tinto Alcan、Rusal、挪威的 Hydro。Alcoa 与 Alcan 的市场占有率降低，前 6 位企业的生产集中度是 57.6%，有所下降。与矾土矿相同，新兴企业的增长非常明显。

4. 铝冶炼产业

1971 年铝冶炼产业加拿大 Alcan 第 1 名，Alcoa、Reynolds、Pechiney、Kaiser、Alusuisse 这 6 大企业市场占有率是 79%（表 1-1-9）。

表 1-1-9　生产氧化铝的大型企业（1971 年和 2011 年）

1971 年		2011 年		
企业名	市场占有率	企业名	生产量/kt	市场占有率
Alcoa	23%	Alcoa	16486	17.9%
Alcan	19%	Chalco *	10100	11.0%
Kaiser	12%	Rio Tinto Alcan	9089	9.9%
Reynolds	11%	UC Rusal	8154	8.9%
Pechiney	11%	Hydro	5264	5.7%
Alusuisse	3%	BHP Billiton	4010	4.4%
其他	21%	其他	39005	42.4%
合计	100%	世界合计	92108	100%

＊：Chalco 为中国铝业股份有限公司。

出处：1971 年资料来自 John A Stuckey，Joint Ventures and Vertical Integration in the Aluminium Industry，Harvard University，Cambridge，1983. p. 84. 2010 年资料来自日本铝业协会。

2011 年俄罗斯的 Rusal 铝锭冶炼市场占有率 9.3%，为第 1 名，中国铝业股份有限公司 Chalco、Rio Tinto Alcan、Alcoa 都是 8% 左右，紧随其后，第 5 名是中国电力投资公司（CPI），第 6 名是挪威的 Hydro，顺序有所变化（表 1-1-10）。6 大企业的占有率为 44.6%，生产集中度降低了。

表 1-1-10　铝冶炼的大型企业（1971 年和 2011 年）

1971 年		2011 年		
企业名	市场占有率	企业名	生产量/kt	市场占有率
Alcan	20%	UC Rusal	4123	9.3%
Alcoa	17%	Chalco *	3900	8.8%
Reynolds	12%	Rio Tinto Alcan	3837	8.7%
Pechiney	10%	Alcoa	3775	8.6%
Kaiser	8%	CPI *	2030	4.6%
Alusuisse	6%	Hydro	1982	4.5%
其他	27%	BHP	1265	2.9%
合计	100%	Dubal	1015	2.3%
		Hindalco	538	1.2%
		其他	21635	49.1%
		世界合计	44100	100%

注：Chalco 为中国铝业股份有限公司。CPI 为中国电力投资公司。

出处：1971 年资料来自 John A Stuckey，Joint Ventures and Vertical Integration in the Aluminium Industry，Harvard University，Cambridge，1983，p. 84. 2010 年资料来自日本铝业协会。

矾土矿、氧化铝、原铝的生产都是由大企业承担，且企业体制也发生了变化。

Alcoa[7] 在 1937 年根据休曼（英语：Sherman）反托拉斯法作为垄断企业被起诉，1945 年根据休曼法第 2 条被判决属于垄断。在战争时期对新成立的铝冶炼设备实行国家投资，且企业参与到竞争中，但最终排除垄断命令没有执行，企业得以继续经营。随着 Reynolds 和

Kaiser 的出现，其在美国国内市场占有率不得不降低，在进军海外市场上比 Alcan 等企业也落后了。1958 年与日本古河电工和 Lockheed（译者注：美国洛克希德飞机制造公司）合资，成立了生产飞机零部件制造公司 Furalco，同时尝试收购 British Aluminum，但以失败告终。其后在国内强化各种铝制品制造，积极扩大铝罐，特别是易拉罐的市场份额。

1970 年石油价格高涨，经济增长停滞，成立新的废铝回收利用部门用以抵消铝锭费用上涨。1980 年加大对飞机用铝合金和复印机用记录光盘的研究开发，促进产品向多元化发展。1990 年对主要产品采取强化策略，投资推进工厂现代化，与神户制钢所合资，向亚洲汽车厂家销售薄板。苏联解体后，俄罗斯大量出口铝锭，使得国际铝市场价格大幅度下降，加之世界经济不景气、产业经济环境极端恶化。曾引以为豪的铝罐也因塑料制瓶的普及而需求下降。为开发新的需求，加大了对汽车用铝制零部件的投入。汽油价格高涨使得节省燃油需求增加，为降低汽车的车体重量，增加了车轮、变速器、门、车顶等铝制部件的使用量。其后，在 1998 年 Alcoa 并购了最大汽车挤压成型零部件生产厂家 Alumax。对于 Alcoa 来说，进入挤压成型领域是第一次，此次收购对开发中国和印度市场也起了很大的促进作用。

1997 年，Alcan 对 Reynolds 的设备进行了并购，司法部门判断此行为违反反垄断法而未能实现。可是 1999 年 Alcan 公布与 Pechiney 和 Alusuisse 合并计划后，司法部门给出许可判断，属于扩充事业完整性质，并于 2000 年并购了 Reynolds。2001 年 Alcan 并购了喷气式发动机铸造的最大企业 Howmet International，也是 2001 年，试图取得中国铝业 8％ 的股份以形成战略联盟，结果失败了，2007 年将所持股份转让。2005 年还并购俄罗斯两个工厂，在冰岛也开始建设工厂，在巴西、牙买加、澳大利亚等也开始了铝冶炼产业布局。

Alcan[8] 在加拿大开展了其事业，美国市场由于有 Alcoa 的关系未能推进，重点拓展亚洲和欧洲市场。Alcan 作为英国最大的铝厂，第二次世界大战中接受英国政府低息贷款扩大了生产，战争结束时比 1937 年规模扩大了 5 倍。1937 年 Alcoa 反托拉斯法被起诉的判决中，与 Alcan 的关系被揪住不放，1950 年被揭发出 9 名股东就拥有 Alcan 的 44.7％ 股份的同时也拥有 46.4％ 的 Alcoa 股份，被命令要将所持股份处理。大部分股东选择卖掉了 Alcan 的股份，由此与 Alcoa 的紧密关系被解除了。

Alcan 以铝冶炼为主业，积极向海外市场扩大出口。第二次世界大战后，各国的铝冶炼产业发展很快，因此都强化发展了铝加工业。1963 年美国国内铝加工企业开始收购，1965 年设立 Alcan Aluminum，扩大在美国市场的活动范围，并积极开拓在海外的铝冶炼产业，到 1972 年海外铝冶炼产业能力已经达到可以匹敌加拿大国内能力的规模，并于 20 世纪 70 年代后期在爱尔兰设立铝冶炼工厂，在巴西也开发了新的矾土矿矿山。

1980 年初，Alcan 在澳大利亚和巴西开始了冶炼产业，德国、英国、西班牙的冶炼产业也进行了扩张，在石油危机和经济持续低迷之际，于 1982 年第一次陷入了财政赤字危机之中。1982 年与 British Aluminum 合并，1985 年将在美国的 Atlantic Richfield 的炼铝设备买断。另外，在飞机、电子、陶瓷领域 Alcan 也加大了铝制品利用技术的开发力度。1987 年母公司 Alcan Aluminum Ltd 和 Aluminum Company of Canada 合并及进行了组织机构重组。

1990 年 Alcan 在美国、阿根廷、巴西、英国等地对核心业务进行整合，将冰岛和几内亚冶炼业务转让，欲在世界铝加工领域进行扩张。由于日本的利润率较低，将日本轻金属的出资比例由 45.6％ 降低至 11.2％。1998 年变成 Ghana Bauxite 和印度 Indian Aluminum 的大股东，对印度氧化铝冶炼 Utkal 也进行了投资。将在美国、英国、巴西的铝再生利用产业也进行扩张，在韩国设立了容器及包装用的轧制制品合资公司。

1999 年 Alcan 宣布将与 Pechiney、Alusisse 合并，由于 EC 的反对而未能实现。可是，2000 年并购了 Alusisse Algroup，2004 年并购了 Pechiney，变成了世界最大的制铝公司。

2007 年 5 月 Alcan 收到 Alcoa 的恶意性并购提议予以拒绝，但同年 7 月对英国和加拿大能源公司 Rio Tinto PLC 提出友好并购提议并协商取得一致，与在加拿大的 Rio Tinto 子公司 Tinto Canada Holding Inc. 进行整合，变成了 Rio Tinto Alcan，被认为是矿业史上最大的并购案，Rio Tinto Alcan 变成了从矾土矿到铝制品全方位的世界最大的铝企业。

2011 年当时世界最大铝冶炼企业 United Company Rusal[9]，由 2007 年的 Rusal、Sual 与 Swiss Glencore 的氧化铝部门合并而成。作为苏联时代成长起来的铝国有企业，在苏联解体后于 1993 年被民营化了。被民营化后的企业由实业家 O. Deripaska 主导，2000 年 Sibirsky Aluminum 和 Millhouse Capital 合并后，Rusal 诞生了。Rusal 由俄罗斯的企业进行了多次并购整合，扩张成世界级的产业规模，同时还积极推进了在澳大利亚、中国、圭亚那、几内亚、意大利等地海外企业并购和合资工作。2005 年取得了 Kaiser 的 Queensland Alumina 20% 的股份。2006 年取得意大利的 Eurallumina 过半数的股份，并购了中国山西省的电极工厂，将原本属于俄罗斯的铝企业 Boksitogorsk 纳入旗下，与俄罗斯最大的电力公司 HydroOGK（现 RusHydro）达成在克拉斯诺亚尔斯克建设能源和金属混合事业计划。

2007 年由 3 个公司整合而成的新 UC Rusal，到 2014 年在全世界除了拥有 15 家铝冶炼企业、11 家制造氧化铝企业、8 家矾土矿矿山以外，旗下还收购了很多铝加工企业，成为大型铝业公司。Rusal 还参与了发电以及镍、白金和铜等有色金属的经营，是真正世界级的跨国企业。

铝冶炼和氧化铝排名第 2 位的是（2011 年）成立的 Chalco（Aluminum Corporation of China Ltd）中国铝业股份有限公司[10]，是中国最大的氧化铝制造公司，也是最大的铝冶炼公司。母公司 Chinalco（Aluminum Corporation of China 中国铝业公司）是 2001 年 2 月成立的国有企业，旗下除了 Chalco 以外，还有铜业公司、稀土公司、矿业公司、贸易公司等大型股份公司。

Chalco 在 2001 年 9 月由 Chinalco、广西投资公司［Guangxi Investment（Group）Co.，Ltd］和贵州资源开发投资公司［Guizhou Provincial Materials Development and Investment Corporation］共同成立。2014 年的资金 110490 亿日元，旗下有 10 个地方事业部门和 12 家子公司。

铝冶炼进入前十位的中国 CPI（China Power Investment Corporation，中国电力投资公司）是 2002 年成立的，是综合电力、煤炭、铝业、铁道、港口等产业的国有企业。2014 年有 8 个地方事业部门、31 家控股子公司，2013 年的总资产为 1019.3 亿美元，发电能力 89678MW，煤炭生产能力 7410 万吨，铝冶炼能力 289 万吨，氧化铝制造能力 260 万吨，矾土矿生产能力 100 万吨。

铝冶炼第 6 位（2011 年）的 Norsk Hydro[11]是挪威企业家得到瑞典和法国企业的出资，与肥料制造公司 Norsk Hydro-Elektrisk Kvaelstofaktieselskap 共同成立的。第二次世界大战中在德国占领下开始着手建设，由于联合军的攻击而被摧毁。该工厂于 1946 年由挪威国有企业的 Årdal og Sunndal 进行重建，1954 年开始了铝冶炼事业。

1963 年 Hydro 与 Harvey Aluminum 合并后并加入了铝冶炼事业。1969 年公司名称变更为 Norsk Hydro A.S，1972 年挪威政府持股至 51%，该企业变为国有企业，1999 年挪威政府的持股降为 44%。1986 年与 Årdal 合并，2000 年收购美国铝加工企业 Wells

Aluminum，2002 年并购德国的 Vereinigte Aluminum Werke。

Hydro 有轻金属、农业、石油燃气、石油化学 4 个部门，2007 年随着事业部门的分离独立，石油燃气部门分离并与 Statoil 合并，随后成为水力发电与铝业综合企业。其后在 2010 年收购巴西 Companhia Vale de Rio Doce S. A 所持有的与铝业有关的业务部门。2013 年与世界最大的挤压加工部门的挪威 Sapa AS 成立合资企业（出资 50%）。2014 年至今，政府所持股份为 34.3%。

铝冶炼企业第 7 位（2011 年）是 BHP Billiton[12]。该公司是 2001 年由 BHP（Australian Broken Hill Proprietary Company Ltd.）与 Anglo-Dutch Billion plc 合并而成立的，是巨大的矿业和石油跨国（英国和澳大利亚）企业。

Billiton 于 1860 年在荷兰成立，获得了荷兰原有的印度矿业采掘权，在印度尼西亚 Billion 岛开发锡矿，开始了锡与铅的冶炼事业。1940 年在印度尼西亚和苏里南开发矾土矿矿山、制造铝业和铝冶炼。在南非、莫桑比克、奥地利、哥伦比亚、加拿大和巴西等国开展了钢铁、铝、镍、锆和煤炭等事业。

BHP 于 1885 年在奥地利成立，在 Broken 开发银、铅矿山，1915 年进入钢铁行业。1960 年在巴士海峡发现石油并参与开采，还参与了巴布亚新几内亚的铜矿、智利的铜矿、加拿大矿山的开发。1999 年关闭了规模小的钢铁业务，型钢部门分离独立。

2001 年整合后，BHP Steel（现在 BlueScope Steel）作为钢铁事业独立，2005 年收购奥地利大型矿山 WMC Resources，2007 年提出收购 Rio Tinto 被拒绝，属恶意收购失败。

BHP Billiton 主要业务以煤炭、铁矿石、石油、镍、矾土、铝、锰矿、锰合金、铜为主。铝业方面在南美、南非、奥地利开展矾土矿的采掘、铝制造和铝冶炼。

进入铝冶炼前十名的 DUBAL（Dubai Aluminum）[13]是阿布扎比的开发投资机构 Mubadala Development Company of Dhabi 和迪拜投资机构 Investment Corporation of Dubai 的合资公司，于 1975 年成立，并于 1979 年开始冶炼。在 Jubilee Ali 冶炼工厂有用天然气发电的电站，采用预焙的冶炼方式，成长为年产 100 万吨以上的世界最大规模。氧化铝是通过向几内亚、喀麦隆、巴西等国氧化铝制造企业投资来获得。2007 年与 Mubadala 开发进行合并，在阿布扎比设立了 Emirates Aluminum。

同样进入前十名的 Hindalco Industries Ltd[14]是 1958 年 Hindalco Aluminum Co，. Ltd 与印度 Aditya Birla Group 在印度北方省成立的，1962 年开始生产氧化铝和铝锭，也进行轧制和挤压型材生产。1989 年改称 Hindalco。

2000 年开始收购炼铜和铜矿山。2000 年被纳入印度 Indian Aluminum 旗下，2005 年吸收合并。2007 年收购了在印度奥利萨省的 Alcan 氧化铝产业。2007 年将世界最大的轧制企业加拿大的 Novelis 收购到旗下，成为世界最大的持有铝轧制产业的有色金属公司。

5. 铝制品加工业

2010 年铝轧制最大生产铝板企业是 Alcoa，第 2 位是在 2005 年由 Alcan 分离独立，2007 年进入 Hindalco 旗下的 Novelis，这两个公司较大。Hydro、Chinalco、Constellium、Aleris 以及日本的古河 Sky（现 UACJ）紧随其后（表 1-1-11）。

Constellium[15]是 Rio Tinto Alcan 在 2011 年将 Alcan 的加工部门 Alcan Engineered Products business group 卖掉的时候，按照 Apollo 51%、Rio Tinto 39%、FSI 10% 的出资比例成立的公司，在世界各地开展了轧制、挤压成型、合金铸造、铝再生利用事业。

表 1-1-11 制造铝板的大型企业（2010 年）

企业名称	生产量/kt	市场占有率	企业名称	生产量/kt	市场占有率
Alcoa	2975	12.4%	古河	504	2.1%
Novelis	2521	10.5%	Wise Alloy	480	2.0%
Hydro	1175	4.9%	住友轻金属工业	444	1.9%
Chinalco	1155	4.8%	亚洲铝	370	1.5%
Constellium	1000	4.2%	其他	1238	51.7%
Aleris	959	4.0%	世界合计	23971	100%

出处：日本铝业协会资料。

Aleris Inernational Inc.[16]是 2004 年 Commonwealth Industries Inc. 与 IMCO Recycling Inc. 进行合资成立的铝加工企业。2006 年收购了 Corus Group plc，随着收购事业规模不断扩大，2006 年将 Texas Pacific Group 纳入旗下，2009 年申请破产，2010 年成为 Oaktree 和 Apollo 等投资基金所掌控的私营企业。Aleris 以德国、比利时、中国和美国为中心展开了轧制、挤压成型和铝再生利用事业。

2009 年铝挤压成型的大型企业有挪威的 Sapa、Hydro、Alcoa 及中国亚洲铝厂、辽宁忠旺铝业，Rusal 紧随其后，总计 6 大企业（表 1-1-12）。

表 1-1-12 铝挤压成型的大型企业（2009 年）

企业名称	生产量/kt	市场占有率	企业名称	生产量/kt	市场占有率
Sapa	1092	5.6%	LIXIL	203	1.0%
Hydro	572	2.9%	Kaiser Aluminum	192	1.0%
Alcoa	394	2.0%	YKKAP	157	0.8%
亚洲铝业	320	1.6%	台山金桥铝业	150	0.8%
辽宁忠旺铝业	300	1.5%	其他	16032	81.5%
Rusal	260	1.3%	世界合计	19672	100%

出处：资料来自日本铝业协会。

Sapa AS[17] 是从 1963 年开始生产挤压型材的瑞典企业，在荷兰设立了子公司。1976 年被瑞典铝业公司 Gränges Aluminum 收购，1980 年进入了 Gränges 的 Electrolux 旗下。2005 年 Sapa 被挪威的 Orkla 收购。2007 年 Sapa 成为与 Alcoa 的合资企业，2008 年在 Alcoa 与 Orkla 的交易中成为 Orkla 的子公司。2012 年与 Hydro 挤压型材事业取得一致，2013 年新的 Sapa（Orkla 和 Hydro 各出资 50%）诞生了。

亚洲铝厂有限公司[18]是港资亚洲铝业集团的子公司，1991 年在广东省成立挤压型材工厂，2002 年与美国 Indalex 合作并接受其 25% 的出资。辽宁忠旺铝型材有限公司是港资占 90%，辽宁忠旺集团占 10%，于 1993 年成立，拥有年产 33 万吨的设备生产能力，是中国最大的挤压型材厂家。

铝箔方面 2010 年有 6 大生产企业（表 1-1-13），Alcoa、中国镇江鼎胜铝业、Novelis、Chinalco、中国江苏国威铝业。镇江鼎胜铝业（镇江鼎胜铝业股份有限公司）是 1970 年成立的薄板、铝带、铝箔生产企业，2014 年具备年产 10 万吨的生产能力。江苏国威铝业有限公司是 2007 年成立的具备年产铝箔 20 万吨，合金箔 6.5 万吨（2014 年）的生产加工能力。

表 1-1-13　铝箔生产的大型企业（2010 年）

企业名称	生产量/kt	市场占有率	企业名称	生产量/kt	市场占有率
Alcoa	301	7.4%	河南永顺铝业	120	3.0%
镇江鼎胜铝业	280	6.9%	Assan Aluminyum(土耳其)	93	2.3%
Novelis	271	6.7%	Rusal	93	2.3%
Chinalco	151	3.7%	河南明泰铝业	85	2.1%
Hydro	142	3.5%	其他	2383	58.9%
江苏国威铝业	130	3.2%	世界合计	4049	100%

出处：资料来自日本铝业协会。

注释：

1. 含有硫酸盐的明矾，医药用作消毒剂，工业用作染色剂、鞣革剂、沉淀剂等，自古以来就被广泛使用。1808 年英国化学家 Humphrey Davy 预测含有明矾金属存在，将此命名为 Alum，其后称为 Aluminum。与此相对应的是当时新发现的元素被命名的 magnesium，calcium 等都是以 "ium" 结尾，因此也被提议称为 Aliminium，两种名称被同时使用。现在将 Aluminum 作为正式名称。

2. 在 1867 年巴黎第 4 次万国博览会上展出铝制品，当时幕府（译者注：幕府是 12 世纪末至 19 世纪日本武家政治时期的最高权力机构）派遣的代表团看到了这些铝制品，将铝方面的信息带回了日本。

3. Pechiney 从 1897 年开始采用 Paul 法电解。International Directory of Company Histories，Vol. 45. St. James Press，2002。

4. 《日本轻金属二十年史》，1959 年，413~417 页。后述的国际企业联合的记述也参照本书。

5. 硬铝（Duralumin）由德国的 Alfred Wilm 发明，铝和铜、镁、锰的合金于 1909 年取得德国专利，作为具备超轻及抗拉强度的材料，开始被广泛应用于飞机。Oliver Hardouin Duparc，Alfred Wilm and the beginning of Duralumin，Zeitschrift fur Metallkunde，vol. 96，2005。

6. 调查机构 Davenport&Co. 推定。根据日本铝业协会的资料。

7. 关于 Alcoa 的记述，International Directory of Company Histories，Vol. 56. St. James Press，2004. 参考该公司的网页。

8. 关于 Alcan 的记述，International Directory of Company Histories，Vol. 31. St. James Press，2000. 参考该公司的网页。

9. Rusal 的记述参照该公司的网页。

10. Chinalco，Chalco 的记述参照其公司网页。

11. Hydro 的记述，International Directory of Company Histories，Vol. 35. St. James Press，2001. 参考该公司的网页。

12. BHP 的记述，International Directory of Company Histories，Vol. 67. St. James Press，2005. 参考该公司的网页。

13. DUBAL 的记述参照该公司的网页。

14. Hindalco 的记述参照该公司的网页。

15. Constellium 的记述参照该公司的网页。

16. Aleris 的记述参照该公司的网页。

17. Sapa 的记述参照该公司的网页。

18. 中国企业见《Altopeer》43 卷 9 号，2013 年《中国铝业公司名录》，各个公司的网页。

第二节　日本铝产业特征

1. 铝的供需关系

日本的铝产业，首先是成立轧制加工企业，铝锭是依赖海外进口的形式发展起来的。其后，铝冶炼企业在日本国内和国外成立，第二次世界大战后不久如前面序表-1 所述，铝锭维持了较高水平的自给率。受美元危机和石油危机冲击，铝冶炼企业急速丧失了国际竞争力，继而退出。1990 年的自给率仅剩 1%，原铝陷入依靠海外进口的境地。日本国内冶炼产业消失，采取原料和成品的国际分工体制，这是日本铝产业的第 1 个特征。

看一下 2014 年的供需关系，见表 1-2-1。铝锭的进口占 76.7%，原铝日本国内生产仅仅是 0.6%，二次铝锭（由废铝加工的再生铝）占 22.7%。日本的铝锭生产以二次铝锭为中心，日本国内的废铝再生利用得到推进，2014 年用于原料的废铝进口量是 75895t。铝制品的进口约 38 万吨，占供给合计总量 9.4%，相对于日本国内需求总量的 9.4%。很明显铝锭的进口依赖度很高，相对应的成品依赖度很低。

铝成品的需求合计约 408.6 万吨。在需求合计中出口比率是 5.7%。与钢铁行业的钢材等成品出口比率相比，是相对低的。这就说明铝产业成品出口的国际竞争力不足。

表 1-2-1　日本铝的供需关系（2014 年）　　　　　单位：t

供给	铝锭					铝产品进口	合计
	国内生产			进口	合计		
	原铝	再生铝	合计				
	22093	836302	858395	2823584	3681979	381027	4063006
	0.6%	22.7%	23.3%	76.7%	100.0%	9.4%	100.0%
需求	食品	金属制品	一般机械	建筑	电力	电气机械	合计
	436824	479903	95567	551296	16479	122322	
	11.3%	12.4%	2.5%	14.3%	0.4%	3.2%	
	运输	化学	其他	内需合计		进口	
	1642321	4575	505612	3854651		231309	4085959
	42.6%	0.1%	13.1%	100.0%		5.7%	100.0%

注：供给合计和需求合计的差，主要是库存变动造成的。

出处：日本铝业协会《铝统计月报》，2015 年 2 月。

来看看轧制、挤压型材、铝箔，比较一下 2010 年主要国家的进出口情况（见表 1-2-2）。

这 3 种产品的出口都超过了进口，3 种成品出口合计 33.8 万吨，相对应的进口是 7.7 万吨。相对于铝锭消费总量占比，出口是 9.6%，进口是 2.2%。美国的进口量超过出口量，是进口国，铝锭消费总量方面进口比率是 14.3%，比日本要高。英国的 3 种成品的进口总量远远超出出口，铝锭消费总量来看出口比率是 33.9%，德国的进出口比率较为均衡，出口比率是 47.5%，法国是进口比率稍微超出出口比率（81.5%）。欧洲的各个铝生产国的特征是出口占比高。在中国成品都是出口超出进口，出口总量达到世界最大的 207.8 万吨，铝锭消费总量的出口比率是 12.2%。

表 1-2-2　铝轧制、挤压成型产品的进出口情况（2010 年）　　　　　　　单位：kt

国家	挤压型材		板		铝箔		合计		相对于铝锭消费总量的比		铝锭消费总量
	出口	进口	出口	进口	出口	进口	出口	进口	出口	进口	
日本	29	12	246	42	63	23	338	77	9.6%	2.2%	3534
美国	179	419	705	649	108	166	991	1234	14.3%	17.8%	6925
英国	61	124	114	450	26	81	201	655	33.9%	110.5%	592
法国	116	242	428	351	91	112	636	705	81.5%	90.4%	780
德国	251	628	825	607	328	166	1403	1402	47.5%	47.4%	2955
俄罗斯	156	18	59	30	28	25	243	72	35.5%	10.5%	685
中国	629	90	949	426	499	53	2078	569	12.2%	3.3%	16993
巴西	26	27	54	69	30	23	110	119	7.7%	8.4%	1424

出处：资料来自日本铝业协会。

从铝成品进出口的比率可以看出，日本国内企业主要面向国内市场，而国外大型铝企业大都是面向本国以外市场，因此出口比率比较高，由此看来这是日本铝行业的第 2 个特征。

2. 铝成品市场

日本国内铝需求 2014 年总量是 385 万吨，用途如表 1-2-1 所示，运输行业占比最大，为 42.8%，建筑行业 14.3%，金属制品行业 12.4%，食品行业 11.3%，电气机械行业 3.2%，一般机械 2.5%，电力行业 0.4%，化学 0.1%，其他是 13.1%。

根据美国内务部 United States Geological Survey（USGS）的资料，2010 年北美、西欧、日本按用途区分消费构成比例见表 1-2-3[19]。与北美和西欧进行比较来看，日本在运输行业的消费量较多，包装及容器类的消费量相对较少。日本在铁路车辆和面向出口用乘用车行业用量较大。显而易见，北美液体饮料容器多用铝罐。作为液态饮料容器，日本的情况是：容器内压力较高的啤酒罐和含碳酸类清凉饮料使用铝罐，其他出于安全考虑都使用铁罐，还有那些需要弯曲加热使用的也都使用铁罐。在西欧建筑和施工方面使用比率比日本要高，与此相对应的是日本由于长时间经济低迷使得此类消费量不高。按用途需求来比较，可以看出日本铝产业的第 3 个特征。

表 1-2-3　按用途需求进行地区比较（2010 年）

用途	北美	西欧	日本
运输	35.3%	34.3%	42.8%
工业	15.3%	18.5%	18.8%

用途	北美	西欧	日本
建筑	12.4%	18.8%	13.6%
包装及容器	26.2%	19.9%	11.8%
其他	10.8%	8.5%	13.0%
合计	100.0%	100.0%	100.0%

出处：C. Nappi. The Global Aluminium Industry 40 years from 1972，World Aluminium，2013. p. 23.

日本铝成品产量高，如表1-2-4所示。2010年在土木建筑、食品饮料、运输等行业所使用的轧制成品（板材、型材、铝箔）占比55.9%，超过半数，面向汽车行业的压力铸造（精密模具铸造）是25.8%，紧随其后的是同样面向汽车的铸造件，为10.5%。铝在钢铁脱氧上的应用，是在炼钢工艺中除去残留氧气时需要用到，使用量占比为3.7%。1970年电线用量占比7.1%，到2010年占比下降至0.9%。输电电线由于钢芯铝线的普及使得需求加大，其后更新需求程度降低，汽车配线用需求加大。

表1-2-4　铝成品按各成品类别推算　　　　　　　　　　　单位：kt

年份	轧制品				铸造品		压力铸造		锻造品		电线			
	国内发货	出口	合计	构成比	国内发货	构成比	国内发货	构成比	国内发货	构成比	国内发货	出口	合计	构成比
1970	661.4	31.9	693.3	57.6%	177.8	14.8%	157.7	13.1%	1.5	0.1%	68.2	17.6	85.7	7.1%
1980	1378.1	42.9	1421.0	60.8%	269.9	11.5%	369.1	15.8%	2.5	0.1%	126.0	27.1	153.1	6.6%
1990	2122.6	152.3	2275.0	62.5%	395.4	10.9%	690.5	19.0%	30.4	0.8%	55.7	10.8	66.5	1.8%
2000	2212.2	240.6	2452.8	61.9%	412.8	10.4%	791.5	20.0%	27.9	0.7%	52.5	6.3	58.8	1.5%
2010	1830.6	227.1	2057.7	55.9%	386.8	10.5%	949.1	25.8%	43.4	1.2%	26.4	5.6	32.0	0.9%

年份	粉				钢铁脱酸		其他		合计出货				(参考)进口	
	国内发货	出口	合计	构成比	国内发货	构成比	合计	构成比	合计	构成比	其中出口	构成比	合计	相对出货比例
1970	8.3	0.2	8.6	0.7%	35,1	2.9%	43.8	3.6%	1203.5	100.0%	55.3	4.6%	4.1	0.3%
1980	2.6	0.7	13.3	0.6%	71.1	3.0%	37.1	1.6%	2337.0	100.0%	78.3	3.3%	48.4	2.1%
1990	19.6	1.3	20.9	0.6%	116.6	3.2%	43.7	1.2%	3639.0	100.0%	169.2	4.7%	115.5	3.2%
2000	14.4	1.8	16.2	0.6%	138.2	3.5%	63.7	1.6%	3961.0	100.0%	258.7	6.5%	150.5	3.8%
2010	10.9	2.4	13.3	0.4%	136.8	3.7%	63.4	1.7%	3682.5	100.0%	251.6	6.8%	252.2	6.8%

出处：资料来自日本铝业协会。

3. 铝成品加工企业

日本铝企业2014年度按销售额排名，排名第1的是LIXIL[20]，为9085.6亿日元，第2名是东洋制罐集团，为7843.6亿日元，第3名是YKK，为7210.4亿日元，2013年10月古河Sky和住友轻金属工业两个公司进行合并，成立了UACJ，UACJ销售额为5725.4亿日元，排名第4。传统的铝制品企业日本轻金属为4314.8亿日元，排名第5（表1-2-5）。

表 1-2-5　日本具有代表性的铝企业规模和业绩（2014 年度）单位：100 万日元

企业	销售额	经常性损益	经常性损益率
LIXIL	908560	30998	3.4%
东洋制罐集团（股）	784362	23851	3.0%
YKK	721037	69720	9.7%
UACJ	572541	21337	3.7%
日本轻金属（股）	431477	20600	4.8%
YKKAP	345968	21450	6.2%
三和（股）	339045	25974	7.7%
神户制钢所（铝和铜部）	330800	15100	4.6%
三协立山	295236	15553	5.3%
三菱铝业	100386	2010	2.0%
昭和电工（铝业部）	97956	2999	3.1%

注：特别注明以外均为股份公司数值。三菱铝业是 2013 年数值。昭和电工是营业利润。

出处：来自各公司网站的证券报告等。

从世界排名来看，Alcoa 2014 年的销售额为 239 亿美元，按 2014 年月平均汇率（1 美元＝105.8 日元）来换算为 25301 亿日元，日本企业规模明显不在一个等级。Rio Tinto Alcan 的铝业部门 2014 年度销售额为 121.2 亿美元[21]，相当于 12830 亿日元规模。

企业规模都相对较小，此为日本铝业的第 4 个特征。这与日本除了日本轻金属以外都没有铝冶炼产业有关。

来看一下 Alcoa 销售额构成情况，2014 年度铝锭 60.1 亿美元，占比 25.1%，轧制品 73.5 亿美元（30.7%），各种加工品 62.4 亿美元（26.1%），氧化铝 34 亿美元（14.2%）等（表 1-2-6）。

表 1-2-6　Alcoa 的销售额组成（2014 年度）

成品	销售额/100 万美元	占比/%	成品	销售额/100 万美元	占比/%
氧化铝	3401	14.2	建筑系统	1002	4.2
原铝	6011	25.1	铝轮毂	786	3.3
轧制品	7351	30.7	其他挤压锻造	1019	4.3
铸造	1784	7.5	其他	905	3.8
紧固件系统	1647	6.9	总计	23906	100.0

出处：Annual Report2014. http://www.alcoa.com/global/en/investment/pdfs/2014_Annual_Report.pdf.

日本轻金属 2014 年度销售额构成是：铝锭 830 亿日元，占比 19.2%；氧化铝产品 313 亿日元（7.3%），板材和型材 828 亿日元（19.2%），加工品及相关为 1381 亿日元（32.0%）亿日元，铝箔和粉末冶金产品 962 亿日元（22.3%），见表 1-2-7。同样，日本轻金属的铝锭和氧化铝所占比例较小。

表 1-2-7   日本轻金属（股）的销售额构成（2014 年度）

类别	销售额/100 万日元	占比/%
铝锭	83040	19.2
氧化铝产品	31299	7.3
板材和型材	82823	19.2
加工品及相关	138088	32.0
铝箔和粉末	96227	22.3
合计	431477	100.0

出处：2014 年度股票报告，15 页。

日本铝企业以轧制和加工业为主轴的经营体制，与国际相比产业规模较小。UACJ 的铝板生产在 2015 年仅次于 Alcoa 和 Noveslis 排名第 3 位[22]，作为日本铝企业，能进入世界规模的前列还是很罕见的。

注释：

19. 另一数据显示 2010 年美国铝制品按用途分，运输 31%，建设 13%，包装及容器 29%，耐久消费品 7%，电器 9%，机械设备 7%，其他 4%。资料来源于日本铝协。

20. Tosutem、INAX、Sunwave 工业、东洋 Exterior 在 2011 年 4 月 1 日整合诞生的综合性建材、设备制造、销售公司。

21. 来源 Rio Tinto Alcan 的 Financial Statement2014。

22. 来源 UACJ 的网站。

第 二 章

日本铝产业发展

第一节　从战前到战后复兴时期

1. 战前日本国内生产

通常认为，日本铝产业始于军工厂进口铝锭制造军用皮带的扣子，同时也促进了军用饭盒和水桶的制造。而民间企业的铝加工始于1900年前后住友伸铜所。在军工厂学习了技艺的工人相继开办了铝轧制加工企业。

第一次世界大战中铝成品出口增加，同时铝加工企业也多了起来。1918年有16家工厂，职工人数385名，生产额137万日元。1929年大恐慌时期工厂数量有所减少，但随着家用食品器具和厨房用具铝制品销路扩大，加工厂数量又有所增加，到1930年共有74家工厂，职工人数1654名，生产额1253万日元。除了家用器具外，纺织机器零部件、化工机器、飞机零部件、电线行业的铝制品需求稳步扩大，大型加工企业开始发展起来。

随着民用和军需的扩大，铝锭需求也增加了，导致进口铝锭量开始增加，因而日本国内铝冶炼企业也随之登场了。1934年日本沃度（1934年3月日本电气工业）在大町工厂以明矾石为原料生产铝锭获得成功。1935年开始用矾土页岩（明矾含量丰富的岩石）为原料开始铝冶炼，1937年日本曹达以矾土矿为原料开始铝冶炼。1940年古河电工和东京电灯成立日本轻金属（1939年成立），开始矾土矿冶炼铝锭。

如表2-1-1所示，1933年初日本国内生产量为19t，到1937年超过1万吨，1940年超过3万吨。1943年度达到了约11.4万吨，为第二次世界大战期间最高生产水平。

表 2-1-1　铝锭的生产量和进口量（1930—1945年）　　　　　单位：t

年份	生产量			进口量
	国内	其余	合计	
1930				11066
1931				2782
1932				4794
1933	19		19	3606
1934	1002		1002	5311
1935	3211		3211	11125
1936	5592	210	5802	9011

年份	生产量			进口量
	国内	其余	合计	
1937	11658	2776	14434	4067
1938	17759	4608	22367	23847
1939	21658	7901	29559	36601
1940	30620	15269	45889	3096
1941	56075	23708	79783	—
1942	85203	25095	110298	1900
1943	113856	36184	150040	3000
1944	87858	29762	117620	4250
1945	7172	1661	8833	

出处：《日本轻金属二十年史》520~521 页，524 页。

第二次世界大战结束后的 1945 年企业生产能力见表 2-1-2。1945 年 3 月，日本国内铝锭生产总量是 13.26 万吨，其中规模最大的是日本轻金属蒲原工厂，生产能力为 3.6 万吨，住友铝冶炼新居浜工厂为 2.5 万吨，昭和电工大町工厂为 2 万吨。

表 2-1-2　战争结束后铝冶炼工厂的生产能力　　　　　　单位：kt/年

区域	公司名称	工厂	开始生产日期	生产能力	生产量
国内	昭和电工	大町	1934 年 1 月	20.0	18.3
		喜多方	1943 年 12 月	8.5	4.3
		富山	1935 年 9 月	6.0	5.7
	住友铝冶炼	新居浜	1936 年 2 月	25.0	19.1
	日本曹达	高岗	1937 年 5 月	12.0	11.0
	东北振兴铝业	郡山	1939 年 7 月	3.6	3.4
	日本轻金属	蒲原	1940 年 10 月	36.0	30.9
		新潟	1941 年 1 月	18.0	16.8
	国产轻银	富山	—	3.5	0.0
合计				132.6	109.5
其余				66.5	35.8
总计				199.1	145.3

注：生产能力为 1945 年 3 月数据。生产量为 1944 年（历年）的业绩。
出处：集团 38《铝冶炼史片段》277 页。

2. 战前海外生产

伴随日本国内铝冶炼的开展，在海外也开始了冶炼事业。如 1940 年日本氮肥，1941 年朝鲜轻金属，1943 年三井轻金属分别在朝鲜开始了冶炼事业。

在海外的生产如表 2-1-1 所示，产量由 1936 年开始的 210t，发展到 1940 年超过 1.5 万吨，1943 年达到最大规模的 3.6 万吨。

在海外工厂规模最大的是三井轻金属杨市工厂，年产 2 万吨，与日本国内昭和电工大町工厂规模相匹敌。

日本国内和海外铝冶炼得以发展的根本原因是铝锭的需求量增大，从海外进口铝锭量也增加了，1939 年度进口量超过 3.6 万吨。由于第二次世界大战爆发，铝锭进口变得困难，主要来源变成以日本国产铝锭为主。

3. 对日占领政策和铝产业

日本第二次世界大战战败以后，在联合国禁止军用产业复活的对日占领政策下，对铝冶炼设备有严格规定。1945 年 12 月分类中间报告里，提出了除废铝处理工厂外，将氧化铝、冶炼、加工所有设备拆走用于赔偿的方案，1946 年总结报告里也提示了同样的方案（表 2-1-3）。研究分类中间报告的美国政府国务、陆军、海军三部委调整委员会于 1946 年 4 月通过了冶炼设备当中年产 2.5 万吨予以留用的决议（SWNCC236/43），赔偿政策向稍微缓和的方向倾斜。但是，远东委员会在 1946 年 5 月的讨论中，通过了轧制设备年产 1.5 万吨的留用，其他的全部拆走用于赔偿的方案。

表 2-1-3　铝工厂撤销赔偿的情况

报告书	提出日期	氧化铝设备	冶炼设备	加工设备
中期报告	1945 年 12 月 18 日	整个工厂撤去	除废铝工厂外全撤去	用于精加工的整个工厂撤去
总结报告	1946 年 4 月 1 日	整个工厂撤去	除废铝工厂外全撤去	用于精加工的整个工厂撤去
美国国务院、陆军、海军三部委调整委员会决议（SWNCC236/43）	1946 年 4 月 8 日	没有提及	年产 2.5 万吨留用	没有提及
极东委员会决定	1946 年 5 月～12 月	整个工厂撤去	除废铝工厂外全撤去	1.5 万吨留用
第 2 次报告第 1 部	1948 年 2 月 26 日	5.5 万吨留用	年产 2.5 万吨留用	11 万吨设备全部撤去
第 2 次报告第 2 部	1948 年 2 月 26 日	整个工厂留用	整个工厂留用	军需用的 4 工厂以外全部留用
报告	1948 年 4 月 26 日	整个工厂留用	整个工厂留用	军需用的 4 工厂以外全部留用

出处：大藏省财政室史《昭和财政史　战败至和解》第 1 卷，244、245、253、366、404 页。《日本轻金属 20 年史》142、144 页。

在日本由非军事化转向经济复兴的过程中，对日占领政策和赔偿政策缓和了。1948 年 2 月提交、在 3 月份公布的第 2 次 Strike report 报告书里，其第 1 部里年产 2 万吨冶炼能力和年产 5 万吨氧化铝能力的设备被留用。同报告书第 2 部里明确表示除了明显用于军事加工用的 4 个工厂以外，提议将所有与铝有关的设备从赔偿对象中去除。5 月份远东委员会美国代表 Mark 宣布赔偿到此结束。

在赔偿缓和的气氛当中，1948 年 1 月荷兰驻日军事使节团提议战争中古河矿业采自民丹岛的矾土矿可以出口到日本，4 月份总司令部予以批准。随后同月下旬第 1 船矾土矿抵达日本[2]。飞机残骸等废铝被运送到昭和电工、住友化学工业（当时称"日新化学"）、日本轻金属 3 家公司进行再生利用，新铝冶炼产业再次启动。

4. 经济复兴和铝需求

对于铝的需求，战后由于飞机制造工业被禁止，导致需求量减小，一段时间里日用品需求低迷，但随着经济复兴需求开始增加。由于在战后复兴过程中为获得外汇而重视出口，铝也变成了一种加工贸易品。而且，根据日本国内重要资材使用规定限制，铝被指定为使用限制品。由于铝产品质量问题而面临出口困难，铝行业出于扩大内需考虑向政府提出申请，要求将铝从使用限制品中除去。1950年1月申请得到批准，铝从使用限制品中除去。

日本经济意欲自立，自1949年起实施道奇计划，即采取严格财政政策和1美元兑换360日元固定汇率，导致日本经济出现了所谓"稳定性恐慌"。政府为维持铝官方定价，给予一定的补助金，但在紧缩财政政策中补助金政策被废止。另外，原来进口矾土矿按1美元兑换150日元的汇率，铝锭出口适用于1美元兑换580日元的汇率，伴随汇率制度统一，铝冶炼企业受到了双重打击。在严重经济萧条当中，1950年1月价格管制被废止，铝锭自此进入了自由竞争的时代。

1950年6月朝鲜半岛爆发军事冲突，铝需求量急剧扩大，出口旺盛，政府于10月开始进行出口限制。铝锭价格由朝鲜爆发军事冲突时的每吨13万日元，到1951年4月急升至每吨20万日元。因此，朝鲜军事冲突"对于萧条的铝产业来说，起到了起死回生的作用"[3]。

铝制品按用途区分的需求构成见表2-1-4，在1950年时，家用器具和容器类日用品占比过半，呈现出除军需品以外战前需求结构。可是5年后的1955年，日用品占比大幅度减少，金属制品、产业机械、电力、电器、通信、陆地运输等需求增加，可以看出新的需求结构逐渐成形。

表 2-1-4　铝制品按用途区分的需求构成（1950年和1955年）

项目	1950年	1955年	项目	1950年	1955年
日用品	51.2%	36.8%	精密机械	0.4%	1.3%
金属制品、产业机械	12.3%	21.1%	医疗、卫生	2.1%	0.2%
建筑	5.9%	2.7%	化学	1.1%	1.2%
电力	4.6%	6.5%	香烟	0.9%	0.8%
电器、通信	4.2%	8.8%	船舶	0.3%	0.8%
陆地运输	4.0%	9.5%	其他	7.9%	6.1%
农林、水产、纤维	5.1%	4.2%	合计	100%	100%

出处：安西正夫《铝工业理论》270页。

矾土矿进口再次启动以后，原铝的生产也随之开始，1949年度生产量约2.3万吨，朝鲜军事冲突后生产急速扩大，到1955年恢复至6万吨的水平（表2-1-5）。

表 2-1-5　铝锭的生产量和进口量（1948—1960年度）　　　　　　单位：t

年度	生产量	进口量	年度	生产量	进口量
1948	9933		1955	59104	
1949	22906		1956	65769	2586
1950	26794		1957	69459	4292
1951	38732		1958	89423	1
1952	41958		1959	105354	22175
1953	47555		1960	137118	19241
1954	54998				

出处：生产数据出自《（社）日本铝业联盟的记录》402~403页。进口数据1956—1958年度出自《日本轻金属二十年史》525页，1959—1960年度出自《日本轻金属三十年史》资料篇61页。

在此期间，铝冶炼行业就战争中落后的制造技术进行现代化和合理化改造。日本轻金属研究讨论引进外国先进的技术，1948 年开始摸索与 Reynolds 技术合作但未能成功；交易方变更为 Alcan，和平条约生效后的 1952 年 4 月向外资委员会申请技术合作许可。外资委员会对于引进 50% 的外资表示为难，后在 10 月得到正式批准。随后 1953 年 4 月 Alcan 出资完成，日本轻金属变成了外资企业。由 Alcan 派遣了技术调查团，推进工厂合理化进度，实现了在原来基础上成功节减 15%[4]。昭和电工和住友化学也分别推进了合理化进程，生产每吨铝锭员工人数，昭和电工喜多方工厂由 1950 年 1.35 人降到 1955 年 0.53 人，住友化学菊本工厂由 1.16 人减少至 0.42 人，实现了生产技术的飞跃发展[5]。

注释：

1. 安西正夫.《铝工业论》472 页。
2. 《日本轻金属二十年史》139～140，165 页。
3. 前面安西书的 251 页。
4. 《日本轻金属二十年史》273 页。
5. 轻金属冶炼会《铝冶炼工业统计年报》昭和 35 年。

第二节　高速发展时期和新加入铝冶炼产业者

1. 分析方法

日本经济经过战后复兴时期，迎来了高速发展时期，在铝业市场急速扩大的过程中，以日本铝冶炼产业的发展为研究对象，对新加入铝冶炼产业和原有铝冶炼企业对保有设备进行淘汰更新过程进行分析。

作为研究铝冶炼产业发展时期的先行者，安西正夫展开了非常详细的分析[6]。桑原靖夫也有多方面概述[7]。根尾敬次的连载论文亦有详细的记述[8]。秋津裕哉的著作，特别是住友集团关于铝事业的记述很是精彩[9]。牛岛俊行和宫岗成次共著[10]和宫岗成次著作[11]在有关三井集团铝事业方面，用详细数据展开了分析，并结合相关铝冶炼企业的公司史，对各个企业的实际状况进行了详细记述。

这类研究和文献对铝冶炼产业的发展过程和历史事实进行了记载，并不能明确作为产业史或者经营史的分析方法。可作为明确的分析方法进行研究的是大西干弘[12]，在分析三菱化成工业新加入进来时，指出对于三菱化成的加入，既有的 3 个公司并没有发动主动的价格进攻，论文中研讨了阻止进入时使用价格理论是否有效，用来分析铝冶炼产业史，具有很高的价值。

安西进行了详尽的分析，从加入壁垒面、研究面指出在铝工业所形成寡头垄断倾向是一般要因，对新加入进来的三菱化成工业没有做与一般要因的关联分析工作。越后和典分析铝冶炼产业时判断，加入壁垒没有通常所认为的那么高，但这并不是对三菱化成工业和三井铝工业的实例进行分析所得出的结论[13]。

到 1970 年为止的冶炼产业，如果寡头垄断促进了新企业加入是事实的话，那么在分析冶炼业发展之际，以产业组织理论进入壁垒问题为线索的方法的有效性很高。本节从如何应对进入壁垒而实现了新企业的加入，或者新加入计划未能实现的角度，对铝冶炼业发展时期展开分析，此为第 1 方法。

企业在成长活动过程中也承担起了产业发展的任务。企业发展取决于其应对外部环境及其所选择的经营战略。本节的第 2 方法就是从铝冶炼企业在冶炼业发展过程中选择了哪种战略的角度进行分析。

本节指出了新加入者在生产设备扩大过程中所面临的问题，以及进入壁垒问题是如何影响企业活动的。

2. 商业机会和加入壁垒

（1）铝锭需求急速扩大

以 10 年为期的铝锭需求构成变化，参见表 2-2-1。在 20 世纪 50 年代平均每年 9.5 万吨的总需求量，20 世纪 60 年代是 53.1 万吨，20 世纪 70 年代是 183.4 万吨，这 20 年间增长了 18 倍以上。铝锭的出口比例从 50 年代的 14.9% 降至 70 年代的 5.8%，日本国内需求占的比重较大，从 50 年代到 70 年代的 20 年间，由 8.1 万吨到 172.9 万吨，增长了 20 倍。

表 2-2-1 铝锭需求的构成变化 单位：kt

年度平均	需求								供给				
	铝锭需求合计	出口	国内需求						原铝			再生铝	铝锭供给合计
			内需合计	运输	土木建筑	金属制品	食品	其他	国内生产	进口	国内生产比例	国内生产	
1950—1959	95	14	81	10	2	16	1	51	60	1	98.4%	19	80
			100%	13%	3%	20%	1%	63%					
1960—1969	531	33	497	106	78	83	6	225	312	86	78.4%	141	518
			100%	21%	16%	17%	1%	45%					
1970—1979	1834	106	1729	366	571	240	67	485	1015	424	70.5%	517	1955
			100%	21%	33%	14%	4%	28%					
1980—1989	2797	172	2625	761	747	376	173	568	297	1468	16.8%	861	2626
			100%	29%	28%	14%	7%	22%					

注：国内需求下半部分是构成比。国内铝锭生产不含高纯度铝锭。需求合计与供给合计的差是库存的增减，进口再生铝锭高纯度铝锭需求差。

出处：日本铝业协会《（社）日本铝业联盟的记录》400、406、411 页。20 世纪 60 年代的进口量来自产业结构调查会《日本的产业结构》第三卷，通商产业研究社，1965 年，176 页。

从行业需求来看，20 世纪 50 年代包含日用品、电气通信、电力、一般机械等（其他）占比是 63% 以上，金属制品 20%、运输 13%、土木建筑 3%。60 年代其他市场比例降至 45%，金属制品也缩小至 17%，运输扩大至 21%，土木建筑扩大为 16%。70 年代土木建筑 33% 变成第一位，食品饮料类的市场份额扩大至 4%。从 50 年代到 70 年代的 20 年间，按行业分类，对铝锭需求扩大的贡献比例（增加部分对总需求的比例）是：土木建筑 35%，其他 26%，运输 22%，金属制品 14%，食品饮料 4%。而到了 20 世纪 80 年代，运输（29%）变为第一位，土木建筑后退为 28%。也就是说，各个行业的需求都在急速增加，需求构造也发生了变化，其中 20 世纪 70 年代土木建筑行业的需求扩大最多，到了 80 年代则变成了运输行业。

铝业新用途开拓（见表 2-2-2）的同时，铝锭需求也增大了。运输行业截至 20 世纪 70 年代，船舶的铝船体化，汽车和地铁车辆的铝车体化，汽车发动机、散热器、车轮等的铝制品化等进展很快。在土木建筑行业，屋顶用材、结构件、窗框的铝制化也在前进中。特别是从 20 世纪 60 年代后期开始，铝窗框普及了，这对铝锭需求具有引导作用。在食品饮料行业，20 世纪 70 年代铝制饮料罐的使用普及了。至于其他行业，20 世纪 50 年代开始洗衣机、电饭煲和家用电器的铝材使用增加也很快。

表 2-2-2　铝产品开发新用途大事记

分类	年份	内容
运输	1954	海上保安厅用全铝制巡视艇启航
	1959	铝制汽车完成(西日本铁道)
	1960	铝制汽车用空调开始生产
	1962	山阳电铁首辆全铝电车完成
	1962	铝制货车上市
	1962	轿车初次搭载铝制冷水器
	1966	铝制集装箱上市
	1969	首次搭载汽车用铝制散热器
	1970	地铁 6000 系车辆使用铝材
	1975	自行车铝架上市
	1977	铝制三渔船"金昆罗丸"入水
	1981	轿车用铝制车轮正式投产
土木	1951	甲子园棒球场使用铝制层顶
	1959	成品铝窗框开售
	1960	首次铝制照明用球上市
	1961	全铝结构金清桥(兵库县)竣工
	1964	住宅小区使用铝窗框
	1965	住宅用铝窗框上市销售
食品饮料	1958	家用铝箔开始上市
	1965	啤酒公司开始推铝罐
	1971	朝日啤酒开始销售铝罐
	1976	饮料铝罐开始使用
其他	1955	洗衣机内铝制内槽开始大量生产
	1957	铝制电饭锅开始上市
	1963	计算机采用压力铸造
	1963	铝制卫星天线开始上市
	1972	铝制棒球棒得到认可
	1980	复印机用铝制筒使用增加

出处：日本铝业协会《铝产业的历程》。

　　在扩大新用途的同时，铝锭需求也急剧增加。铝冶炼产业出现了巨大的商业机会。由于新加入企业和既有企业的事业扩大，铝锭供给如表 2-2-1 所示也急速扩大。进口和再生铝也增加了，日本国内原铝的生产比例 20 世纪 70 年代维持在 70%以上，相对于铝锭供给总量，日本国内生产比例合计保持在约 52% 的水平。

（2）加入壁垒

铝冶炼产业的新加入者和既有企业的生产设备扩大，是在加入壁垒或者新投资壁垒[14]明确化之后实现的。在此，就冶炼企业的加入壁垒和新投资壁垒的内容进行讨论。

越后和典在 1969 年的论文中判断，铝冶炼成套设备水平不会是阻碍新加入者的大壁垒，确保低廉电价和筹集巨额设备资金才是关键。越后和典在 1973 年的论文中认为，冶炼工艺的规模性对于加入早已不具备壁垒意义，确保电力、获得矾土矿资源和筹集设备资金也难以成为加入壁垒，而销售问题对于加入壁垒来说是不可忽视的。在电费成本很高的日本，冶炼产业扩大的要因，主要有政府关税保护政策、维持在低水平的汇率政策、相对比较宽松的公害管制这三个方面。由于这些要因的变化，冶炼产业的产业结构竞争性将会加强。

田中久泰指出，由世界垄断体制产生的稳定价格及维持低价是进入的壁垒。电力方面，大型火力发电成本下降使得原本的加入壁垒不再起决定性作用。他还表示："从反倾销角度来说，适当的关税保护对日本铝冶炼产业的生存及发展是可行的"[15]。

安西正夫就铝产业垄断经营的理由举出了 5 个要点：①企业化时的高风险；②制度条件上的限制竞争；③经济规模和所需资金；④价格的稳定性和低价格；⑤关联事业必要的整合性。这些特点形成了铝产业的加入壁垒[16]。

对于第①点，在工业化初期，即便技术风险缩小了，但电力源开发、经济性购入原料、公害处理对策等新的企业风险并不是那么容易克服，所以成了加入壁垒。对于第②点，由于关税保护，Alcoa 长时间占有垄断地位，但关税保护撤销以后，Alcoa 在原料、工厂、布局、技术、流通等方面都确保了优势，抑制了其他企业的加入，保持了领先企业的优势。对于第③点，矾土矿的采掘、氧化铝制造、发电、电解铝、各个阶段的加工，关键在于规模效益。矾土矿是大项目规模领域。氧化铝制造规模经济性较高，在美国以 30 万吨～50 万吨为经济性单元。发电方面，世界范围内利用火力发电多了起来，但主要还是依靠大规模的水力发电。电解工艺与氧化铝工艺不同，电解炉以 180～220 炉为一回路（pot line）进行配置，以增加回路的形式来扩大规模，因有必要追加既有回路的 90% 左右的投资，所以规模虽大经营利润却没那么大。加工工艺铸件适合小规模企业，轧制与冶炼的纵向联合是有利的。对于第④点，企业主导下一体化铝生产，铝价低廉稳定，这也成了一个加入壁垒。

对于第⑤点，实际情况是企业积极加入铝冶炼产业，所以有批判加入壁垒过低的言论。论据是铝工业从其本质上是要求关联产业向综合化方向发展。例如即便是加入了冶炼产业，矾土矿和氧化铝的制造，还有一次和二次加工以及到销售环节的大范围领域综合化是非常困难的，对技术和经营的核算也有很多难点。安西正夫展望道："从长期来看，将来某个时点达到需求和供给平衡，这类新加入企业克服初期的困难，企业取得经济性成就，又有可能形成新的垄断"[17]。

越后和典与田中久泰表示铝冶炼业加入门槛较低，新加入者增加会造成产业层面上的竞争状态。对此，安西正夫认为三菱化成工业和三井铝业的加入，从长远角度来看成功了，但也形成了新的垄断。越后和典与田中久泰强调电解工艺的规模经济性和以电力成本为中心，加入门槛低。安西正夫则指出包含纵向联合重要性在内加入壁垒较高，对冶炼业新加入者来说现在下结论还为时尚早。

上述内容指出了新加入或新投资的壁垒从经营战略如何去应对。下面分析新加入和原有企业的事业是如何扩大的。

3. 新加入

（1）加入案例

随着市场深入和发展扩大，有的企业认为这是大的商机。企业选择加入战略时机，会考量其各自历史条件下所具有的条件。企业决定加入时经营战略策划和实行过程用图 2-2-1 来解释。①认识商机和加入壁垒→②基于公司内部经营状况对加入动机进行确认→③根据初期战略构想和条件变化改变战略→④实行既定的战略流程。设想按照 2-2-1 流程图，来看 3 个实际的例子。

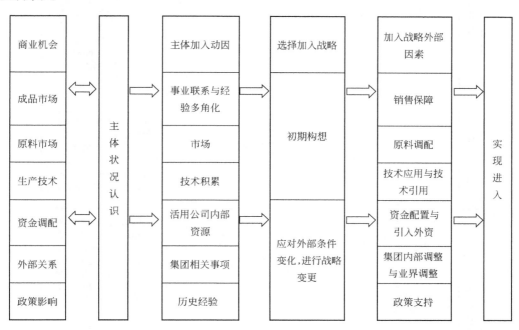

图 2-2-1　新加入流程图

① 三菱化成工业的案例

三菱加入路径如图 2-2-2 所示。三菱化成工业和三菱金属矿业与美国的 Reynolds 展开合作，作为加工部门，成立三菱 Reynolds 铝业的同时，进行冶炼和加工一体化生产[18]。

三菱化成工业从 1959 年 9 月开始筹备挺进铝行业。当初构想以新发现的 Weipaa（澳大利亚）的矾土矿为原料，开展氧化铝及其他铝事业，三菱商事参与其中，介入与 Reynolds（Weipaa 的矾土矿矿山股东）的商业谈判。三菱化成工业对商业机会的判断基于：a. 有关成品市场尽管对铝的需求急增，但现有的 3 家公司反应速度慢，不足的铝锭一直由进口来补充；b. 原料市场上澳大利亚及印度等国大量开发矾土矿；c. 生产技术方面，现有企业的新增设备对购电和火力发电依赖程度太高，与现有企业电力成本没有差距，在冶炼技术上现有企业小型炉比较多，如果采用最新的大型炉技术，足以与他们进行竞争。

1955 年原有 3 家公司的冶炼能力在 6.42 万吨，生产量为 5.9104 万吨，进口量为零（1956 年进口量为 2586t）。但是到了 1960 年原有 3 家公司的冶炼能力为 13.3 万吨，生产量为 13.7118 万吨，进口量为 2.2967 万吨。在此期间设备产能倍增，但进口量也急增，可以判断这 3 家公司对设备投资速度反应迟钝。关于这一点，越后和典指出，在电费成本高的日本冶炼产业，一直追求和维持高水准的开工率，铝冶炼企业的开发性投资变得谨慎了[19]。由

1963年5月直江津工厂投产

商业机会和认识主体状况		主体加入原因		初期构想	外部条件变化对应的战略变更与战略实现的外部因素	
成品市场	铝需求急增，原有3家企业设备增设动作迟缓，铝锭不足部分可用进口填充	销路	如以供给三菱集团各个相关公司为前提，可以确保市场需求	销售市场限三菱系统内	集团内调整	三菱集团28家企业组成三菱轻金属技术协会。开启三菱集团内铝产品利用普及和新用途开发
				三菱化成单独与Reynolds合资成立铝加工公司	外资导入与集团内调整	三菱商事及三菱银行等三菱系统内各个公司交流结果是以三菱金属矿业和三菱化成为中心共同出资。1962年1月成立三菱Reynolds铝业(株)，注册资金6.375亿日元
原料市场	矾土矿原料在澳大利亚和印度进行大量开发	生产体制	确立冶炼和加工一体化生产体制，与原有冶炼企业以不同的形式展开	从Reynolds每年购入5万吨氧化铝	原料采购	因从Reynolds购入的氧化铝价格较高，研究自主生产。在澳洲西部发现了铝土矿，转而变为购买方针，与美国Alcoa合作生产氧化铝，自主生产氧化铝计划终止
生产技术	电力：因新增设备在购电及重油发电方面依赖程度较高，不存在与原有冶炼企业的电费差距。技术：与原有的冶炼企业相比小型炉较多，如使用最新的技术引进大型炉，还是会有很强的竞争力的	事业关联	当时(1959年)电解法所产氢氧化钠过剩，作为对策考虑，用其生产氧化铝	电源：当初设想用重油发电。1959年11月帝国石油头城矿业辖区内发现日产$10^6 m^3$天然气，转为利用天然气	电源	第2期计划正式开始是在1965年1月，因对大企业使用气体开始限制。1967年2月将供给量定为67万m^3。随后天然气供应状况没有好转，第3期计划改为使用重油柴油发电机
		历史经验	战争中日本铝业在黑崎工厂内生产氧化铝，过去在铝事业上有业绩	对三菱化成铝锭冶炼，Reynolds进行技术援助	导入生产技术	Reynolds的铝锭冶炼技术与法国Pechiney在日本申请的专利相抵触，备忘录被弃。与Pechiney建设10万安[培]电解槽，操作技术采用世界最先进的铝锭冶炼技术
外部关联	避免与原有3家企业产生摩擦			销售市场限三菱系统内，剩余出口	业界调整	原有3家企业没有采取价格策略阻止加入

出处：《三菱化成公司史》。

图 2-2-2　三菱化成工业新加入路径图

于垄断，日本国内供给能力相对低下，进入壁垒变低。同时，在矾土矿供给和电费成本方面也使加入壁垒变低了。

三菱化成工业加入进来还有一个内在因素：战争中日本铝业在三菱化成工业黑崎工厂内生产矾土等，过去有过参与铝业的经验，而且他们认为确立冶炼和加工一体化的生产体制，与原有公司展开不同的事业形式，可以获得竞争优势。成品销售上如果以供应给三菱集团旗下公司为前提，可以确保市场份额。另外，1959年电解法所产氢氧化钠过剩，从消费对策上可以考虑生产氧化铝。

三菱商事的介入推动了与 Reynolds 的谈判，1960 年 5 月两家达成了三项合作并签署备忘录：①从 Reynolds 购入氧化铝；②Reynolds 在技术上援助冶炼工厂；③两家公司铝加工部分成立合资公司，这是初期的主要架构[20]。

起初设想从 Reynolds 采购氧化铝，但由于价格太高，考虑由公司自行生产氧化铝，同时在澳大利亚西部麦宁发现新的矾土矿，所以改变了起初的购买设想。经过了解，西部麦宁与美国 Alcoa 在合作生产氧化铝，故放弃了自己生产氧化铝的设想，最终与 Alcoa 缔结买卖氧化铝合约。在氧化铝制造方面规模性成了加入壁垒，氧化铝年使用量在 12 万吨规模（铝锭年产 6 万吨），公司自行生产效率不高[21]。

在引进冶炼技术上，Reynolds 的铝冶炼技术与法国 Pechiney 在日本申请的专利相抵触，于是备忘录被弃，改为引进建设 Pechiney 的 Soderberg 式 10 万安培电解炉操作技术，在世界上也是最新的铝冶炼技术。

有关铝加工公司构想，当初设想由三菱化成工业单独与 Reynolds 成立合资公司，与三菱商事、三菱银行等三菱系统内各个公司协商后，变为以三菱金属矿业和三菱化成工业为主的共同出资，1962 年 1 月成立了三菱 Reynolds 铝业（注册资金 6.375 亿日元）[22]。与三菱集团共同出资，其实初衷并不是为应对投资大的加入壁垒而采取的策略[23]。

当初设想使用重油火力发电。1959 年 11 月帝国石油劲城矿业所发现天然气，日产达到 100 万 m³，所以改变方针为利用天然气。基于此，工厂选定在新潟县江津市。利用天然气发电解决了电力成本高的加入壁垒。第 1 期计划顺利完成，在第 2 期计划开始实施的 1964 年，帝国石油开始限制大型工厂使用天然气。虽然签署了所需使用天然气量的协议，但随后的天然气供给状况没有好转，于是第 3 期计划改用柴油发电机。

成品销售方面，由于市场容量有限，导致原有企业反击，因此解决这个战略问题很重要。三菱化成工业将三菱商事作为总经销商，采取了面向与原有 3 家公司没有强力竞争关系的大型加工厂进行销售的策略[24]。开始着手直江津工厂第 2 期建设计划同时，组织了三菱系统内 28 家公司召开三菱轻金属技术会议，在三菱集团内普及铝成品的利用和开发新用途。

原有 3 家公司对于三菱新加入没有采取强力反对行动，也没有采取降低成品价格的反制措施[25]。与此截然不同的是，在八幡制铁进入铝冶炼和加工业时，原有的冶炼和加工业界展开了猛烈的反制措施，并成功阻止了八幡制铁进入铝冶炼和铝加工业。

三菱化成工业明确表示，销售市场仅限三菱系统内部，并且余量出口海外，制定策略初始阶段就避开了与原有 3 家公司的摩擦。由此可见，三菱化成工业的成功是采取了协调性战略，而八幡制铁采取的是敌对的进入方式[26]。

② 三井铝工业的案例

三井集团的加入有其特殊的背景（图 2-2-3）。三井集团在战前以三井矿山为中心，在海外有铝冶炼经验。在铝市场需求扩大之前，财团解散分离成三井矿山（煤炭业）和三井金属矿业（原为神岗矿业），研究进入铝冶炼产业。但由于国内没有冶炼工厂，从零起步的风险太大，在电力成本和筹集设备资金等应对加入壁垒方面没有实质性进展[27]。

1964 年三井 5 家（化学、金属、矿山、物产、银行）的管理者策划利用三池煤炭发电进入铝冶炼行业，在集团协调下三井铝业（注册资金 5 亿日元，三井矿山、三井金属矿业、三井化学、三井物产各出资 22.5%，三井银行出资 10%）于 1968 年 1 月成立。由集团成员共同出资解决了设备资金问题。需指出的是，由于银行以外 4 家公司出资比例均等的原因，

商业机会和认识主体状况		主体加入原因	初期构想	外部条件变化对应的战略变更与战略实现的外部因素	
成品市场	三井物产可以销售量是5万吨,伴随铝业需求量扩大完全可以扩大销售量	事业关联	三井矿山:确保三池产煤稳定供给,伴随将来新的煤炭采掘,三井金属和金属冶炼事业业务多元化。三井化学:化工业务多元化。三井物产:综合商社业务拓展。三井银行:为三井集团的整体利益考虑	章程规定不包含铝加工,成品由三井物产销售	与业界调整	为获得援助技术协定,向通产省矿山煤炭局长提交书面要求,其中第1项是在板材需求稳定以前不介入加工产业
原料市场	第1次煤炭政策(目标5500万吨)时:寄希望于确保煤炭稳定需求和振兴煤炭产业			电力:从九州电力(大牟田电站)购买	与煤炭政策整合	购电(2.60日元/kW·h)交涉遇到困难、由单纯购电变为共同发电,九州电力对依赖三池煤炭进行共同发电不认可,改为自建15.6kW的发电站
生产技术	三井矿山利用大牟田和荒尾新产业基地共同发电,推进铝冶炼事业	历史经验	1935年6月三井矿业参与成立日本铝业(株)开始冶炼事业。同年12月与南洋拓殖(株)合资成立南洋铝业,开发矾土矿。1938年成立东洋铝业(株),拥有年产1.6万吨氧化铝工厂,还预计在富山榆原建设年产8千吨规模冶炼工厂。1941年12月与西鲜化学(日本曹达系)合资,公司更名为东洋轻金属。1944年5月改称三井轻金属	日轻金研究从Alusuisse引进铝锭冶炼技术。利用三井矿山管理者的人脉关系与日本轻金属交涉,具体由三池焦炭企划部长和三井化学焦炭部长与Alusuisse谈判	技术引进	Pechiney和Alusuisse进行比较,最终选择电流高、业绩好、炉的配比及设备费用便宜、机械化程度高、技术使用费也低的Pechiney
外部关联	原有4家企业反对。由于几家冶炼企业步调未能形成一致,因此采取低姿态,希望获得各界理解			氧化铝预计在完全自给之前从Pechiney购买	原料调配	与Rio Tinto公司的合资制造氧化铝计划无果而终,改为与澳洲公司签订长期进口矾土矿计划,进行委托生产氧化铝。1968年12月三井物产4家公司(东压、金属矿业、物产、铝业)的管理者达成协议,成立制造氧化铝公司。1969年5月三井氧化铝制造(株)成立,注册资金20亿日元,物产出资50%,铝业、金属矿业、矿山、物产、银行各出资10%。1972年7月开始第1期15万吨投产,第2期15万吨氧化铝工厂计划投资140亿日元
政策关联	第1次煤炭政策(目标5500万吨)时:寄希望于确保煤炭稳定需求和振兴煤炭产业					

出处:牛岛俊行和宫岗成次《自黑钻石的轻银》,宫岗成次《三井的铝锭冶炼和电力事业》。

图 2-2-3　三井铝工业新加入路径图

对三井铝业产生了经营责任不明确的负面影响[28]。

　　能源由煤炭向石油的转换中,煤炭产业逐渐走向夕阳化。1962 年 10 月以石油进口自由化为契机,作为生产结构调整出台了第 1 次煤炭政策。第 1 次煤炭政策期内生产目标确保在5500 万吨。三井集团认为新出台的煤炭政策是罕见的商业良机,这个良机促使其下定决心加入了铝冶炼产业[29]。

　　铝冶炼所用电力选择了使用三池煤炭发电,该措施是否避免了电力成本这个加入壁垒还有待观察。当初设定电费计划是按 2.60 日元/kW·h，由于所使用三池煤炭品质较低，发电效率难以达到 2.60 日元/kW·h（接受电价为 2.74 日元）。起初与在大牟田持有发电站的九州电力进行了购电交涉，但是没有取得进展，于是提议由单纯买电变成共同发电，九州电力回复称不接受与依靠三池煤炭者进行共同发电。三井集团最终决定自己投资建设发电站（15.6 万千瓦）。据说当时九州电力对于上述电价没有信心[30]。

实行计划初期所设想的预算见表 2-2-3，按能够接受的电价 2.74 日元换算铝锭制造成本在每吨 16.8 万日元，铝锭按 18.5 万日元售出，销售利润每吨为 1.7 万日元。这个制造成本与同时期的通商产业省（译者注：相当于中国商务部）矿山煤炭局金属科田中久泰的推算几乎相同，这也可以说是能够加入铝冶炼的判断依据。电站投资 89.3 亿日元，估算单价为 5.7 万日元，由于规模较小的缘故，增加了灰粉处理设备费用，这个价格与其他公司 25 万千瓦以上规模的共同发电的 4 万日元水平比较要高出不少[31]。

表 2-2-3　三井铝工业的实行计划方案

项目	三井铝实行计划方案[1]		通产省田中推算[2]	
	铝锭单价/(日元/t)	构成比	铝锭单价/(日元/t)	构成比
制造成本	133256	79.3%	136500	80.1%
氧化铝	48047	28.6%	42000	24.6%
电力	39143	23.3%	40500	23.8%
焦炭	7560	4.5%	19000	11.1%
其他	7056	4.2%		
劳务费	9744	5.8%	10000	5.9%
修缮及其他	13776	8.2%	15000	8.8%
销售费	6048	3.6%	10000	5.9%
行政费	1882	1.1%		
利息	16670	9.9%	19000	11.1%
折旧	18070	10.8%	15000	8.8%
成本	167996	100.0%	170500	100%
销售单价	185000			
利润	17000			

1. 三井铝工业 1968 年 7 月的计划方案。以 10 年间生产销售 66.5 万吨铝锭为前提的年度平均值。来自宫岗成次《三井铝锭冶炼和电力事业》151 页氧化铝单价 2.5 万日元/t，电价为 2.74 日元，焦炭 1.9 万日元/t，预定借款 302 亿日元，利息数值偏低，原数值直接引用。

2. 通产省田中久泰推算，1968 年电的预焙炉原成本价。田中久泰《铝工业的现状和课题》31 页。

销售问题方面，三井物产每年经销大概近 5 万吨铝锭，当时预估参与冶炼产业后可以确保需求持续扩大[32]。三井物产的水上达三表示："1958 年三井集团成立中部玻璃，为进入铝业留下了伏笔。随着建筑行业玻璃用量的增加，铁窗被铝窗代替的时代将会来临，所以决定加入铝行业"[33]。

与三菱化成工业不同，三井初期并没有规划进入轧制和加工领域进行一体化生产体制。原因不详，至少在取得引进技术许可的过程中，在给通产省矿山局长提交的一项申请中，声称："在板材需求稳定之前不会考虑进入加工领域（轧制板材）"，其目的可能出于安抚之前反对的 4 家冶炼公司。

加入壁垒之一的原有企业反对，在三井的情况也很明显，原有 4 家公司反对，理由[34]有：①导致本国铝冶炼产业国际竞争力下降和企业体制弱化；②从国家巨资援助的三井矿山取得低价煤炭计划使得在竞争条件上不平等；③铝锭供需关系本身是稳定的。对此，三井集团采取"避免强力反击，保持低调，争取各方理解"的策略[35]。"低调"的措施就是在接受引进技术许可阶段向通产省矿山煤炭局长提交的声明中表示："迅速加入轻金属冶炼协会，努力遵守原有企业销售自律的做法，遵从矿山煤炭局的行政指导"。可是，没有完整的加工体系是三井铝工业的弱点之一[36]。

至于冶炼技术，当初设想从日本轻金属或者 Alusuisse 引进。对 Alusuisse 和 Pechiney 进行比较后，从电流高、业绩好、炉的配比与厂房设备费用较低廉、操作工人少、机械化程度高、技术转让费低等方面考虑，决定采用 Pechiney 的技术，投产建设预焙式 125kW 电解炉 240 炉（年产 7.5 万吨）规模的工厂。由此，建设费用与其他公司相比较贵，据说是隐含了增加利息和折旧成本风险的计划[37]。

1968 年 7 月与 Pechiney 签订技术合作协议，如前表 2-2-3 所示，三井铝业计划方案获得董事会认可。在这个方案里氧化铝费用比田中测算的金额要高。冶炼原料的氧化铝，当初的设想是实现自给率体制前由 Pechiney 提供帮助，当时报价为 2.2～2.5 万日元/吨之间。"自给率体制"是指当初三井物产与 Rio Tinto 合资的时候计划用 Weipaa 的矾土矿制造氧化铝。这个计划最终未能实现，三井物产与澳大利亚的 Gove 缔结长期进口矾土矿协议在国内生产氧化铝，具体执行交由三井金属矿业。1968 年 12 月三井物产的 4 家公司（三井东压、三井金属、三井物产、三井铝业）一致同意成立铝业制造公司。随后，1969 年 5 月三井氧化铝制造（注册资金 20 亿日元，其中三井物产出资 50%，三井铝业、三井金属矿业、三井东压、三井银行各自出资 10%）成立，预计 1972 年 7 月投产。

三菱化成工业进入冶炼业时，没有自产氧化铝计划，完全依靠进口，而三井集团是计划加入氧化铝生产的。三井氧化铝制造第一期为 15 万吨，第二期为 7 万吨，总共设计制造能力计划为 22 万吨。在美国没有 30 万吨以下的氧化铝工厂，日本的生产规模，1968 年日本轻金属清水工厂为 34.6 万吨，昭和电工横滨工厂为 28.5 万吨，住友化学菊本工厂为 24.9 万吨[38]。三井的 22 万吨超过了通产省界定的规模经济性不低于 20 万吨要求。氧化铝制造技术由住友化学工业提供援助。可是，选择加入氧化铝产业战略考量并不是出于与铝冶炼产业结合创造好的经济效果，三井物产扩大矾土矿商业战略的起因有很大的问题。在三井物产工作的宫岗成次的文章中这么说："三井物产和三井金属矿业积极推进氧化铝自给，三井东压是在碱性苏打销售等有利可图的情况下投了赞成票。会议并不是 5 个公司全部参加，而是由想尽早参与氧化铝生产的三井物产和三井金属积极推进的。比起讨论在自给方面到底对于铝业公司利益是不是最佳选项，被完全从自身利益出发的三井物产和三井金属矿业的尽快实现氧化铝自给的言论给盖住了"[39]。三井集团在新加入层面上从出发点开始就问题多多。

③ 住轻铝工业的案例

住轻铝工业新加入铝冶炼产业的路径图见图 2-2-4，其背景是在持有铝冶炼产业的住友化学工业和持有铝加工部门的住友轻金属工业之间经营战略对立的异常情况下发生的。

1973 年 2 月住轻铝工业（株）成立。1977 年 1 月第 1 期工程前半完成，开始投产。1979 年 4 月第 1 期设备全部投产。

住友集团采取的是由住友化学工业（起初是日新化学工业）继承住友铝冶炼（1934 年

商业机会和认识主体状况	主体参加原因	初期构想	外部条件变化对应的战略变更与战略实现的外部因素
成品市场 20世纪60年代中期铝需求每年已经达到100万吨，据认为20世纪70年代中期可达到年200万吨	**事业关联** 名古屋工厂已无空地，1976年初期轧制能力也达到极限，此时决意进入铝冶炼并实行与发达国家相同的一体化体制，一举促进体制的改善	住友轻金属单独在酒田建设冶炼和轧制一体化工厂	**政策影响** 因与振兴当地经济政策吻合，酒田预计当地也会赞成。期待铝需求每年以14%～15%递增，1977—1978年间认为未来冶炼能力不足。由通产部长提出斡旋方案，住友轻金属和住友化学表示接受。1973年2月住轻铝工业(株)成立(注册资金20亿日元，出资比例：住友轻金属40%，住友化学30%，住友金属工业15%，住友银行、住友信托银行、住友商事各5%)。冶炼工厂最终年产18万吨，1976年第1期前半期4.5万吨开始投产，1977年预计完成后半期9万吨。冶炼技术是住友化学开发的预焙大型电解炉技术，氧化铝由住友化学提供。轧制工厂第1期(1976—1979)热轧机1台，冷轧机2台，生产能力12万吨。第2期(1980—1985年)连续热精轧机，连续冷轧机，年产能力18万吨
原料市场 自1970年9月开始冶炼和轧制完全资本自由化，为应对这个国际浪潮，作为轧制企业不管如何将企业设备大型化，在确保铝锭稳定上制约还是很多，确立自主经营，摆脱低收益性很难。因此对于各大轧制企业确立一体化生产经营是一项紧急课题	**集团内部对立** 对铝锭供给者住友化学工业不满	电力由紧邻旁边的东北电力和新公司共同出资建设	
生产技术			

出处：《住友轻金属年表》《住友化学工业株式会社史》。

图 2-2-4 住轻铝工业新加入路径图

成立）的设备进行铝冶炼，由住友轻金属工业（由住友金属工业的伸铜与铝轧制部门分离独立，1959年成立）进行轧制加工的分工体制。1970年住友轻金属工业在新潟县酒田市计划建设铝冶炼和轧制一体化生产工厂，与酒田市开始了土地买卖谈判。

在铝需求持续扩大的背景下，住友轻金属工业决心加入铝冶炼产业。其判断依据是[40]："为应对从1970年9月开始的冶炼和轧制完全资本自由化的国际浪潮，作为轧制工厂伴随设备大型化同时，由于确保铝原料稳定供给上制约很多，确立自主经营、摆脱收益性低是困难的。因此，对各个大的轧制厂家确立冶炼和轧制的一体化生产是至关重要的课题"。基于此，在自由化时代保持国际竞争力，确立一体化生产体制是必要的。住友轻金属工业对加入动因是这么解释的[41]："我们公司名古屋工厂恰巧没有扩大工厂用地空间，20世纪50年代开始的轧制生产能力也达到了极限，所以决意加入冶炼业，采取与发达国家相同的一体化生产体制，一举解决经营稳定和改善体制的问题"。轧制加工部门在设备扩张之际，对铝锭原料来源进行自我整合，销售上没有了加入壁垒的障碍，但与原来的铝锭供给方产生了嫌隙。

原本加入冶炼的真实动机是出于对铝锭供给方住友化学工业的不满。住友轻金属工业母公司住友金属工业总经理日方向齐说[42]："有一天，住友轻金属工业表示想在酒田市建冶炼工厂。因对价格和交货期不太满意，与住友化学工业交涉也不起作用。即使同属住友集团，也应该贯彻自由竞争的原则，我认可了住友轻金属工业的想法"。

对于住友轻金属工业的不满，原住友银行高级管理人员秋津裕哉指出[43]："从多处了解到的结果是，当时铝锭挣钱而轧制因过度竞争不挣钱。铝锭被控制了，购入铝锭时的数量和价格都没有公开。每次看到付款通知也只有付钱了事，事实上对数量和价格都不能进行交涉，连合同都不签。所以想冶炼铝锭这是多年来的愿望"。

有关铝锭价格，任 Comalco 日本代表的清水启写道[44]："Alcan 对加拿大铝锭是限量向特定的需方提供特定价格。对于住友轻金属是这样，对于神户制钢也是一样，对日本国内铝锭每吨价格应该也会是要求降价 5000 日元。住友轻金属对于住友化学工业也应该会有降价要求。可即便是要求与 Alcan 同等降价，住友化学工业应该也不会答应"。

另一方面住友化学工业的总经理长谷川周重表示[45]："按到目前为止的做法，在集团内部进行协调处理。由两个公司进行冶炼事业，违反住友一个公司一个事业的原则。必须避免双重投资"；但同时也拿出了让步方案："截至目前铝锭增长还要加大的话，在预先得到需求增长信息的前提下，作为住友化学工业会进行认真准备。即便是这样，无论如何，一定要应对的话，住友化学工业会在爱媛县的东予工厂建设别的公司，但共同经营也是可以的"。可是，住友轻金属工业的田中季雄总经理对酒田市的项目依然坚持己见，母公司住友金属工业总经理的回忆录中这样写道："要求日向方齐先生和田中季雄先生三思，并打消念头，但是效果不佳"。

住友集团内部对立加深了，于是在 1972 年 6 月，通产部部长田中角荣向两家公司提交斡旋方案并且协商一致。斡旋方案的主要内容是在酒田市推进铝业一体化生产计划，由住友轻金属和住友化学工业合作成立新的公司，新公司构成由两家公司协商决定[46]。

当初的设想是由住友轻金属工业单独成立一体化工厂，而斡旋方案却是由住友集团成立新的公司。1973 年 2 月成立住轻铝工业，注册资金 20 亿日元（出资比例：住友轻金属工业 40%，住友化学工业 30%，住友金属工业 15%，住友银行、住友信托银行、住友商事各 5%）。工厂规模分别是：轧制工厂最终年产 35 万吨，冶炼工厂最终年产 18 万吨。1976 年轧制工厂 12 万吨和冶炼工厂一期 4.5 万吨开始投产，1977 年冶炼工厂预计设备投资完成。冶炼技术使用的是住友化学工业开发的预焙式大型电解炉技术，氧化铝也由住友化学工业提供。

对于住友铝工业的加入，为什么其一直执着于冶炼和轧制一体化生产经营，并在新公司成立后即使遇到了第一次石油危机，加入计划也未终止，一直都是一个疑问。

关于一体化经营，住友轻金属工业总经理小川义男有如下的讲话[47]："母公司住友金属工业保有高炉且由一体化生产体制发展而来。思想中有强力的一体化体制是必然的……住友金属工业总经理日向方齐听取住友轻金属工业计划后，频频点头，表示支持，一起干也没关系，表示一体化生产是必然的，除此以外没有其他理由"。

最开始的时候满脑子都是炼铁的案例，追求一体化生产体制，事后来看其实这也不是最佳的判断。小川义男还有如下的反思："其实在一体化上铁与铝是完全不同的概念，这点上没有弄明白。铝的一体化比较直接，且熔化部分可省去。而铁的工艺不同，氧化转炉用和不用，差别很大，仅每吨铝的差价就达 3000~4000 日元。在国外大家都是搞一体化生产吗？当时没有发现这个问题，也就是说调查研究很不充分"。

住友轻金属工业已经在使用从相邻的住友化学工业生产的熔融铝锭，对一体化生产经营利益方面的局限性有一定发言权。比起海外的一体化生产工厂，对于小品种大产量生产型来说，日本轧制加工厂的多品种少量型生产型方式，是其自身劣势所在[48]。如果不针对一体化经营本身优势进行认真调查研究、全盘考量，那么可以认为进入铝冶炼的动机，也只能推测是对从住友化学工业购入铝锭价格不满。

在第1次石油危机电费价格飞涨背景下，酒田工厂开始建设。小川义男的回忆录中这样描述："1974年第1次石油危机时油价由2美元涨到10美元，随后继续攀升，到1980年已达30多美元，究竟涨到什么程度没有统一意见。可是，18万吨的计划里即使停工也只能停工9万吨，另一半除了由海外进口来摊薄成本外，别无他法。每月的赤字导致注册资金已快消耗殆尽，到了非停不可的地步。假如没有一体化经营思想，也许不会勉强行事到这个程度"。

1976年日本长期信用银行指出[49]："国产铝锭的价格竞争力尽管已经非常低，却还在推进新建工厂，这说明：第一，其预计未来世界铝锭供需均衡，进口价格会反弹；第二，所生产铝锭全部自家可以消化且能够维持工厂运转，或者测算其铝锭价格并不比进口价格高出很多"。

对于住友轻金属工业顶住住友集团内部的反对声音建厂，其计划里也有振兴酒田市地方经济的考量，即便是外部经济环境恶化，也有已经无法简单改变方针的苦衷[50]。

（2）新加入计划受到挫折的案例

除了成功实现加入的3家公司，还有3家公司未能成功加入。八幡制铁、古河铝工业、神户制钢所也有加入铝冶炼的计划。

在介绍这3家公司之前，先了解一个案例。作为冲绳回归开发事业一环，计划建设铝冶炼工厂[51]。返还前Alcoa已经取得铝冶炼申请许可，轻金属冶炼协会表明了反对的态度，1970年12月铝冶炼5家公司以均等出资的形式成立冲绳铝业，目标是年产20万吨铝锭，涵盖冶炼、铸造、发电，日本轻金属为运营管理责任人并签署了协议，但之后由于某些原因退出了该计划。冲绳铝业也进行了可行性研究，1972年遭到当地居民的强力反对，结果未能进行铝冶炼，冲绳铝业于1973年解散。

① 八幡制铁的案例

1960年10月有报道说[52]日曹制钢（战前在高岗进行一体化氧化铝和铝冶炼生产的日本曹达钢铁和机械部门分离独立后成立）有构建铝事业的设想。日曹制钢计划由法国Pechiney提供技术援助，建设年产氧化铝5万吨，铝冶炼规模2.5万吨的工厂。该公司还与和日本企业没有合作关系的美国Kaiser公司进行谈判。日曹制钢为了筹集所需资金，向原本就对铝冶炼有很大兴趣的八幡制铁提出合作请求[53]，兴建包含轧制和加工的综合铝事业计划，计划新公司由日曹制钢、八幡制铁和木下产商三家公司组成。1961年10月达成由Kaiser参股和提供技术援助，联合成立八幡铝业（暂定：日方出资65％，Kaiser方出资35％）的协议，并于1961年12月向政府提交了申请[54]。

铝冶炼和轧制两个行业都对这个计划提出强烈反对。1961年12月轻金属轧辊协会要求通商产业省采取控制措施，但是政府机关表示应该从长远大局出发来考虑。其后，通产部部长（佐藤荣作）将申请作延期批准处理，亦即采取了搁置处理。他判断当前对轧制产品的需求不是那么紧迫，对于中小企业集中的轧制行业让大型钢铁企业参与进来，影响还是很大的。另外，八幡制铁进入铝冶炼的另一个理由是，将来可作为处理炼钢原料使用的红土所派生出来的氧化铝，因此打算加入铝冶炼，通商产业省指出[55]红土的实验还没有结束，先于冶炼部门上轧制设备是顺序颠倒。于是八幡制铁参与冶炼产业未能实现。攸关原有业界企业利益时这个壁垒还是很高的。

随后 1962 年秋天，昭和电工集团、八幡制铁集团和 Kaiser 一起推动了成立轧制加工专业工厂 Sky 铝业的设想。昭和铝业在得到 Kaiser 认可并提供技术援助的轧制设备扩张计划中，以八幡制铁集团加入的形式设立新公司。此时铝行业里，对于大型钢铁企业参与到不同行业中，对其强大的竞争力抱有危机感，于是向有关公司表明了对这种行为的批判态度[56]。1964 年 10 月通产省介入并提出了斡旋方案[57]，主要内容是八幡制铁集团出资比例由 35％下降至 18％，Sky 铝业的成品销售不能使用八幡制铁的销售网，而只能利用昭和铝业销售渠道，Sky 铝业的设备、生产计划、持股比例发生变更时必须向通产部提出申请并得到认可。轻金属轧制工业协会和昭和电工方面认可了斡旋方案，于是在 1964 年 11 月提出申请，同年 12 月成立 Sky 铝业。八幡制铁集团参与铝冶炼失败了，但是参与轧制加工成功了。1970 年八幡制铁和富士制铁合并，改名新日本制铁，1971 年 12 月投资参股（10％）三井铝工业，与铝冶炼产业保持了联系，但没有取得战略上的成果。

② 古河铝工业的案例

古河铝工业，1959 年由古河电气工业与 Alcoa 合资成立，是剥离出铝轧制加工部门的企业。战后，从日本轻金属接受铝锭供给，1966 年每月需求量的 70％从该公司购入。为得到稳定的铝锭供给，1968 年与 Alcoa of Australia（简称 AA）的子公司西部氧化铝业签订每年采购 20 万吨氧化铝合同，采用向 AA 委托加工体制。1969 年接受由 Alcoa 提议加入铝冶炼产业的提案[58]。

古河铝工业根据长期的视野判断，希望加入铝冶炼行业，于 1971 年开始与 Alcoa 进行正式谈判。1972 年与 Alcoa 缔结引进预焙炉冶炼技术协议，1973 年 5 月得到政府的许可。随后 1973 年 9 月与县政府签订土地买卖合同，在福井县临海工业园建设铝冶炼 14 万吨、轧制产品 18 万吨的冶炼和轧制一体化生产工厂。原料氧化铝从 AA 公司长期进口，电力由北陆电力和古河电工合资成立的福井共同火力发电站提供。

在签订土地买卖协议、开始建设共同火力发电站之际，由于石油危机的冲击，产业环境发生变化，导致冶炼工厂建设项目中止，只进行了轧制工厂的建设。铝冶炼工厂规模虽稍有点小，但与住友轻金属同样采取自我垂直整合的方式，解决加入壁垒的问题，面对外部环境的变化却采取了与住友轻金属完全相反的策略，于是最终放弃了。

③ 神户制钢所的案例

神户制钢所是钢铁企业，同时也拥有大型轻金属加工及轧制加工厂，1972 年 1 月宣布进入铝冶炼产业。据报道称其预测短期内不能期待铝锭需求有快速增长，计划中冶炼工厂投产时间放在了 1976 年。进入冶炼构想是最终形成铝锭年产 15 万吨的规模，冶炼工厂使用进口氧化铝和共同火力发电站，计划总投资 700 亿日元，工厂用地选择在富山、福岛、新潟等地。但是，由于缺乏防治环境污染的对策，该计划遭到用地区域居民反对。因此还曾尝试把工厂建在海外的可能性[59]。

神户制钢所提出和与 Alcan 有技术合作关系的日本轻金属进行合作。日本轻金属与 Alcan 进行协商，将日本轻金属的新潟工厂与神户制钢所进行共同经营的方案传达给了神户制钢所，但神户制钢所主张自己公司持有 51％股份的条件，却未被接受。随后 Alcan 提议神户制钢所出资在加拿大 Manitoba 新建年产 10 万吨冶炼厂，神户制钢所同样提出出资比例 51％的主张，最终双方谈判破裂[60]。于是神户制钢所宣布"由于电价太贵放弃参与国内冶炼产业"[61]，转而投资委内瑞拉的 Venalum 项目和澳大利亚的 Boyne Smelters 项目以确保铝锭的供给稳定。神户制钢所在环境污染问题面前踌躇不前，加之石油危机使得电费价格变高，因而最终放弃了参与。

4. 原有 3 家冶炼公司的设备扩张

至此，新加入的公司仅 3 家。对于新加入进来的公司，原有 3 家公司（加上住友化学工业子公司住友东予铝冶炼是 4 家）用扩张设备进行应对。如表 2-2-4 所示，1950 年 3 家公司的冶炼能力是年产 4.8 万吨，1960 年扩大至 13.03 万吨。三菱化成工业加入后的 1965 年达到 34.65 万吨，在此期间原有 3 家公司占比 72.2%，因设备扩张增加了 15.62 万吨。三井集团加入的 1970 年冶炼能力是 84.77 万吨，在此期间产能增加的部分原有 3 家公司占比 74%。住轻铝工业加入的 1977 年冶炼能力达到了 164.09 万吨，从 1970 年到 1977 年间产能增加部分新加入进来的企业占比 54.3%。也就是说，20 世纪 60 年代设备产能增加的动力是原有的 3 家公司，而到了 20 世纪 70 年代动力角色则变成了新加入的 3 家公司。

表 2-2-4　原铝生产能力的增加情况　　　　　　　　　单位：kt

年份	昭和电工			住友化学工业					日本轻金属			三菱化成工业		三井铝工业	住轻铝工业	合计
	喜多方	大町	千叶	菊本	磯浦	名古屋	富山	东予	蒲原	新潟	苫小牧	直江津	坂出	三池	酒田	
1950	9.0			12.0					27.0							48.0
1955	11.7	9.5		15.0					28.0							64.2
1960	35.8			27.5					67.0							130.3
1961	35.0	11.0		32.0		10.0			56.0	30.0						174.0
1962	35.6	11.4	7.9	31.8		21.0			70.0	31.0						208.7
1963	35.6	11.4	34.2	27.0		32.0			76.0	31.0		30.0				277.2
1964	35.6	11.5	33.0	32.0		48.0			77.5	31.0		30.0				298.6
1965	35.6	11.5	33.0	32.0		48.0			93.5	32.9		60.0				346.5
1966	35.7	11.4	41.2	32.1		49.8			93.6	32.9		60.0				356.7
1967	42.7	17.2	49.1	31.6	17.3	49.8			110.7	38.7		66.4				423.5
1968	42.7	18.9	74.1	29.9	53.8	49.8			111.6	58.7		104.7				544.2
1969	42.7	42.6	83.0	29.9	76.0	49.8			112.5	59.9	22.5	107.5				626.4
1970	42.7	42.6	127.8	29.0	76.0	49.8	57.0		112.5	59.9	59.9	153.0		37.5		847.7
1971	42.7	42.6	139.3	29.0	76.0	49.8	82.9		112.5	59.9	104.2	153.0	22.8	38.0		952.7
1972	42.7	42.4	165.2	29.0	76.0	49.7	110.5		112.5	82.1	131.8	153.0	92.5	75.0		1162.4
1973	28.6	42.4	166.4	19.1	76.0	54.8	189.3		112.5	102.5	131.8	161.7	92.0	75.0		1252.1
1974	28,6	42.4	166.4		80.3	54.8	189.3		134.5	148.8	157.6	161.7	182.5	75.0		1421.9
1975	28.3	40.1	167.0		79.2	54.0	182.4	49.2	99.2	145.0	130.0	162.0	195.6	118.5		1450.5
1976	28.3	40.7	166.0		79.2	54.0	182.4	98.4	95.3	145.0	129.7	162.0	195.6	142.8		1519.4
1977	28.3	41.3	165.7		79.2	54.0	182.4	98.7	95.0	145.0	129.7	162.0	195.6	165.6	98.4	1640.9
1978	28.3	41.3	165.7		79.2	54.0	182.4	98.4	95.0	145.0	130.0	162.0	195.6	165.6	98.4	1640.9

注：昭和电工在 1975 年成立昭和电工干铝业，1976 年改称昭和轻金属。住友化学工业为 1974 年住友开东予铝锭冶炼分离独立，1976 年住友开始铝锭冶炼。三菱化成工业数据来自 1976 年三菱轻金属工业。

出处：1950 年和 1955 年来自通产省矿山局调查、《日本轻金属二十年史》517 页；1960 年来自 Aluminium Union Limited 调查、《日本轻金属二十年史》513 页。1961 年—1968 年来自 Year Book of the American Bureau of metal Statistics，《日本轻金属三十年史》资料篇 53 页。1969 年以后来自《日本轻金属五十年史》344～345 页。1963 年直江津工厂、1973 年菊本工厂数值，有修正。

从 1960 年开始到 1977 年 17 年间生产能力增加的 151.06 万吨当中，原有 3 家公司设备产能增加占比是 58.9%，新加入的 3 家公司占比 41.1%（图 2-2-5）。按企业增加分别是住友化学工业系（住友铝冶炼＋住友东予铝冶炼）增加 25.6%，日本轻金属 20%，昭和电工 13.2%，可以明显看出住友化学工业的积极性和昭和电工的消极性。自 1975 年东予工厂（住友东予铝冶炼）投产后的住友化学工业系长期位居第 1 名。

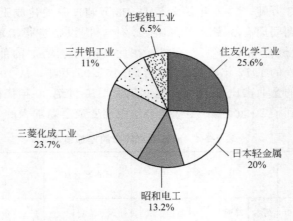

注：根据表2-2-4绘制。

图 2-2-5　1960 年～1977 年间的设备生产能力增加份额（151.6 万吨）构成

新加入的 3 家公司 17 年间增加份额分别是：三菱化成工业（三菱轻金属工业）是 23.7%，三井铝工业是 11%，住轻铝工业是 6.5%。

为了应对新加入 3 家公司的竞争压力，原有 3 家公司进行了积极的设备扩张。临近第 2 次石油危机时，日本铝冶炼能力是 164.09 万吨，仅次于美国的 478.5 万吨和苏联的 247 万吨，规模达到世界排名第 3 位。

原有 3 家冶炼公司在设备扩张之际，与新进入者同样也要跨越新的投资壁垒，在建设新工厂的时候，必须清除以下壁垒。

日本轻金属新潟工厂是 1941 年开始冶炼的，战后不久停止了冶炼。冶炼再次启动的时候电力供应壁垒很高，在 1958 年 4 月实现部分开工，1960 年才进入全面开工生产状态[62]。1966 年氧化铝工厂清水工厂申请建设冶炼工厂，因环境问题计划被终止。1967 年，苫小牧工厂决定新建工厂，氧化铝工厂和冶炼工厂建设成功并于 1969 年 10 月投产。清水工厂为解决氟化氢气体问题，设置了双重洗净设备，完成了环境保护要求[63]。

昭和电工计划继喜多方和大町工厂之后建设第 3 个冶炼工厂，在千叶县市原市选定了建设工厂用地。但是发电站问题成为障碍，费了很多周折。"重油锅炉规制法"（1955 年公布）作为保护煤炭产业政策的一环，使得建设使用烧重油发电站的许可条件变得苛刻，建设自用发电站变得极为困难。结果只能借用电气事业者的资格运营使用烧重油发电站，成立昭和发电站来确保电力。电解工厂是用自有技术设计制造自焙阳极（Soderberg）式 10 万安［培］电解炉，以向技术合作方 Pechiney 支付一笔使用费的方式缔结新的自由生产协议，解决了技术方面的问题。氧化铝原料是通过扩大横滨工厂生产能力，采取海上运输方式进行供给。最终于 1962 年千叶工厂（完成时年产 5.25 万吨）开始运转生产[64]。其后，千叶工厂增加设备，运用自有技术制造自焙阳极式 15 万安［培］电解炉，1973 年冶炼能力达到了 16.2 万吨。随后，1974 年 3 月开工建设增加 5 万吨设备。由于发生第 2 次石油危机，状况发生变化，施工终止。另外，1969 年在大分临海工业区计划建设 30 万吨一体化生产工厂，填海计划由于与当地渔业工会谈判没有取得进展而终止。1970 年向广岛县福山市提交年产 34 万吨冶炼工厂建设计划，县当局出于防止大气污染考虑，消极应对，于是计划终止[65]。所以，环境问题成为新的投资壁垒。

住友化学工业菊本制造所冶炼设备增设计划由于自用地达到极限，于是在名古屋住友轻金属工业邻接地新建了年产 4.65 万吨冶炼工厂。与 Pechiney 缔结了引进技术协议，由中部电力提供电力，并分 3 期新建电解炉，1961 年菊本制造所的氧化铝第 1 期开始建设。因市场状况不佳导致第 2 期施工一度推迟，1964 年第 3 期完工。因给住友轻金属提供熔融铝锭，所以销售上没有问题，但在确保电力和招聘操作工人上费了周折[66]。为了应对氧化铝需求的扩大，计划与船运公司共同建造矾土矿专用船只，与澳大利亚的 Comalco 销售公司和昭和电工一起投资并缔结了长期进口合同。

另外，住友化学工业 1967 年在新居浜市矶浦地区建设新工厂，1969 年年产 7.6 万吨的矶浦工厂完工。可是由于 1968 年发生氟化氢气体危害农作物事件，增加了防止危害农作物设备。在铝锭需求持续增加的情况下，选择了新建更多工厂，将茨城县鹿岛地区作为候补，但没有得到县政府的批准而放弃，后选定富山县新凑地区土地。富山工厂计划年产 16.8 万吨分 3 期建设，电力供给计划选定与北陆电力共同发电。考虑到由供给住友轻金属熔融铝锭所产生的良好效益，因此计划将更多铝二次加工企业吸引到周边来。1970 年开始动工，到1973 年 3 期工程完工后，年产达到了 18 万吨的规模。

作为爱媛县东予新产业都市计划的一部分，县政府积极运作，于 1970 年决定将东予工厂的建设目标定为年产 30 万吨。住友东予铝冶炼工厂 1975 年完成了具备预焙式 17.5 万安[培]电解炉的 5 万吨设备，由于经济萧条，只有部分设备运转。1976 年第 1 期 9.9 万吨设备完工，因第 2 次石油危机后经济恶化，决定到第 1 期计划为止，从冶炼撤退。

注释：

6. 安西正夫《铝工业理论》钻石社，1971 年。

7. 桑原靖夫《铝产业》，《战后日本产业史》东洋经济新报社，1995 年。

8. 根尾敬次《铝产业理论》（《Altopeer》连载 22 回），2002—2004 年。

9. 秋津裕哉《从我国铝冶炼史看企业经营上的诸问题》建筑资料研究社，1994 年。

10. 牛岛俊行和宫岗成次《自黑钻石的轻银——三井铝业 20 年的历程》Kallos 出版社，2006 年。

11. 宫岗成次《三井的铝冶炼和电力事业》，Kallos 出版社，2010 年。

12. 大西干弘《战后，从日本铝冶炼看新加入者和原有企业的应对——围绕三菱化成的加入》，《一桥理论》，第 89 卷第 5 号，1983 年。

13. 越后和典《铝冶炼产业规模的经济性》，越后和典编《规模的经济性》新评论，1969 年。《铝》、熊谷尚夫《日本产业组织 Ⅱ》中央公论社，1973 年。

14. 通常投资壁垒这个词是指外国企业在国内投资的时候遇到的障碍，在此指国内企业投资的时候必须要搞清楚的条件。部分新加入壁垒在原有企业扩大投资时候也有变成壁垒的可能性。

15. 田中久泰《铝工业的现状和课题》（社）轻金属协会，1969 年，30 页。

16. 前述的安西正夫书，106～124 页。

17. 同上安西正夫书 124 页。

18. 三菱化成工业的记述，除特别记述以外来自三菱化成工业《三菱化成社史》同社，1981 年。

19. 前述的越后和典书，1973 年，77 页。

20. 《三菱化成史》261 页。

21. 1966 年 10 月通商产业省汇总的报告书里，氧化铝最低规模定为年产 20 万吨。日本铝业协会编《社团法人日本铝联盟的记录》同协会，2000 年，253 页。

22. 出资比例是 Reynolds 33.33%，三菱金属矿业 28%，三菱化成 26.67%，三菱银行、三菱电机、三菱商事、新三菱重工、三菱日本重工业、三菱造船各 2%。在静冈县巨野町建设工厂，1963 年 10 月开始生产。1970 年 1 月改公司名为三菱铝业。

23. "从 Reynolds 发给三菱化成的传真被误发给了三菱金属矿业，两个公司之间私下进行的合作协议被三菱矿业察知，三菱矿业严重抗议，这个构想被变更"。——留下的这个谈话。秋津裕哉前述书，144 页。

24. "三菱商事作为总代理店，集中力量向集团内的三菱 Reynolds 铝业（1962 年成立）和冶炼系外的神户制钢所及吉田工业等销售。特别是向近距离的吉田工业打招呼说，货款啥时候给都没关系，价格多少都没关系，可以说是破天荒式销售"，根尾《铝产业理论》，2003 年，84 页。

25. 大西干弘，三菱化成开始实施计划是 1960 年，实际开始生产是 1963 年，根据分析价格测算，对于三菱化成的进入既有的 3 家企业没有发动价格攻势。

26. "对于三菱化成的进入既有 3 家公司的应对是：第一通过增加设备来增加自身的生产能力，第二是轧制工厂系列化，既有 3 家公司没有从价格上进行阻止。3 家垄断的企业避免走愚蠢的价格战之路，形成新的 4 家公司垄断的新的局面"。根尾同上论文，84 页。

27. 1960 年 10 月三井金属矿业放弃参与铝冶炼的报道（日本铝业协会前书，225 页）。牛岛和宫岗前书，3 页。以下的三井铝事业的记述除特集以外均出自同书。

28. "如以事业为第一目标来说三井矿山应该是最大的股东，但实际 4 家公司出资均等，从担任重要职位来看三井矿山看起来好像握有主导权。由此投资风险被分散，可以说是在责任人不明确的情况下新的公司启动了"。宫岗前书，146 页。"三井内部也不是铁板一块，结果是积极派占大多数的情况下三井铝冶炼出发了，但是慎重派的意见也不能忽视（＊8）。在核心技术方面，特别是电力成本，使用低品质煤炭要产出 1kW·h 为 2.6 日元的价格是非常困难的，九电之所以拒绝也是对此没有信心，年产 3 万吨可以收支平衡，集团内部认为三井矿山不愿意背负重担。……现在还批判什么火力发电"（＊9）。电力问题虽然解决了，但运营主体三井矿山当初构想用三池煤炭冶炼，由煤炭发电推进企业化，三井金属是有色金属的综合厂家，有冶炼经验，三井化学是化学工厂有电解工厂，意见调整上费工费力（＊10）（＊8，＊9 三井集团"铝业的执着"《钻石》1968 年 2 月 19 日，＊10 "冲突前夜的铝战线"《周刊东洋经济》42.11.4）秋津前书，152 页。

29. 1968 年 1 月的三井铝工业成立的意义在于确保煤炭的稳定供给和振兴产煤地经济，同时也扩大三井集团的综合利益，促进铝冶炼等铝业事业领域的协调发展。牛岛、宫岗前书，5 页。

30. 牛岛和宫岗前书，4 页。九州电力拒绝建设共同火力发电站的理由是三池的煤炭品位较低，达不到 1kW·h 2.6 日元的供电要求。三井集团"铝业的执着"《钻石》1968 年 2 月 19 日，60 页。

31. "发电站 5.7 万日元/kW 的规模利益与由微粉灰设备处理费用在 25 万千瓦以上的共同发电的 4 万日元相比要贵。"宫岗前书，151 页。

32. 三井物产的"销售可能数量未满万吨，如努力扩大销售的话铝的需求会增加，三井的成品销售期待增长。"牛岛和宫岗前书，34 页。

33. 水上达三《我的商社昭和史》东洋经济新报社，1987 年，144 页。

34. 三井集团"铝业的执着"《钻石》，60 页。

35. 既有 4 家公司，①招致本国冶炼企业的国际竞争力下降和企业体质脆弱化；②由接受国家高额补助的三井矿山供给其低廉的煤炭计划是竞争条件上的差别化；③从铝锭供给需要稳定的理由出发反对三井进入。三井集团"避免激烈言论采取低姿态，争取各界的理解"。牛岛和宫岗前书，10～11 页。"低姿态"是指接受引进技术认可时向通产省矿山局局长写信表示："迅速加入轻金属冶炼会，销售时遵守业界的既有协调体制，遵从矿山局的行政指导"。

36. "虽说附上了'到板材供需稳定为止'的条件，认可了不能跨进加工行业"，接受了铝冶炼事业的重大制约，成为国内少有的跨进冶炼行业而集团内没有加工产业的企业，其后作为三井集团虽然出资参与板材企业和挤压成型等加工企业，但是销售力量薄弱的状况一直没有改变。宫岗同上书，151 页。

37. "比起其他公司的新增设备，千叶，苫小牧，坂出等地的预焙炉的各个公司社史与《轻金属通鉴》记载的建设费相比每吨高出 2 万日元的水平。因此，即便是引进最先进的技术，与其他公司比起来也难有优势可言，如果按照原计划销售的话，合计要增加 20％以上的利息和折旧成本，这是一个危险计划"。宫岗同上书，151～152 页。

38. 日本铝业协会《（社）日本铝业联盟的记录》405 页。

39. "三井物产和三井金属矿业积极推进氧化铝的自给自足，三井东压也赞成烧碱有利可图"。"三井系 5 家公司没有全部参加会议，而是想尽早生产氧化铝的三井物产和三井金属矿业比较积极"。粟村委员说"从在没有自家所有矿山的有色冶炼所的痛苦的供职经历明白，不能失去拥有矾土矿的机会。"可以说是非常宝贵的经验。地球表面含量第 3 的铝元素与铜、铅、锌有很大的不同，1960 年开始发现大量高品质矿石，可以外购到氧化铝，比起确保数量来说如何生产出便宜的成品成了焦点。"三井物产和三井金属矿业讨论自给自足是否是铝业公司最好的选择""战前三井和三菱都各自有三井矿山和三菱矿业为主体的铝冶炼产业。战后三菱只有化成 1 家公司，三井有 5 家公司，这是踏足自给自足的诱因"宫岗同上书，155～157 页。

40. 住友轻金属《住友轻金属年表》1989 年版，同公司，1989 年，223～224 页。住友化学工业《住友化学工业株式会社史》（同公司，1981 年）也表述道，"强烈要求正视本国铝业结构的弱点，像欧美主要国家的铝企业那样，实行由冶炼开始到轧制的垂直的一体化体制。"669 页。

41. 住友轻金属同上书，224 页。

42. 日向方齐《我的个人历程》日本经济新闻社，1987 年，123 页。对于冶炼的不满，有如下的表述："伴随高速成长铝需要急速扩大，业绩增长值得期待。这个时期的冶炼产业和轧制加工企业的成交关系是握有原料的冶炼企业起决定性作用，在量和价上占有优势。冶炼企业的强势状况可见一斑。"大多数人了解的结果是，"当时，铝锭能挣钱，轧制由于过度竞争不挣钱。只要把铝锭控制住，在购入铝锭时量和价格都不公开。每次根据付款通知支付就可以了，根本上没价格谈判，连合同都不签。轧制方面都在说想生产铝锭"秋津前书，126，130 页。有关铝锭价格，Comalco 日本的清水啓总经理称："住轻金从 Alcan 引进的轧制技术合同里有优先购入进口铝锭的条款。……Alcan 对于加拿大铝锭给予特定客户以特定价格。对于住轻金和神钢都以相同的价格，国内冶炼的铝锭价格每吨 5000 日元。住轻金当然有要求降价。"清水啓《铝业外史（下卷）北海道的甘蔗》Kallos 出版，2002 年，450～451 页。

43. 秋津前书 130 页。

44. 清水啓前书 451 页。

45. 长谷川周重《大的哲理》，1985 年，117 页。

46. 住友金属同上书，237 页。在《住友化学工业株式会社史》里写有这样的内容："该公司突然请求田中大臣进行斡旋。在我（住友银行）堀田庄三会长的劝说下该公司同意了"。关于住友集团内部未能进行协调的理由，有看法认为是住友化学工业社长长谷川周重与住友金属工业社长日向方齐之间产生了对立。秋津前书，128 页还有这样的描述："最高层的固执造成内部协调未果，只能依靠外部介入来解决，有必要对经营者问责"。

47. 座谈会（1993 年 3 月 4 日收录）的发言。集团 38《铝冶炼史的片段》，Kallos 出版，1995 年，189～191 页。

48. "名古屋的轻压工厂制造广范围的板材和挤压成型的产品，而且不管客户订货量多少必须生产。像美国量产单一的铝箔和板材成品，如果是建筑用的窗框规格，确实直接冶炼可降低成本，住轻金名古屋不是这样的工厂。"清水啓前书 450 页。

49. 田下雅昭"铝冶炼的国际竞争力和设备投资动向"《日本长期信用银行调查月报》146 号，1976 年，14 页。

50. "同一集团内部与住友化学未能形成统一意见，直接交由通产大臣斡旋，对于酒田寄予厚望的这个事业来说，不管环境多么恶化也表示出'绝不退让'的态度，不想被卷入的通产省对住友集团的住友化学和住友银行及同业的其他公司对于当地只有考虑各方的'面子'等"，秋津前书 158 页。

51. 日本铝业协会前书，267 页。冲绳相关的记述页来自该书。

52. 日本铝业协会前书，223 页。

53. 《铝企业化协作》日本经济新闻，1960 年 12 月 17 日。

54. 昭和电工《昭和电工铝业五十年史》同公司，1984 年，216～217 页。

55. 日本铝业协会前书 230 页。

56. "铝轧制舞台上的巨人足迹"《经济人》1963 年 9 月 24 日。

57. "通产斡旋案提示"《日本经济新闻》1964 年 10 月 27 日。

58. 古河电气工业《创业 100 年史》同公司，1991 年，565 页。

59. "冶炼工厂建设"《日本经济新闻》1972 年 1 月 28 日。

60. 根尾前述论文，2003 年，56 页。

61. 神户制钢所《神户制钢八十年史》同公司，1986 年，170 页。

62. 日本轻金属《日本轻金属二十年史》同公司，1959 年，298 页。日本轻金属（1970年）《日本轻金属三十年史》同公司。

63. 日本轻金属《日本轻金属五十年史》同公司，1991 年，48 页。

64. 昭和电工前述书，197～202 页。

65. 昭和电工同上书，249 页。

66. 住友化学工业前述书，291 页，380 页。

小结　新加入者的成功与失败

从新加入的 3 家公司的经营状况来看，以早期加入进来的三菱化成工业在铝冶炼事业的收益进行推算。铝占三菱化成工业的销售额比例在 1965 年度是 7.6％，1966 年 3 月进行铝冶炼的直江津工厂以 100％子公司分离独立成化成直江津，成品销售由三菱化成工业负责。该公司的公司史是这么说的：为彻底强化竞争力，实现早期经营稳定，因而采取独立核算是不可或缺的[67]。三菱化成工业随后对直江津工厂继续投资扩建，1968 年 4 月提出新建坂出工厂计划。从三菱化成工业的积极态度来看，可以推断他们进入铝冶炼行业是成功的，并且增加了收益。1969 年 8 月三菱化成工业吸收合并化成直江津工厂，这说明铝锭项目拓展比预想的要顺利。尽管具体收益没有公布，但合并时未处置收益余额是 9567 万日元，可以肯定的是铝冶炼项目增加了收益[68]。

1971 年三菱化成工业坂出工厂开始铝冶炼，1972 年铝锭销售额已经达到了工厂总销售额的 17.7％。在第 1 次石油危机当中，冶炼事业经营状况急剧恶化，1976 年 4 月铝冶炼部门作为三菱轻金属工业分离独立出来。三菱轻金属工业在初始年度结算亏损 22 亿日元，1979 和 1980 年度有过短暂盈利，至 1981 年度累计亏损达到 179 亿日元，陷入资不抵债（注册资金 100 亿日元）的窘境[69]。结果，没能等到冶炼业绩恢复，便于 1987 年 2 月从铝冶炼行业撤退。

三菱化成在第 1 次石油危机发生前新加入了冶炼行业，后因第 1 次石油危机，经营逐步恶化，最终以失败告终。1980 年后期，日本铝冶炼行业经营状况陷入难以为继的困境，换句话说，就是世界铝冶炼行业壁垒变高，日本企业也只有退出的份了。

世界铝市场进入壁垒最大的问题是占冶炼成本比例最大的电费问题。遭受石油危机这段时间，日本冶炼产业由于电费贵的原因，铝锭还不具备出口到世界的国际竞争能力。但是在日本国内市场可以和进口铝锭抗衡，究其原因是日本关税和汇率的壁垒因素，在世界范围内日本市场受到了特别保护。

1970 年日本国内每吨铝锭的价格为 20.7 万日元，进口铝锭价格（CIF）为 18.4463 万日元[70]。加上关税（10.6％）和各项杂费（8％）进口铝锭国内价格为 21.8773 万日元，进口铝锭的价格要比国内价格贵 1.773 万日元。假设关税为零的话，进口铝锭的价格为 19.922 万日元，比日本国内的铝锭要便宜。还有，假设日元汇率 1 美元＝360 日元，升值 10％变为 324 日元的话，进口铝锭价格（CIF）为 16.6017 万日元，加上关税及各项杂费后铝锭的价格是 19.6896 万日元，比日本国内的要便宜。日元升值，进口重油价格下降，电费（每吨铝锭相当于 4.05 万日元[71]）也将会下降，日本国内铝锭价格 20.295 万日元，比进口铝锭价格要高。也就是说，没有关税，日元升值 10％的话，日本国产铝锭在日本国内市场将会失去竞争力。保护日本市场的壁垒并没有想象的那么高。

三井铝工业比三菱化成工业大约晚 7 年。1970 年开始冶炼事业，从初始年度营业亏损 2890 万日元，经常性损益 1.89 亿日元；第二年度（1971 年）营业盈利 9.1 亿日元，但经常性损失膨胀到 13.65 亿日元；1972 年度尽管盈利 20.51 亿日元，但最终还是发生 12.07 亿日元经常性损失[72]。其后至 1978 年度一直处于亏损状态，至 1978 年度末累计亏损 233.6 亿日元，超过注册资金的 135 亿日元。从经营业绩来看可以判定三井铝工业进入铝冶炼行业是失败的。

那么失败的原因到底是什么呢？一般来说，美元危机过后伴随着日元升值，日本市场保护壁垒开始崩塌，失败的主要原因可以说是第 1 次石油危机造成电费高涨。与 1968 年 1 月三井铝工业成立时期相比，进入冶炼业的壁垒急速升高。

除了一般的因素以外，一些特殊原因也不可忽视。看一下具备开工条件的 1972 年度第 1 期 7.5 万吨的情况。每吨铝锭氧化铝费用和电费按表 2-2-3 计划方案与预计金额几乎相同，与制造成本推算设定值基本吻合，推算的销售价格比 18.5 万日元低 7000 日元，为 17.8 万日元，总计超 20 亿日元的营业利益[73]。可是，1972 年度贷款利率按表 2-2-3 远远超过设定值，每吨 1.667 万日元变成了 4.2594 万日元，营业外损失达到 32.58 亿日元，经常性损益超过了 12 亿日元[74]。也就是说，在电费高涨之前的 1972 年度实现了设想的制造成本，比设想利率要高很多的利息导致负担过重，最终未能实现经营成果。

利息负担增大的主要原因是工厂建设费用膨胀，使得贷款金额扩大。三池工厂第 1 期计划建设费用当初计划（1968 年 7 月）电解设备 194.78 亿日元，发电设备 89.3 亿日元，而实际情况是电解设备花费了 231.07 亿日元，发电设备花费了 101.61 亿日元，包含技术费用和开业仪式花费在内，设备费超过计划金额的 24%，变成了 353.26 亿日元[75]。最终 1972 年度末贷款金额达到 445.52 亿日元，支付利息达到了 32.83 亿日元。

三池电解工厂建设费用相当于每吨铝锭 30.8 万日元，可是与几乎同一时期引进 Pechiney 预焙炉技术建成的三菱化成工业坂出工厂相比，其第 1 期（年产 9 万吨，1969 年 1 月动工建设，于 1972 年 2 月投产）的建设费用相当于每吨铝锭 22.8 万日元，而用自有预焙炉技术建设的昭和电工千叶第 2 工厂第 2 期（年产 5 万吨，1969 年 7 月动工建设，于 1971 年 9 月投产）的建设费用相当于每吨铝锭 22.6 万日元，可以看出三池电解工厂建设费用要比坂出工厂和千叶工厂高出不少[76]。宫岗成次就电解设备建设费用比较高的理由是这么说的[77]："把 Pechiney 当作学校高才生的话，我们是忠实的执行者""对于拿到手的图纸和技术要求也是按要求忠实地设计和施工，进口海外机器设备都是由其推荐的"。对于在建设工厂方面有一定经验的昭和电工和三菱化成工业，他们在降低建设费用上有自己的独到之处。如将建设费用奇高归咎于三井铝工业经验不足造成的话，可以说在建设工厂方面所必须具备的资料方面来看存在进入壁垒问题。三井铝工业进入失败的特殊原因，就是进入壁垒的佐证。

最后加入进来的住轻铝工业的情况是：1977 年 1 月工厂投产，与前面几家公司都挣扎于亏损状态之中相同，从一开始就未能实现盈利。1977 年度经常性损益 39 亿日元，1978 年又有 35 亿日元亏损，1981 年末累计亏损 190 亿日元，超过注册资金（180 亿日元）而资不抵债[78]。随后 1982 年 4 月宣布 5 月底解散住轻铝工业[79]。可以说住轻铝工业无视日元升值和石油危机带来进入壁垒变高的状况，是造成其完全失败的根本原因。

1974 年后，原有企业日本轻金属新潟工厂 2 期和住友东予铝冶炼工厂新增了设备，但也未能增加收益。日本轻金属新潟工厂第 2 期工程（增设年产 8.4 万吨）投资 192 亿日元计划[80]并在 1970 年动工，前半期工程于 1973 年 3 月完工并投产；可是后半期工程因为美元危机冲击而中断，好不容易在 1974 年投产 20 炉，1976 年末开始到第二年初投产 76 炉，但总计 150 炉中有 54 炉从未通电便结束了[81]。

住友东予铝冶炼计划始于 1973 年，预计投资 370 亿日元，建设 10 万吨工厂[82]。1975 年完成一半工程，共计 110 炉，其中投产运行的仅 12 炉，第二年的 1976 年 1 月投产了 40 炉，至 1979 年为止建完后一半工程，但 220 炉中也仅有 168 炉投入运转[83]。

新进入和新设备投资究竟是成功还是失败，1971 年美元危机和 1973 年第 1 次石油危机是非常明确的分水岭。美元危机后，日元升值使得受到保护的日本铝冶炼市场汇率壁垒变低了，导致与海外企业激烈竞争的局面。石油危机后原油价格高涨，使得冶炼成本上升，引起世界性铝锭价格上升。冶炼所用电力对重油依赖程度的差异，对企业竞争力强弱有重大影响。也就是说，高电费导致进入壁垒变高了。日本铝冶炼产业遭遇了日元升值导致的进入日本市场壁垒升高以及原油价格高涨导致世界市场壁垒升高的双重打击。

越后和典、田中久泰、安西正夫对于进入壁垒理论有不同的观点。对于石油火力发电依赖程度很高的日本企业，无法跨越高电费壁垒，不得不退出冶炼产业。越后和典和田中久泰的"由新加入企业造成激烈竞争状况"与安西正夫的"跨越进入壁垒的新进入企业扎根后会形成新的垄断"这两种观点都没有机会得到验证。

注释：

67. 《三菱化成社史》343～344 页。

68. 来自三菱化成工业《有价证券报告书 1969 年度后期》的收益计算书。

69. 木村荣宏《铝冶炼产业的撤退和今后的课题》，《日本长期信用银行调查月报》202 号，1983 年，13 页。

70. 国内价格是《钢铁新闻》价格（99.5%），日本铝业协会《（社）日本铝业联盟的记录》423 页。进口铝锭价格（CIF）是铝块（铝的含量是 99.0%～99.9%）1970 年年平均，由财务统计算出。

71. 电费是由通产省田中久泰推算的预焙式炉冶炼的成本价。电价为 2.7 日元/kW·h，每吨使用电力 15000kW·h。田中《铝工业的现状和课题》。

72. 三井铝工业经营数值来自宫岗《三井的铝冶炼和电力事业》31 页。

73. 牛岛和宫岗《自黑钻石的轻银》192～193 页和宫岗同上书，196、204 页的数值推算。

74. 表 2-2-3 注记的计划方案的每吨利息数值过低。对于贷款 302 亿日元的利息，1972 年度的实际年率 7.4% 进行计算，每吨铝锭 2.98 万日元，每吨利润约下降 3870 日元。按 1972 年度实际每吨利息 42594 日元来算每吨发生 8924 日元的亏损。

75. 牛岛和宫岗前述书，40 页。

76. 三菱化学和昭和电工的建设费是两家公司的《有价股票报告书》的数值，包含的建设费用明细没有明示，不是严谨的比较。三井的建设费用包含购入土地的费用，其金额是 8.8 亿日元，每吨铝锭在 1.17 万日元左右。

77. 宫岗前述书，161 页。

78. 清水《铝外史》下卷，444 页。

79. 住友轻金属《住友轻金属年表》，1989 版，311～312 页。

80. 根据日本轻金属《有价证券报告书 1969 年度后期》。

81. 日本轻金属《日本轻金属五十年史》，53 页。

82. 住友化学工业《有价证券报告书 1974 年度后期》。

83. 《住友化学工业最近二十年史》同社，1997 年，67 页。

第三章

日本铝冶炼产业的衰退

分析方法

日本铝冶炼产业如第二章所阐述的那样进入高度成长急速发展时期，1977年度原铝产量118.8万吨，占了原铝总需求量的71.6%。可是由于1973年的石油危机，重油价格高涨造成电费价格上升，使得冶炼成本变高，铝冶炼失去了国际竞争能力，产业经济停滞，尽管政府对产业结构进行了调整，但第2次石油危机后的1980年国内冶炼产业急剧衰退了。

铝冶炼产业界向政府提出了建议降低电费和将铝锭进口关税提高等救济措施。1974年政府在产业结构审查委员会（1964年设置）内设置了铝业部会（1984年4月改组成有色金属部会）进行铝业政策咨询，经过5次答辩会议，结果依然是维持国内冶炼产业政策。

日本国内冶炼能力1985年达到35万吨级，1986年铝冶炼企业接二连三地退出，1987年2月三井铝工业冶炼停产，国内冶炼工厂只剩使用自主水力发电的日本轻金属浦原一家工厂。这个仅存的日本冶炼工厂也于2014年3月停产，至此日本铝冶炼产业完全消失了。

对整个铝冶炼产业的衰退过程研究主要有：分析铝冶炼产业兴衰历史要因的产业史研究，以铝冶炼企业经营活动为中心的经营史研究，以及对以铝冶炼产业为主轴的政策分析的产业政策史研究。产业史研究和经营史研究是以公司史和企业相关人员为中心进行[1]的，产业政策史研究包括通商产业省（经济产业省）的政策史和相关人员进行的推进工作[2]。在本章里从产业史研究和经营史研究的角度来分析衰退过程。

关于用产业史和经营史对铝产业进行的研究，安西正夫[3]展开了最为详尽的分析，但所阐述的内容也仅仅是分析了最鼎盛时期的日本铝冶炼产业，没有涉及衰退时期。桑原靖夫[4]研究了衰退过程，但仅停留在对大致内容的描述程度。根尾敬次《铝产业理论》[5]是仅次于安西正夫所写较为详细的，但也仅是对冶炼衰退事实的经过进行描述，未从产业史和经营史的视角对衰退原因进行充分的分析。铝业相关企业的公司史也仅对各自企业实际情况进行了记述，对整个业界的情况记述不完整。秋津裕哉的著作[6]是从住友银行职员亲身经历的角度进行了分析，就分析住友集团铝项目来看可以说是优秀的佳作，但仍然是对整个业界情况分析不到位。同样，牛岛俊行和宫岗成次《自黑钻石的轻银——三井铝业20年的历程》、宫岗成次《三井的铝冶炼和电力事业》仅对三井集团铝业由大量数据展开了详细分析，但对冶炼产业衰退的整体情况没有描述。

通商产业省（经济产业省）的政策史和相关人员的文章及论文也仅就铝产业政策推进过程的事实进行了记述，对冶炼衰退的过程也有记述，但对个别企业的应对措施和退出前的经营史没有进行分析。

综合产业史研究、经营史研究、政策史研究对铝冶炼衰退经济史进行分析是可能的。政策史的研究将在下个章节进行，本章首先从产业史和经营史的研究角度就冶炼衰退过程中整体情况进行剖析。

注释：

1. 关于铝冶炼产业衰退时期的公司史和相关企业有关人员的经营史的文献等如下：《三菱化成社史》，三菱化成工业，1981 年；《昭和电工铝五十年史》，昭和电工，1984 年；《日本轻金属五十年史》，日本轻金属，1991 年；《本国铝冶炼史看企业经营上的诸多问题》，秋津裕哉，建筑资料研究社，1994 年；《铝冶炼史的片段》，集团 38，Kollos 出版，1995 年；《住友化学工业最近二十年史》，住友化学工业，1997 年；《社团法人日本铝业联盟的记录》，日本铝业协会，2000 年；清水启，《铝业外史下卷——北海道的甘蔗》，Kallos 出版，2002 年；牛岛俊行和宫岗成次，《自黑钻石的轻银——三井铝业 20 年的历程》，Kallos 出版，2006 年；宫岗成次，《三井的铝冶炼和电力事业》，Kallos 出版，2010 年。

2. 以铝冶炼产业为对象的包含通商产业省（经济产业省）的政策史和相关人员的产业政策史的文献等如下：有色金属工业的概况编辑委员会（通商产业省基础产业局金属科），《有色金属工业的概况》（1976 年版，1979 年版），小宫山印刷工业出版社，1976 和 1979 年；通商产业省政策局，《结构性不景气法的解说》，通商产业调查会，1978 年；通商产业省，《基础材料产业的展望和课题》，通商产业调查会，1982 年；小宫隆太郎、奥野正宽、铃木兴太郎，《日本的产业政策》（田中直毅"第 16 章铝冶炼产业"），东京大学出版会，1984 年；通商产业省基础产业局有色金属科，《金属工业'88》，通产资料调查会，1988 年；通商产业省通商产业政策史编委会，《通商产业政策史》第 1 卷，通商产业调查会，1994 年；通商产业省通商产业政策史编委会，《通商产业政策史》第 14 卷，通商产业调查会，1993 年；通商产业政策史编委会、山崎志郎等著《通商产业政策史 1980—2000》第 6 卷，经济产业调查会，2011 年。

3. 安西正夫，《铝工业论》，钻石社，1971 年。

4. 桑原靖夫，《铝产业》（《战后日本产业史》），东洋经济新报社，1995。

5. 《Altopeer》连载 22 回，2002 年 10 月—2004 年 8 月。

6. 秋津裕哉前述书。

第一节　外部环境的变化

1. 国际需求关系

如第 1 章所讨论的那样，从 1970 年开始铝锭生产的地理结构开始发生巨大的变化。从第一章给出的表 1-1-1 算出产生量构成比见表 3-1-1。

表 3-1-1　原铝生产国生产量构成比的变化

年份	世界合计	美国	加拿大	法国	德国	挪威	苏联	日本	7 国合计	其他国家
1960	100.0%	40.2%	15.2%	5.2%	3.7%	3.8%	15.4%	2.9%	86.4%	13.6%
1970	100.0%	35.2%	9.4%	3.7%	3.0%	5.1%	16.6%	7.1%	80.0%	20.0%
1980	100.0%	29.0%	6.7%	2.7%	4.6%	4.1%	15.1%	6.8%	68.9%	31.1%
1990	100.0%	21.0%	8.1%	1.7%	3.7%	4.4%	18.2%	0.2%	57.3%	42.7%

注：自第一章表 1-1-1 原铝的生产量做成。另外，由于四舍五入取值，部分数据为约数。

1970 年以美国为首的 7 个主要生产国产量占世界总产量 80％，到 1980 年市场占有率有所降低，为 68.9％，1990 年变为 57.3％。原因是 7 国以外的发展中国家生产急速扩大。

其后如前所述，大型铝冶炼企业市场占有率也降低了。1970 年的 Alcoa、Alcan、Reynolds、Kaiser、Pechiney、Alumax 6 大企业占世界生产量的 41.1％，到 1980 年降低至 33％。

随着大型铝企业市场占有率的降低，决定铝锭价格的供需走向也发生了很大变化。1960 年以后铝锭价格走向见表 3-1-2，可以看出铝锭需求（世界消费量除以世界生产量）的变化。从 1960 年开始到 1972 年价格指数是稳定的。从 1973 年的第 1 次石油危机开始价格有上升趋势，第 2 次石油危机后的 1980 年到达了一个高峰。由于石油危机，铝锭价格随冶炼成本上升了。随后铝锭价格有所回落，但 1984—1985 年期间的供需紧张使得价格高涨，美国铝锭价格在 1988 年达到了峰值。1989 年以后供大于求价格开始回落，1994 年开始需求旺盛，价格再次上涨。日本国内铝锭实际价格 1973 年为每吨 20.7 万日元，1975 年为每吨 26.1 万日元，1980 年为每吨 49 万日元，价格逐步上升。

表 3-1-2   世界铝锭需求率和日美铝锭价格指数

年份	世界需求率	美国铝锭价格指数	日本铝锭价格指数	年份	世界需求率	美国铝锭价格指数	日本铝锭价格指数
1960	1.09	98.4	110.1	1979	0.95	335.1	195.2
1961	1.01	96.4	105.8	1980	1.09	360.9	259.3
1962	1.00	90.4	100.5	1981	1.12	283.5	191.0
1963	0.99	85.6	96.3	1982	1.02	221.9	164.6
1964	1.00	89.9	101.1	1983	0.99	300.1	216.9
1965	0.99	92.8	101.6	1984	1.08	289.5	188.4
1966	0.95	92.8	113.2	1985	1.04	231.4	155.6
1967	1.02	94.6	112.7	1986	0.96	264.9	122.2
1968	0.96	96.9	103.2	1987	0.96	342.8	138.6
1969	0.98	102.9	108.5	1988	0.98	522.0	184.7
1970	1.03	108.7	109.5	1989	0.99	416.5	155.6
1971	1.03	109.8	106.9	1990	1.01	351.0	138.6
1972	0.99	100.0	100.0	1991	1.05	281.9	105.3
1973	0.93	125.2	109.5	1992	1.05	272.7	95.8
1974	0.99	204.1	157.7	1993	1.09	252.9	76.2
1975	1.12	165.1	138.1	1994	0.97	337.5	89.9
1976	0.94	195.1	162.4	1995	0.96	407.2	101.1
1977	0.99	226.5	171.4	1996	1.01	338.3	96.3
1978	0.96	242.0	149.7	1997	1.00	365.4	115.3

注：世界需求率用世界消费量除以"世界金属统计"世界生产量得的值（只有原铝，不含再生铝）。1 以上表示供给过剩。价格指数 1971 年以前是纯度 99.5％以上铝锭，1972 年以后是 99.9％以上铝锭，1972 年按照 100 来折算，日本铝锭价格指数自钢铁新闻的数值。

出处：《（社）日本铝业联盟的记录》420，421，423 页。

1973 年以后铝锭价格变化加大是由于石油价格的变动导致的，对全球铝市场的变化影响很大。大型铝企业 Alcoa 或者 Alcan 都是以批发价格进行交易，1978 年 10 月在伦敦金属交易所 LME 铝挂牌交易，由此交易基准转移至 LME。这就意味着由以大型企业设定的基准成本进行的批发交易，转移为由市场供需关系来决定市场交易。发电成本较低的不发达国家陆续进入了铝生产中。这就是导致 6 个大型企业市场占有率降低的原因。市场化的铝锭价格也出现了投机性变化。

有关市场结构变化的影响，《昭和电工铝五十年史》里是这么描述[7]："随着铝锭在伦敦 LME 挂牌交易，到目前为止（中间省略）以设定成本基准的交易价格变为以市场为导向的市场交易机制是不可避免的，仅仅看冶炼行业，铝市场变弱的时候，像我国这样国际竞争力很低的国家，变得更加困难了"。

2. 日元汇率上升　石油危机

1971 年 8 月尼克松政府宣布停止履行外国政府或中央银行可用美元向美国兑换黄金的义务（译者注：美元和黄金脱钩），导致美元暴跌，开启了变动汇率制。支撑战后国际货币的体制，以 IMF 和世界银行为基础经济体制崩溃了，意味着世界失去了稳定成长的前提条件。

战后一直实行 1 美元＝360 日元的固定汇率，到尼克松发表声明以后，日元汇率急升，1972 年 12 月签订斯密森协定，1 美元＝308 日元。其间有短暂恢复过固定汇率制，但 1973 年 2 月美国贬值美元，世界主要国家都全面实行变动汇率制。日元汇率升值至 279 日元，1974 年平均 291 日元，1975 年和 1976 年是 296 日元，从 1977 年开始升高至 268 日元，1978 年为 210 日元。随后的日元汇率变化如图 3-1-1 所示，1985 年 9 月 5 个国家财政部部长开会达成广场协议，日元进入快速升值时代。

图 3-1-1　日元和美元汇率变动

注：数据源自日本银行，美元、日元月平均。1 美元与相应日元。

出处：http://www.stat-search.boj.or.jp/ssi/mtshtml/m.html.

从表 3-1-2 的铝锭价格的变动中可以看出美国和日本的价格变化趋势几乎相同，日本铝锭价格上涨要比美国的幅度低。比如，1988 年美国价格是 1972 年的 5.2 倍，日本价格上升止步于 1.8 倍。说明在此期间日元汇率升值。汇率 360 日元时维持铝锭进口价格在高水平，对国内冶炼产业来说形成了进口壁垒，反之日元升值时这个进口壁垒变低了。还有，日元持续升值趋势，使得海外铝锭市场紧张，价格上升，海外冶炼产业呈现活跃状况时对国内市场及国内冶炼产业也带来好的影响。日本的冶炼产业经受日元升值和石油价格上涨双重打击。

3. 第 1 次石油危机的影响

铝冶炼产业经营环境在 1973 年第 1 次石油危机后产生了变化。石油价格高涨带来依赖用电材料价格的急速上升，冶炼企业陷入亏损状态。如表 3-1-3 所示，经常性损益 1973 年度各个公司总计由盈利 5 亿日元变成 1974 年度亏损 61 亿日元。1975 年度亏损扩大至 291 亿日元，随后大幅度亏损一直持续到 1978 年度。

表 3-1-3　石油危机后日本国内铝锭冶炼产业的经常性损益和价格变化

年份	经常性损益	铝锭国内价格	铝锭进口价格	由进口铝锭推测国内价格	美国铝锭价格	电价	原油价格	外汇汇率	工厂数	员工人数	生产量
	亿日元	千日元/t	千日元/t	千日元/t	美元/t	日元/(kW·h)	美元/桶	日元/美元	个	人	kt
1973	5	207	142.3	166.5	582.2	4	4.8	274	13	11030	1082
1974	△61	298	212.4	248.5	949.1	8	11.5	293	13	11130	1116
1975	△291	261	234.3	274.1	767.9	8	12.1	299	13	10551	988
1976	△311	307	251.7	294.4	907.2	10	12.7	293	14	9726	970
1977	△211	324	268.6	314.2	1053.2	11	13.7	257	14	9492	1188
1978	△231	283	226.8	265.3	1125.0	10	13.9	201	14	8286	1023
1979	256	369	271.1	317.2	1558.2	11	23.1	230	13	7652	1043
1980	303	490	370.5	433.3	1677.9	17	34.6	217	12	7104	1038
1981	△698	361	350.3	409.9	1318.4	17	36.9	228	11	5923	665
1982	△1018	311	327.0	382.6	1031.8	17	34.1	250	7	4040	295
1983	△305	410	316.1	369.9	1395.5	17	29.7	236	7	3853	264
1984	△322	356	342.2	400.4	1345.9	17	29.1	244	6	3526	278
1985	△546	294	274.5	321.7	1076.1	17	27.3	222	4	3179	209
1986	△318	231	192.7	225.5	1231.7	16	13.8	160	2	1977	113
1987	140	262	197.6	225.2	1594.0	14	18.1	138	1	1360	32
1988	140	349	264.5	288.3	2427.1	14	14.8	128	1	483	35

注：(1) 经常性损益是冶炼各企业年度合计数值，△表示亏损；电价是年度购电平均值；石油价格是通关价格，年度平均；工厂数是年度 3 月末开工工厂数量；员工人数是氧化铝、铝业工厂员工人数。来源 MITI's Aluminium Data File，1991，2 页。

(2) 铝锭国内价格是钢铁新闻的铝锭（99.7% 以上）价格历年平均。出自《(社) 日本铝锭联盟的记录》423 页。

(3) 铝锭进口价格是铝块（铝含量为 99.0%~99.9%）的 C.I.F. 历年平均价格。由日本关税协会《外国贸易概况》算出。

(4) 由进口铝锭推测国内价格是由进口价格加上关税（9%、1987 年 4 月以后 5%、1988 年开始 1%）和各种杂费（假定 8%）算出。假定 8% 杂费来自《住友化学工业最近二十年史》72 页。

(5) 美国铝锭价格是两年铝锭（99.7%）平均值，出自《(社) 日本铝业联盟的记录》421 页。

首先，看石油危机对冶炼原料费上升情况，见表 3-1-4。冶炼每吨铝锭所需的氧化铝和电费上涨，1973 年在 8 万日元左右的材料费用，1974 年约 15 万日元，上涨了 84％。发电用重油价格上涨了 160％，占上涨约 7 万日元原材料费的 65％左右。

表 3-1-4　由原材料上涨导致成本上升的推算

原材料	原单位（每吨铝锭相当）	原材料价格/日元				1973 年 9 月～1974 年 9 月每吨铝锭上升成本	
		种类	1973 年 9 月	1974 年 9 月	上升率	金额/日元	贡献率
氧化铝	1.95t	1t 氧化铝	20500	29500	44％	17550	25.8％
沥青	0.17t	1t 沥青	20000	30000	50％	1700	2.5％
沥青煤焦	0.4t	1t 沥青煤焦	25000	36000	44％	4400	6.5％
电力（16300kW·h）	C 重油 3.8kL	C 重油 kL	7300	19000	160％	44460	65.3％
		原材料费总计	81115	149225	84％	68110	100.0％

注：田下雅昭《铝锭冶炼的国际竞争力和设备投资动向》（《日本长期信用银行调查月报》146 号，1976 年 1 月）的第 7 表和第 8 表算出。

其次，看工资、折旧、利息、销售管理费等所含的制造成本，见表 3-1-5 的推算。1973 年推算是每吨铝锭总制造成本是 15 万日元，1974 年是约 22 万日元，1975 年上升至约 29 万日元。

表 3-1-5　推算制造成本　　　　　　　单位：千日元/t

项目	1969 年[1]	1973 年[2]	1974 年[3]	1975 年[4]
氧化铝费	42	40	58	62.7
其他原材料费	20	13	20	30
电费	42	28	72	122.3
（总成本构成比）	24.3％	18.5％	33.1％	41.7％
劳务费	10	10	10	15
其他制造费	15	15	15	20
折旧费	15	15	15	15
利息	19	19	19	18
制造成本	163	140	208	283
销售费用和管理费	10	10	10	10
总成本	173	150	218	293
国内铝锭价格	205	207	298	261

注：（1）通产省：田中久调查（1969 年）《铝》1969 年 3 月号。西村《我国铝锭冶炼产业现状和问题点》，《三井银行调查月报》530 号，1979 年 9 月，9 页。

（2）原材料费使用表 3-1-3，其他使用 1969 年田中调查。

（3）日本长期信用银行调查部测算原有设备使用电量 16300kW·h 的情况。田中雅昭，《铝冶炼产业国际竞争力和设备投资动向》，《日本长期信用银行调查月报》146 号，1976 年 1 月，20 页。

（4）国内铝锭价格是钢铁新闻数值。《（社）日本铝业联盟的记录》423 页。

比较一下 1973 年和 1975 年，氧化铝费上升 0.57 倍，其他材料上涨了 1.3 倍，上涨幅度最大的是电费，上涨了 3.4 倍，由相当于每吨铝锭价格 2.8 万日元上涨到 12.2 万日元。

整个成本中电费的比例由 1973 年的 18.5％上升到 1975 年的 41.7％。整个成本中电费上涨所占的比例约 66％。

有种说法认为铝占电力消耗的绝对大头，其中铝冶炼耗电最多[8]，其他国家在大力发展成本低的水力发电。而日本只能利用自有水力发电，大多只能依靠火力发电[9]，所以重油价格上涨（同时伴随煤炭价格上涨）直接导致制造成本的上升。

比较一下国内铝锭价格，1973 年生产收益是 5.7 万日元，1974 年因国内价格上涨，其生产收益是 8 万日元，但 1975 年制造成本和市场价格逆转，转为亏损 3.2 万日元。铝锭进口价格见表 3-1-3，在此期间上升了 65％，石油危机后市场低迷，导致铝材需求降低，日本国内价格上涨幅度变小。各个冶炼公司的经营状况不可避免地恶化了。

根据产业结构审议会铝业部会的第 1 次中间答疑《昭和 50 年代铝工业及政策方向》（1975 年 8 月），1976 年 1 月开始实施生产限制（6 个月期间，开工率限制在 60％）[10]行政指导令，1976 年 7 月作为一次产品储备措施的一环，成立轻金属储备协会，铝锭储备[11]开始实行。

1973 年冶炼能力见表 2-2-4，年产是 125 万吨，加上后加入的住友系两工厂（住轻铝工业酒田工厂和住友东予铝冶炼东予工厂）新增设备和三井铝工业的三池工厂新增设备，在 1977 年年产量达到了史上最高水平 164 万吨。此规模在当时资本主义国家中仅次于美国排名第 2 位[12]。

在铝业持续不景气的情况下，1977 年 11 月举行产业结构审议会铝业部会的第 2 次答疑《今后我国铝工业及其施政方向》，首次设定 125 万吨为合理规模，提议现有设备 164 万吨中的 39 万吨生产予以冻结。政府新设关税比例制度，制定特定不景气企业稳定临时措施制度及特定不景气企业业种离职者临时措施等支援政策。1978 年开始实施根据削减设备产量设定进口铝锭关税 5.5％（1979 年开始为 4.5％），与一般税率 9％的差额部分作为改善冶炼企业结构补助资金来使用。1978 年 5 月公布并实施特定不景气企业稳定临时措施制度法，铝冶炼产业在 7 月被指定为特定不景气企业。随后同年 9 月开始的 7 个月期间经公平委员会认可并实施。

在此期间，有呼吁将价格进行统筹管理的"铝事业法"设想，也有将铝冶炼企业进行合并再整合的讨论[13]。20 世纪 70 年代开始推进海外开发进口铝锭振兴冶炼事业计划，具体化实施印度尼西亚的 Asahan 项目和巴西亚马逊（Amazon 译者注：地名）项目，由开发进口来确保铝锭稳定供给。

4. 第 2 次石油危机的影响

进入 1977 年秋天，日本经济终于从石油危机的阴影里走出，并慢慢迎来经济复苏。铝锭需求也从 1978 年开始超越 200 万吨大关。可是，1978 年日元急速升值造成铝锭进口价格低迷，冶炼企业经营恶化并陷入亏损状态。1978 年 10 月举行产业结构审议会铝业部会的第 3 次答疑《今后铝冶炼产业施政方向》，规模调整降低至 110 万吨，实施约 53 万吨的设备废弃和冻结的策略。各个冶炼企业的铝锭生产能力减少量见表 3-1-6[14]。

由于世界铝锭需求上升，价格上涨，1979 年冶炼企业终于实现了盈利，恰在此时遭遇了第 2 次石油危机。如表 3-1-3 所示，电价由 1979 年的 11 日元急升至 1980 年的 17 日元。以表 3-1-5 中 1975 年生产成本数值为基准，对重油和铝矾土矿（也称矾土矿）的进口价格变化和劳资变化导致成本上升进行测算，见表 3-1-7。

表 3-1-6 推算原铝生产能力　　　　　　　　　　　　　　　　　　　　　　单位：kt

年份	昭和电工			住友化学工业					日本轻金属			三菱化成工业		三井铝工业	住轻铝工业	合计
	喜多方	大町	千叶	菊本	矶浦	名古屋	富山	东予	蒲原	新潟	苫小牧	直江津	坂出	三池	酒田	
1978	28.3	41.3	165.7		79.2	54.0	182.4	98.4	95.0	145.0	130.0	162.0	195.6	165.6	98.4	1640.9
1979	28.7	23.8	170.3		79.0		177.7	98.7	63.9	109.3	134.4	160.2	192.5	163.8	98.7	1501.0
1980	28.7	23.8	127.5		79.0		177.7	98.7	64.0	109.3	134.4	160.2	147.2	163.8	98.7	1413.0
1981	28.7	23.8	127.5		79.0		177.7	98.7	64.0		134.4	160.2	147.2	163.8	98.7	1303.7
1982	28.7	23.8	127.5				177.7	98.7	64.0		72.0		147.2	163.8	98.7	1002.1
1983			58.0				82.9	98.7	63.9		72.4		76.4	144.4		596.7
1984			58.0				82.9	98.7	64.0		72.0		76.4	144.4		596.4
1985			31.7				82.9		64.0				50.9	125.0		354.5
1986							82.9		64.0				50.9	125.0		322.8
1987									51.0							51.0
1988									35.0							35.0
冶炼停产月	1982年9月	1982年6月	1986年3月	1974年9月	1982年3月	1979年3月	1986年10月	1984年12月	2014年3月	1980年12月	1985年4月	1981年9月	1987年2月	1987年2月	1982年5月	

注：昭和电工系：1975 年 7 月止属昭和电工。同年 8 月千叶工厂由昭和电工千叶铝业独立。1976 年 10 月同公司改称昭和轻金属。1977 昭和轻金属统合喜多方工厂大町厂工厂轻合金部。住友系：菊本、矶浦、各古屋、富山 4 个工厂为住友化学工业所属，1976 年 7 月作为住友铝锭冶炼独立。1974 年 8 月住友东予工厂铝锭所属成立酒田工厂，由 1973 年 2 月成立的住轻铝工厂所属。1981 年 1 月，住友东予铝锭冶炼和住友铝锭冶炼合并。日本轻金属系：日本轻金属所属。三菱系：1976 年 3 月三菱化成工业所属。1976 年 4 月开发作为三菱轻工业独立。1983 年 3 月，同公司改称菱化轻金属工业。三井系：三井铝工业所属。

出处：《日本轻金属五十年史》，1991 年，344～345 页。部分数值日本轻金属修改。《日本铝业联盟的记录》402～403 页的生产统计表、生产量记录及冶炼能力记载。各公司史。

表 3-1-7　推算铝锭生产成本和铝锭价格

年份	氧化铝费/（千日元/t）	电费/（千日元/t）	劳务费/（千日元/t）	其他费用/（千日元/t）	合计推算成本/（千日元/t）	国内铝锭成本/（千日元/t）	推定值算出费用指数		
							铝矾土进口价格指数	重油进口价格指数	资金指数
1975 年	62.7	122.3	15.0	93	293	261	100.0	100.0	100.0
1976 年	69.9	118.4	16.2	93	298	307	111.4	96.8	108.1
1977 年	66.8	116.0	17.8	93	294	324	106.5	94.9	118.5
1978 年	58.0	91.5	18.9	93	261	283	92.5	74.8	126.3
1979 年	67.7	165.1	20.0	93	346	369	108.0	135.0	133.2
1980 年	83.4	236.1	21.3	93	434	490	133.0	193.0	141.9
1981 年	89.8	251.0	22.6	93	456	361	143.2	205.2	150.8
1982 年	108.4	270.8	23.8	93	496	311	172.8	221.5	158.5
1983 年	87.1	223.8	24.5	93	428	410	139.0	183.0	163.6
1984 年	84.0	218.8	25.4	93	421	356	134.0	178.9	169.3
1985 年	82.4	201.6	26.3	93	403	294	131.4	164.9	175.0

年份	氧化铝费/ (千日元/t)	电费/ (千日元/t)	劳务费/ (千日元/t)	其他费用/ (千日元/t)	合计 推算成本/ (千日元/t)	国内 铝锭成本/ (千日元/t)	推定值算出费用指数		
							铝矾土进口 价格指数	重油进口 价格指数	资金 指数
1986 年	62.7	83.7	27.1	93	267	231	100.1	68.5	180.5
1987 年	54.7	86.4	27.8	93	262	262	87.2	70.7	185.0
1988 年	53.1	62.6	28.4	93	237	349	84.7	51.2	189.7
1989 年	55.6	80.2	29.6	93	258	294	88.7	65.6	197.6
1990 年	59.8	104.4	31.2	93	288	262	95.4	85.3	208.2
1991 年	53.7	79.9	32.6	93	259	199	85.6	65.3	217.5
1992 年	49.3	71.3	33.7	93	247	181	78.6	58.3	224.8
1993 年	45.8	71.5	34.4	93	245	144	73.1	58.5	229.6
1994 年	39.9	59.5	35.4	93	228	170	63.6	48.7	235.7
1995 年	39.9	56.4	35.7	93	225	191	63.6	46.1	238.0
1996 年	45.1	74.0	36.2	93	248	182	71.9	60.5	241.5
1997 年	47.5	85.2	36.6	93	262	218	75.7	69.6	244.2

注：（1）推算方法：日本长期信用银行调查部测算（原有设备发电量 16300kW·h）的情况。田下雅昭《铝锭冶炼产业的国际竞争力和设备投资动向》《日本长期信用银行调月报》146 号，1976 年 1 月，20 页），以 1975 年为成本价，氧化铝费、电费、劳务费、进口铝矾土价格、进口重油价格制造业所定公司指数变动，其他原料费 3 万日元，折旧费用 1.5 万日元，利息 1.8 万日元，销售管理费 1 万日元，其他制造费用 2 万日元，总计 9.3 万日元，假定不变推算。铝矾土进口价、重油进口价来自日本关税协会《外国贸易概况》制造业，所示工资额来自厚生劳动省、《工资结构基本调查》。另外，昭和轻金属的案例，1980 年下半年每吨铝锭制造成本是 43.4 万日元，电费是 24.2 万日元，占成本比 55.8％，《昭和电工铝业五十年史》，278 页。

（2）日本国内铝锭价格来自钢铁新闻的历年平均价格 99.7％铝锭价格。《（社）日本铝联盟的记录》，423 页。

由表 3-1-7 可以看出，1980 年电费相当于每吨铝锭 23.6 万日元，与 1975 年相比涨了近 1 倍。可是，1979 年国际铝锭价格维持在高水准和需求增加因素使得国内价格处于上升期，销售价格超过制造成本，1980 年度一直处于盈利状态。随后的 1980 年下半年开始到 1981 年国际铝锭价格暴跌，加上第 2 次石油危机后经济恶化，日本铝需求低落，国内铝锭价格如表 3-1-3 所示，1981 年和 1982 年低于进口价格（包含关税和各项杂费推算）。冶炼企业从 1981 年开始再次陷入亏损状态，1980 年末各个公司累计亏损减小至 319 亿日元，到 1982 年末再次扩大到 1313 亿日元[15]。

1981 年 10 月举行产业结构审议会铝业部会的第 4 次答疑《今后我国铝冶炼及产业施政方向》，规模调整降低至 70 万吨。在发电方面，重点支持将共同火力发电转向煤炭发电，实施补助金制度和开发银行融资。关税方面改比例制度为免除制度，进口铝锭 9％关税（设备产量 42.4 万吨）在 3 年内免除，采取补充改善结构资金。

在政府实施铝业政策过程中，1982 年住友铝冶炼矶浦工厂冶炼开始停产，随后住友铝工业酒田工厂、昭和轻金属大町工厂与喜多方工厂相继停产，1983 年冶炼能力降低至约 60 万吨水准（见表 3-1-6）。继续进行冶炼的各个工厂在降低成本上投入巨大力量，但第 2 次石油危机的影响使世界经济长时间处于低迷状态，铝锭市场经营环境进一步恶化了。

1984 年 12 月产业结构审议会的有色金属部会（1984 年 4 月，改组为铝业部会）在《今后的铝产业及施政方向》中，提议实行 35 万吨体制。可是，1985 年 9 月的广场协议使得日元急速升值，结果 1986 年两个工厂停产、1987 年又有两个工厂停产，只剩 1 个 3.5 万吨工厂在运转，日本的铝冶炼产业几乎是全面撤退。

注释：

7.《昭和电工铝五十年史》，278～279 页。

8. 金属铝锭生产所需要的能源原单位（$\times 10^6 kcal/t$）是钢铁 11.2，铜 10.3，锌 8.6，铅 8.2，对应的铝推算是 56.0（1970 年时，世界数值）。金原干夫·望月文男，《铝产业资源好能源问题》《轻金属》，Vol.30，No.1（1980）.60 页。

9. 1980 年时，铝工业的所占电力来源中水力发电的比例是加拿大 100％、美国 41％、南美 94％、欧洲 46％、大洋洲 59％、日本 12％。日本铝业联盟资料。

10. 为调整过剩库存，业界进行自律，将减产 30％再加码 10％，实际减产 40％。《通商产业政策史》第 14 卷，98 页。

11. 储备制度是以铜、铅、锌、铝锭为对象，1976 年度总额 300 亿日元的政府保证进行融资（利息 6.5％）和利息补助政府预算方案在 1975 年 12 月 31 日内阁会议通过。《（社）日本铝业联盟的记录》296 页。

12. 1977 年的铝冶炼能力年产超过 100 万吨的国家，美国（478 万吨）、苏联（247 万吨）、日本（164.1 万吨）、加拿大（105.3 万吨）4 个国家。《日本轻金属五十年史》337～347 页。

13. 1977 年铝业部会建议指出有必要进行行业整合。关于这一点有如下的报道。住友铝的长谷川周董事长表示："铝冶炼有必要留下来。为此也不能整合成一个公司，根据情况不同应有国有化的思想准备"，类似这样的声音很强烈。小邦宏治《生还是死——舞台上的铝冶炼》《经济人》1978 年 7 月 18 日，60～61 页。

14. 各个公司的生产能力是设备削减措施时减去被废弃的设备能力的差为剩余量，冻结的设备没有包含在生产能力里。

15.《金属工业'88》289 页。

第二节　从铝冶炼撤退

从冶炼事业退出的过程当中，各个企业为改善经营做出了巨大努力。将退出过程用图的形式进行整理，包括：①事业主体对经营环境变化的认识；②对变化的经营应对；③主体内部积蓄退出冶炼业动向；④选择退出战略；⑤分析退出产生的内外部的影响；⑥进入退出流程。图 3-2-1 可以追迹各个企业退出的具体过程。

1. 住轻铝工业的情况

首先探讨最先退出的住轻铝工业（图 3-2-2）。公司为降低电费成本，1981 年 3 月决定[16]将与东北电力共同运营的酒田发电站由重油发电改为煤炭发电。计划 1 号机（35 万千瓦）在 1982 年 3 月开工建设，在 1984 年 6 月投入运营，计划 2 号机（同 1 号机）在 1983 年 3 月开工建设，1985 年 5 月开始运营，按照既定计划 1 号机开工建设。该公司铝锭供给自家公司和住友轻金属，为应对市场状态恶化，1981 年 11 月将 220 个电解炉中的 52 炉停产，减产 1/4。可是 1981 年末累计亏损达到 190 亿日元，超过了注册资金 180 亿日元，陷入资不抵债的状况中[17]。

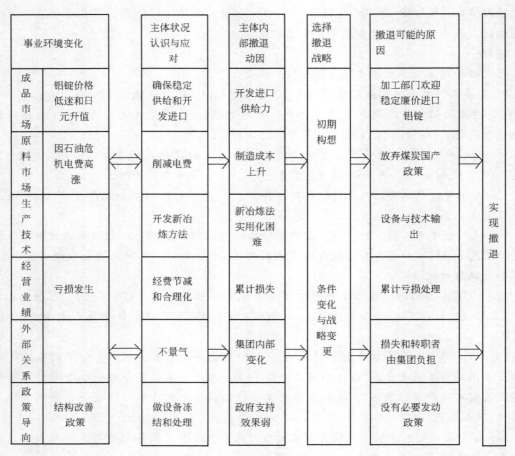

事业环境变化		主体状况认识与应对	主体内部撤退动因	选择撤退战略	撤退可能的原因	
成品市场	铝锭价格低迷和日元升值	确保稳定供给和开发进口	开发进口供给力	初期构想	加工部门欢迎稳定廉价进口铝锭	实现撤退
原料市场	因石油危机电费高涨	削减电费	制造成本上升		放弃煤炭国产政策	
生产技术		开发新冶炼方法	新冶炼法实用化困难		设备与技术输出	
经营业绩	亏损发生	经费节减和合理化	累计损失	条件变化与战略变更	累计亏损处理	
外部关系		不景气	集团内部变化		损失和转职者由集团负担	
政策导向	结构改善政策	做设备冻结和处理	政府支持效果弱		没有必要发动政策	

图 3-2-1   冶炼业撤退路线图

1982 年 4 月住友轻金属和住轻铝工业共同发表声明，在 1982 年 5 月酒田工厂停产并解散住轻铝工业[18]。原因是住轻铝工业到 1982 年 5 月末经营恶化资不抵债，考虑到电费成本和铝锭市场状况，难以避免今后发生更大债务危机。但同时也表示酒田火力发电站煤化工改造工程完工后，保留根据经济改善状况讨论是否重启冶炼事业。

关于停止生产的决定，并不是母公司住友轻金属独自进行的判断，一般看法认为是由住友轻金属母公司住友金属工业决定的[19]。1982 年第 3 季度住友金属工业因为无缝钢管的销售旺盛业绩看好，良好的业绩预期促使其决心从铝冶炼产业撤退。虽然无法对此进行确认，但是住友金属工业具有强大话语权是不容置疑的。酒田工厂冶炼停产以后，住友轻金属有过讨论重启冶炼生产的打算，但未能实现[20]。

也有说法是让住友集团内的住友系 3 家铝业公司合并整合，但住友轻金属不愿意这么做，加速了住轻铝工业的解散。对此住友金属工业熊谷典文总经理的发言[21]是这么说的："如果将住轻铝留下，那么住轻金整体将会沉没。对于住友集团整合，如果合并，那绝对不能考虑。垂直整合的做法在有国际竞争力的时候有正面作用，但现阶段是负面作用"。住友轻金属董事长小川义男也表示："与住友铝垂直整合显然是不现实的"[22]。

住友集团内部对住轻铝工业的退出冶炼和解散所带来的负债和累计亏损进行了清算。住友轻金属在 1982 年中期财务报告中列入因住轻铝工业的解散带来的亏损是 238.5 亿日元[23]。

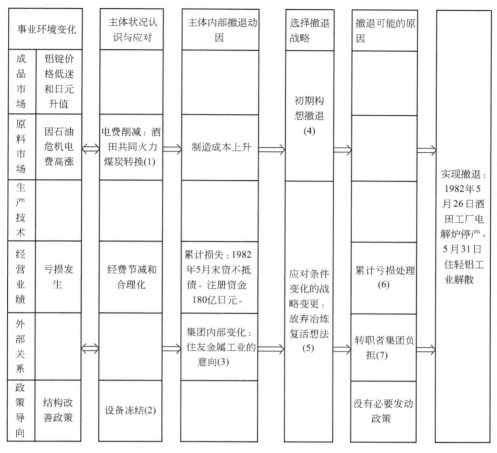

事业环境变化		主体状况认识与应对	主体内部撤退动因	选择撤退战略	撤退可能的原因	
成品市场	铝锭价格低迷和日元升值			初期构想撤退(4)		实现撤退：1982年5月26日酒田工厂电解炉停产。5月31日住轻铝工业解散
原料市场	因石油危机电费高涨	电费削减：酒田共同火力煤炭转换(1)	制造成本上升			
生产技术						
经营业绩	亏损发生	经费节减和合理化	累计损失：1982年5月末资不抵债。注册资金180亿日元。	应对条件变化的战略变更：放弃冶炼复活想法(5)	累计亏损处理(6)	
外部关系		集团内部变化：住友金属工业的意向(3)			转职者集团负担(7)	
政策导向	结构改善政策	设备冻结(2)			没有必要发动政策	

图 3-2-2　住轻铝工业：撤退路线图

（1）1981年3月东北电力、酒田共同火力发电、住轻铝工业3家公司在酒田共同火力发电转换煤炭达成协议。同计划1号机（35万千瓦）1982年开工建设与1984年6月点火运转。2号机（同1号机）1983年2月开建、1985年5月点火运转。

（2）1981年11月住轻铝工业减产四分之一。为了应对铝冶炼行业低迷状况，酒田工厂的铝电解炉220炉中有52炉停产。

（3）1982年5月停产应对很及时。可是这个决定并不是住轻铝业母公司住友轻金属独自决定的，是住友轻金属母公司住友金属工业的决定。同年3月的结算（译者注：日本结算是每年4月至第二年的3月底），住友金属工业因不锈钢管的销售势头强劲而业绩大增，因此决定从铝冶炼行业全身而退。秋津裕哉《从我国铝冶炼史看企业经营上的诸问题》131页。

（4）1982年4月20日住轻铝工业宣布解散。住轻铝工业经营状况在5月末恶化，资不抵债，考虑到电费价格及铝锭市场状况，住轻铝工业判断难以避免更大规模的亏损。《住友轻金属年表》311～312页。

（5）几年以后，住友轻金属最高层提出重新启用酒田厂，可是在住友金属工业的强烈反对下未能实现。《前秋津书》131～132页。

（6）住友轻金属1982年中结算，伴随住轻铝工业解散，记入238.5亿日元亏损。《住友轻金属年表》315页。

（7）解散时400名员工中，转往住轻铝铸造101名、住友轻金属等203名、退职96名。同上书312页。

在1981年7月的增资当中住友轻金属出资比例是50%，由此推算其亏损应是这个数值的两倍[24]。住友各个公司的出资比例是：住友金属25%，住友化学工业10%，住友银行、住友信托银行、住友商事各5%[25]。解散后的员工大部分在住友内部消化。400名员工当中，转往住轻铝铸造101名，住友轻金属等203名，退职96名[26]。

在第 2 章讨论了住轻铝工业新加入的背景，在住友内部存在不同意见，有勉强进入铝冶炼产业的一面，也可以说这促使其下决心尽早撤退[27]。

2. 昭和轻金属的情况

昭和电工和昭和轻金属的撤退情况见图 3-2-3。

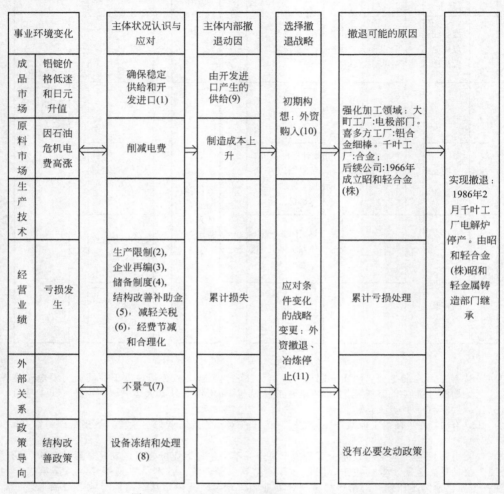

事业环境变化		主体状况认识与应对	主体内部撤退动因	选择撤退战略	撤退可能的原因	
成品市场	铝锭价格低迷和日元升值	确保稳定供给和开发进口(1)	由开发进口产生的供给(9)	初期构想：外资购入(10)	强化加工领域：大町工厂：电极部门。喜多方工厂：铝合金细棒。千叶工厂：合金；后续公司：1966年成立昭和轻合金(株)	实现撤退：1986年2月千叶工厂电解炉停产。由昭和轻合金(株)昭和轻金属铸造部门继承
原料市场	因石油危机电费高涨	削减电费	制造成本上升			
生产技术						
经营业绩	亏损发生	生产限制(2)，企业再编(3)，储备制度(4)，结构改善补助金(5)，减轻关税(6)，经费节减和合理化	累计损失	应对条件变化的战略变更：外资撤退、冶炼停止(11)	累计亏损处理	
外部关系		不景气(7)				
政策导向	结构改善政策	设备冻结和处理(8)			没有必要发动政策	

图 3-2-3　昭和电工和昭和轻金属：撤退路线图

（1）新西兰 NZAS 计划签字（Comalco 50％，昭电、住友化学各 25％）。1973 年委内瑞拉计划签约（日本 80％；昭和电工 35％、神户制钢所 35％、丸红 10％、委内瑞拉 20％）。因总统换人 1974 年 12 月重新签约（日本 20％；昭和轻金属 7％、神户制钢所 4％、住友铝冶炼 4％、三菱轻金属 2％、三菱金属 2％、丸红 1％、委内瑞拉 80％）。1975 年 Asahan 计划。1977 年亚马逊计划。《昭和电工五十年史》250～256 页。

（2）1973 年大町工厂接到削减电力 10％、重油 20％的通知，立即停产 65 炉电解炉。1974 年开始限制缓和到秋天全部电解炉恢复生产。1974 年 12 月到 1975 年 3 月停产 47 炉，年减产 6600t。同上书 290 页。1974 年千叶工厂第 5 电解工厂生产能力 5 万吨增设设备开工，后不久决定中止。同上书 290-1 页。1975 年 7 月千叶工厂第 1 电解 10 万安［培］162 炉（年生产能力 4.2 万吨）决定停产，9 月 26 日全部作业结束。同上书 290 页。

（3）1975 年 8 月昭和电工成立千叶铝业。千叶工厂独立。同上书 293 页。1976 年 10 月改称昭和轻金属。昭和铝部门（大町和喜多方工厂，横滨工厂氧化铝关联部门和轻金属加工研究所）逐渐统合。同上书 293 页。

（4）根据储备制度购入合计 26380t（全公司合计量 15.7％）。利息补助金额 25 亿 267 万日元，其中 15.7％是 3 亿 9669 万日元。参照表 4-2-1 铝锭储备内容。

（5）125 万吨体制下冻结设备是 4 亿 1400 万日元，110 万吨体制下冻结设备是 4 亿 4277 万日元，合计是 85677 万亿日元。参照表 4-2-3 结构改善支付资金业绩。

（6）关税减免额不明。

（7）1978 年 9 月喜多方工厂 44 炉 10 月停产（减产 1.1 万吨）。同上书 291 页。余 44 炉第 3 电解 10 万安［培］，年产 1.7 万吨。同上书 296 页。

（8）铝冶炼结构改善实施状况参照表 4-2-8。1977 年 11 月中间答疑（125 万吨体制）：千叶工厂 162 炉（42782t）和大町工厂 132 炉（19088t）冻结。《日本铝业联盟的记录》339 页。1979 年稳定基本计划（110 万吨体制）：千叶工厂第 2 电解 100 炉停产（年产减 2.6 万吨）。1981 年 3 月千叶工厂第 2 电解剩余 57 炉停产（减产 14820t）。《昭和电工铝业五十年史》292 页。1982 年 3 月稳定基本计划（70 万吨体制）：千叶工厂第 4 电解 16 万安培休眠。1982 年 6 月大町工厂停止冶炼。喜多方工厂 1981 年 6 月开始减少炉运转，1982 年余 17 炉，1982 年 9 月 6 日全面停产。同上书 296 页。1985 年 2 月结构改善计划（35 万吨体制）：千叶工厂冻结 26255t，余存能力 31690t。《金属工业'88》288 页。

（9）昭和电工常务董事三好大哉说："新西兰将股份卖给了 Comalco，委内瑞拉处于强势地位，Asahan 及包含巴西有近 10 万吨开发铝锭，导致国内冶炼撤退加速。如果没有这层关系，撤退会犹豫一段时间吧"。《Altopeer》1989 年 2 月，22～23 页。

（10）1982 年 Comalco 出资 50％参加昭和轻金属。《昭和电工铝业五十年史》304 页。

（11）1986 年 Comalco 撤退，昭和电工里的 NZAS 出资份额转让给同公司。

昭和电工在石油危机前积极投入开发进口，在 1969 年 Comalco 出资 50％的新西兰 NZAS 项目上与住友化学工业同时出资 25％，1971 年一期建设完工。石油危机后的 1974 年参加 Venalum 项目，1974 年签订新合同，随后在 1975 年参与印度尼西亚 Asahan 项目，1977 年参与巴西亚马逊项目[28]。

石油危机后在国内部分电解炉停产，1978 年喜多方工厂的 44 个电解炉全面停产，减产 1.1 万吨。其间将在建设中年产 5 万吨千叶工厂施工工程中止。铃木治雄总经理回顾说："公司太难了，继续新建千叶工厂难以推进，很遗憾这么下去市场占有率被别的公司超越也是迫不得已的事了，非常希望销售人员想想办法"。同时他还说："第 1 次石油危机后，随着电费上涨，消极情绪一直在蔓延"[29]。

随后，1975 年千叶工厂作为昭和千叶铝业分离独立，第 2 年改名昭和轻金属，1977 年与喜多方工厂和大町工厂金属部整合，由冶炼部门成立独立的组织，明确了经营责任。

结构改革的同时也进行了设备处置，第 2 次石油危机后的 1981 年末累计亏损 149 亿日元[30]。昭和电工集团为打开局面，试图与澳大利亚的 Comalco 进行资本合作，从 1980 年开始了持续谈判，到 1982 年 11 月签订了 Comalco 参股昭和轻金属 50％的合资合同。随后昭和电工从昭和轻金属的其他股东（丸红等 25 家公司）手中买回了股份，经过减资和增资注册资金为 500 亿日元，通过 Comalco 出资 250 亿日元的手续，1982 年 12 月新的昭和轻金属诞生了[31]。

与 Comalco 的合作设想是由冶炼退出，昭和电工将旗下相关铝加工公司转让给昭和轻金属，Comalco 给昭和轻金属提供长期稳定的铝锭供应[32]。

与 Comalco 合资以前，将资本金 170 亿日元做全额减资累计亏损处理，但新生的昭和轻金属经营没有得到改善，其后也持续亏损，累计亏损额达到了近 400 亿日元[33]。Comalco 要求退出合资公司，昭和轻金属撤销冶炼部，由昭和轻合金新设铸造部来接管[34]，合资解散[34]。对于 Comalco 出资的部分，将昭和电工所持有的新西兰铝冶炼公司（NZAS）股份转让给 Comalco 进行交换处理[35]。如此 1986 年 2 月千叶工厂电解炉停产，从 1934 年以来传承的昭和电工铝冶炼事业落下了帷幕。

昭和轻金属自退出冶炼产业以后加大在铝加工领域投入，对大町工厂电极部门、喜多方工厂合金（细棒）部门和千叶工厂合金部门进行扩充，同时也接受部分冶炼部门工人。

有人指出由于经营最高责任者的先见之明，促使昭和集团较早从冶炼产业退出。住友银行高级干部秋津裕哉表示："铃木治雄（昭和电工和昭和轻金属董事长）在当时冶炼行业最高决策者中是最有先见之明的经营者"[36]。铃木治雄认为[37]："搞铝业没有便宜的水力发电基础是无法生存的，在日本搞铝业就像在北海道种植甘蔗一样"。

另一个促使其早期退出的原因，是从很早就开始着手进行了海外开发进口。三好大哉昭和电工决策层干部表示[38]："虽卖掉了新西兰 Comalco，但是委内瑞拉有很好的地理位置，加之手里已有巴西亚马逊近 10 万吨的铝锭，也是促使从国内冶炼产业退出的诱因之一，如果没有这个因素，是否退出就会犹豫不决"。

3. 住友铝冶炼的情况

现在来看看第 3 个退出冶炼行业的住友铝冶炼的情况（图 3-2-4）。

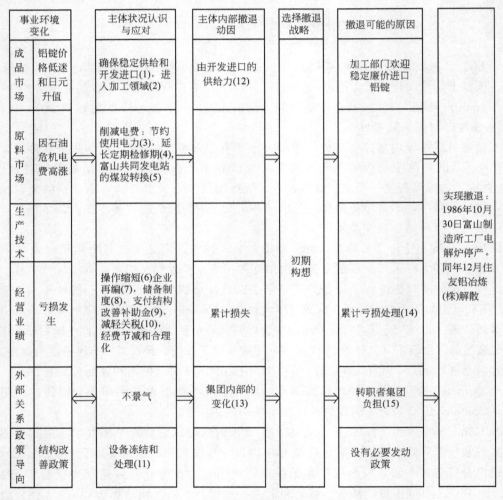

图 3-2-4　住友铝冶炼：撤退路线图

（1）NZAS 计划、委内瑞拉计划、Asahan 计划、亚马逊计划、Boyne Smelters 计划。《住友化学工业最近二十年史》82～88 页。

（2）铝加工公司资本参加。同上书 80 页。新产品和新事业开发。同上书 191～193 页。

（3）现行电解法目标是电力单位每吨 DC（直流）12300kW·h，该 DC 当前目标设定为 13500kW·h。为达成这个目标，要对电解炉加强保温，阴极电棒的形状低电阻处理，用计算机对阳极效应（电压急升现象）自动控制，对电压调整实现作业稳定化。1977 年 7 月住友东予制造所当时达成了目标。同上书 79 页。

（4）1978 年 4 月电气事业法所定火力发电设备定期检修期间和管理状态实行弹力化。自家及共同发电所要定期检修次数减少，节减了经费。同上书 78 页。

（5）富山制造所 1982 年 9 月开始着手转换煤炭改造工程，1984 年 11 月 1 号机和 12 月 2 号机完成。发电单价 1kW·h 1980 年度 18.07 日元，1983 年度 15.71 日元，转换煤炭后的 1985 年度为 10.80 日元。同上书 188～189 页。

（6）1974 年 11 月 75％ 运转，第二年 2 月 65％ 运转。1976 年通商产业省规定的生产运转红线是 60％，6 月末厂家库存量减少了 20 万吨，6 月底控制红线结束。同上书 66 和 68 页。

（7）1974 年 7 月 30 日铝事业分离，新的公司独立运营，设立住友铝冶炼（资本金 40 亿日元，住友化学工业全额出资）。同上书 68 页。1981 年 1 月 1 日住友冶炼和住友东予冶炼合并，变成了住友铝冶炼。同上书 181 页。

（8）由储备制度两个公司合计接受购入 4.6 万吨（全公司合计的 27.5％）。利息补助总额 25 亿 2670 万日元，其 25.7％ 是 6 亿 9484 万日元。参照表 4-2-1 铝锭储备内容。

（9）125 万吨体制下冻结设备两个公司 6.5 亿日元，110 万吨体制下住友铝冶炼是 5 亿日元。参照表 4-2-3 结构改善资金支付业绩。

（10）住友铝冶炼从 1982 年开始的 3 年期间免除关税约 80 亿日元，到解散的 1985 年与 1986 年关税减轻 40 亿日元。同上书 186 和 225 页。

（11）参照表 4-2-8 结构改善实施状况。1977 年中间答疑（125 万吨体制）：住友铝冶炼和住友东予铝冶炼两家年生产能力 41.4 万吨中的 9.961 万吨冻结，即 24.1％。同上书 76 页。1979 年 3 月住友铝冶炼名古屋制造所的电解工厂停产。同上书 73 页。1979 年 1 月稳定基本计划（110 万吨体制）：住友铝冶炼名古屋制造所的全电解设备（198 炉，年生产能力 5.3 万吨）及富山制造所部分（全所 660 炉中 220 炉年产能力 5.9 万吨）停产，包含住友东予铝冶炼两家剩余生产能力 29.6 万吨。同上书 178 页。1982 年稳定基本计划（70 万吨体制）：住友铝冶炼设备能力，菊本制造所矶浦工厂全部（年产能力 7.9 万吨）及富山制造所部分（年产能力 11.8 万吨中的 3.5 万吨）停产，剩余东予制造所（年产能力 9.9 万吨）和富山制造所（生产能力 8.3 万吨）两个生产点共计 18.2 万吨。同上书 185 页。菊本制造所矶浦工厂 1982 年 3 月 31 日根据第二次稳定基本计划电解炉停电，冶炼工厂停产。同上书 188 页。1985 年 2 月结构改善基本计划（35 万吨体制）：根据转达的产业结构审议会议要求，住友铝冶炼生产能力被要求减半，从生产效率上考虑富山工厂存续东予工厂停产。理由是：①富山工厂离使用大客户三协铝业距离较近，东予反之。②富山工厂将完成设备折旧比东予要早，费用上要节省。③富山由富山共同发电转换成煤炭电费较低。1984 年 12 月 21 日东予电解工厂停产，铸造工厂存续。同上书 252～253 页。

（12）海外开发铝锭的进口和销售由新公司进行，进口数量 1987 年约 13 万吨。同上书 257 页。

（13）住友化学工厂在增减资金和放弃债权上支援能力达到界限。同上书 256 页。

（14）1986 年 7 月到 8 月应住友铝冶炼股东要求，将 1800 万股以每股 375 日元价格买入销账，减资 90 亿日元。住友化学工业没有进行申请，将同公司变成 100％ 住友化学子公司。同上书 257 页。

（15）东予工厂约 130 名员工被转往菊本制作所和回住友化学工业进行再配置。同上书 252～253 页。1982 年开始实施剩余人员退职等特别措施。同上书 190 页。

住友集团为确保铝锭稳定供给，在日本企业当中是最早投入开发进口的企业。除了 1969 年的 NZAS 项目、委内瑞拉的 Venalum 项目、印度尼西亚的 Asahan 项目、巴西的亚马逊项目以外，也参与了澳大利亚 Boyne·Smelters 项目[39]。

第 1 次石油危机前的 1973 年 10 月，日本国内富山制造所的第 3 期建设完工，作为振兴爱媛县东予新产业计划的一环而推进的东予工厂建设，在石油危机当中也未停工。1975 年 7 月住友东予铝冶炼（1974 年 8 月成立）工厂投产。可是富山工厂电解炉未能满负荷运转，在业内自主控制产能中，4 个工厂的合计开工率在 1975 年降低至 65％[40]，1976 年开工率为通产省所划线 60％。到东予工厂完工的 1976 年度，住友系冶炼能力超过日本轻金属的 41.4 万吨，位居日本第 1、世界第 7 位。

住友化学工业 1976 年 7 月铝事业分离，成立住友铝冶炼（注册资金 40 亿日元，由住友化学工业全额出资）。在业界呼吁政府给予援助的呼声中，其判断以新公司独立运营比较适合，时间点上来看铝锭市场状况好转[41]。住友铝冶炼也负责住友东予铝冶炼的经营管理和产品销售[42]。

由生产氧化铝到铝冶炼的住友铝冶炼，加大对铝加工公司资本投入及强化与轧制加工领域的关系，在扩充氧化铝产品和开发新事业上也投入了很大力量[43]。

在积极实施结构改造计划当中，推进设备的处置，1979 年 3 月名古屋制造所冶炼停产，经营状况如表 3-2-1 所示，由 1981 年度开始急剧恶化。1982 年 3 月矶浦工厂冶炼停产，生产集中到富山制造所和东予制造所的第 2 工厂。

表 3-2-1　住友铝冶炼业绩推移　　　　　　　　单位：百万日元

年度	销售额	经常性损益	本期收益	总资产	负债	资本	资本金
1976	23354	△1021	△1021	154862	147884	6978	8000
1977	142849	△864	△864	185991	171877	14113	16000
1978	135187	△4110	△3053	177302	166241	11060	16000
1979	157897	2509	2483	190692	177148	13543	16000
1980	195037	8065	6535	225732	205653	20079	16000
1981	121481	△9103	△8279	281028	271273	9754	18000
1982	99678	△27927	△17999	272280	271615	664	18000
1983	124128	△17154	△15129	201490	201483	6	18000
1984	139306	△4578	△8786	189509	189307	202	18000
1985	127065	△9103	△12033	167672	154521	13150	34000
1986	80297	△10981	△20001	24993	38593	△13600	25000

注：1980 年度住友铝冶炼的数值，不包含住友东予铝锭冶炼的数值。由于合并，1981 年度以后开始包含东予数值。
出处：《住友化学工业最近二十年史》资料篇 52~53 页。

为降低电费[44]，住友对定期检修时间采取拖延策略[45]，1982 年开始着手将富山共同火力发电改为煤炭发电，1984 年 11 月 1 号机、同年 12 月 2 号机改装完成。改为煤炭发电后 1kW·h 电价从 1980 年度 18.07 日元，到 1983 年度 15.71 日元、1985 年度 10.80 日元，逐年降低[46]。

关于富山工厂，也有考虑过"异地再建"的构想。母公司住友化学工业土方总经理提议[47]："将住友铝业富山工厂从住友铝剥离，由住友集团所在地富山县和北陆电力及三协铝业等当地企业共同出资开启异地冶炼事业。这样做可以打开富山县用水力发电渠道，同时使电费成本降低，也许有可能探索出国内冶炼产业生存之道"。由水力发电的低电价来填补冶炼业界所希望的降低电费成本方法，这可能是探索异地产业化的生存之道。

在 1984 年 12 月第 4 次结构改造计划 35 万吨应对体制中，东予工厂停产，采取了只保留电力成本低的富山制造所第 1 工厂生产体制[48]。

可是，1985 年广场协议以后日元急速升值，铝锭进口价格下降，国内铝锭价格由 1984 年的每吨 35.6 万日元，到 1985 年 29.4 万日元，1986 年降至 23.1 万日元（表 3-1-3）。住友铝冶炼的经常性损益在 1984 年向减少赤字的方向转变，但 1985 年度亏损再次扩大。

住友化学工业为挽回住友铝冶炼资不抵债的局面，改善财务体制和强化事业基础，同时在 1985 年 12 月单独对住友铝冶炼减资（减资额 90 亿日元，共计四次）和随后大幅度增资（增资额 250 亿日元，注册资金 340 亿日元）。同时，住友化学工业用 223 亿日元并购了住友铝冶炼氧化铝及与氧化铝相关的新产品和新事业开发所属的事业。这些财务措施补充了一部分累计损失和偿还了一部分借款（1600 亿日元）等。

可是由于日元升值导致铝锭价格低迷，住友铝冶炼的经营状况没有根本性好转，1986 年度经常性损益 109 亿日元，同期收益超过 200 亿日元的亏损。预想到亏损扩大的住友铝冶炼认为，即便完成了煤炭改造的富山制造所，其冶炼业恢复国际竞争力也是没有指望的，于是将同所冶炼停产，决定从国内冶炼业退出，对事业进行重新整合。1986 年 7 月：①富山制造所冶炼部门同年 10 月末停产；②为使事业经营效率化，由新的公司规划海外开发铝锭进口与销售；③同制作所的铸造事业，争取其他铝业相关企业的参加，形成专业铸造公司，并在富山新港进行事业发展[49]。

随后住友铝冶炼由 1986 年 7 月开始至 8 月，根据股东提出以每股 375 日元将 1800 万股回购注销，减资了 90 亿日元。住友化学工业没有提出申请要求，住友铝冶炼变成注册资金 250 亿日元的住友化学工业 100％子公司[50]。

1986 年 10 月 30 日富山制造所电解炉停产，1936 年成立的住友铝冶炼事业就此谢幕。同年 12 月住友铝冶炼解散，铝锭进口销售由住友铝业销售，铸造加工业由富山合金继承[51]。

4. 三菱轻金属工业的情况

再看一看第 4 个退出的三菱轻金属工业的情况（图 3-2-5）。

三菱化成在石油危机后，延期的坂出工厂 2 期工程终于建设完成，1975 年达到了史上最高年产 35.8 万吨生产能力（当年日本最大）。1976 年 4 月三菱化成铝业部门分离独立，成立了三菱轻金属工业。据通产省基础产业局矢野俊比古局长传来的信息[52]，比起同样进行冶炼业分离独立的住友化学工业、昭和电工来说，三菱化成企业整合要早不少。与住友化学工业相比，昭和电工采用 100％子公司形式，而三菱选择与集团各个需求方进行共同出资的方式[53]。

为确保铝锭稳定供给，投入力量拓展进口渠道，1974 年 12 月在 Venalum 项目签订新合同时，三菱金属积极参加，1975 年 Asahan 项目和 1977 年亚马逊项目也加入其中。

随着结构改革计划实施，采取缩减设备策略，1978 年度与其他公司一样处于亏损状态。1979 年和 1980 年度在铝锭市场较好时期实现了盈利，1981 年度记入经常性亏损 182 亿日元，致使累计亏损达到 179 亿日元[54]。

1981 年 10 月直江津工厂冶炼停产，只剩下坂出工厂在生产运营。坂出工厂由最盛时期生产能力 19.2 万吨，缩减至 1982 年的 7.6 万吨，1983 年 3 月进行了组织结构改革分离成菱化轻金属工业[55]。坂出工厂在第 4 次结构改革计划中年产能力跌落至 5.1 万吨，冶炼业绩恢复不见好转，1987 年 2 月冶炼停产。

自诩具有高科技水平的三菱轻金属，将直江津工厂的设备卖给了中国青铜峡铝业，工厂停产后继续向世界铝冶炼企业出口铝冶炼技术[56]。

5. 三井铝工业的情况

（1）开业初期的经营状况

进入较晚的三井铝工业如表 3-2-2 所示，由开业初经营就持续亏损。石油危机前的 1972 年度，三井铝工业亏损 12.1 亿日元，三井氧化铝制造 5.9 亿日元，合计 18 亿日元的经常性亏损，两个公司的累计亏损达到了 35.4 亿日元。

图 3-2-5　三菱化成和三菱轻金属（菱化轻金属）：撤退路线图

（1）1973 年委内瑞拉计划签约（日本方面 80％：昭和电工 35％、神户制钢所 35％、丸红 10％、委内瑞拉 20％）。因总统换人 1974 年 12 月重新签约（日本 20％：昭和轻金属 7％、神户制钢所 4％、住友铝冶炼 4％、三菱轻金属 2％、三菱金属 2％、丸红 1％，委内瑞拉 80％）。1978 年 2 月工厂部分完工。《昭和电工五十年史》252～254 页。1975 年 Asahan 计划。1977 年亚马逊计划。同上书 255～256 页。

（2）1972 年坂出工厂第一期（9 万吨）投产延迟 6 个月。第二期（10 万吨）开工延迟。《三菱化成社史》401 页。1975 年 1 月直江津工厂（15.7 万吨）586 炉中 140 炉，坂出工厂（14 万吨）384 炉中 180 炉停产。《昭和电工铝业五十年史》232 页。

（3）1976 年 4 月三菱轻金属工业设立，三菱化成铝部门分离。"为重振冶炼事业，在综合化学的框架内努力是不够的，1976 年 3 月将本公司铝冶炼事业分离独立并移交给新的公司，请求三菱集团各个公司向新的公司出资"。《三菱化成社史》486～487 页。

（4）由储备购买制度，买入合计 36756t（全公司总计量 21.9％）。利息补助金总额 25 亿 2670 万日元，其 21.9％是 5 亿 5335 万日元。参照表 4-2-1 铝锭储备内容。

（5）对 125 万设备冻结是 6 亿 610 万日元，110 万吨设备冻结是 9 亿 6，457 万日元，合计 15 亿 7067 万日元。结构改善补助金支付业绩参照表 4-2-3。

（6）关税减免额不明。

（7）铝冶炼结构改善实施状况参照表 4-2-8。1977 年 11 月中间答疑（125 万吨体制）：坂出工厂 256 炉（90579t）冻结。《日本铝业联盟的记录》339 页。1979 年 1 月稳定基本计划（110 万吨体制）：坂出工厂 328 炉（年产 11 万 6054t）停工。《日本联盟的记录》351 页。1982 年 3 月稳定基本计划（70 万吨体制）：直江津工厂（160164t）处理。1985 年 2 月结构改善基本计划（35 万吨体制）：坂出工厂 25475t 处理，剩余能力 50952t。《金属工业'88》288 页。

（8）铃木斐雄回忆说："当时三菱化成总经理铃木永二对我说干吧，1983 年开始任总经理。在此期间只有两三个月是盈利的，其余都大量亏损，夜里经常睡不着"。"我公司大幅度亏损实在是耻辱，对母公司三菱化成 4 年都没有分红，拖累了整个化成公司"。《铝冶炼史的片段》214 和 216 页。

（9）铃木斐雄回忆道："冶炼变成这样原因也很难说，一些学者也指出是电费太高了，日经研究中心的并木信义也是这么分析的。就像人得了病一样，知道是要命的癌症也无良策，从根本上解决不了问题，给弄点营养液和止疼药，结果是病没治好，体力衰弱而死"。同上书 237 页。

（10）石野回忆说："三菱轻金属工业因为有三菱的名义，所以难以解散了事，最后改名叫菱化轻金属"。同上书 314 页。

（11）铃木斐雄回忆说："我公司停产三年左右，铝业相关技术都卖给了世界。担当科长为卖技术跑了世界 100 多个国家"。《铝冶炼史片段》215 页。石野回忆道："我们的直江津工厂卖给了青铜峡"。同上书 316 页。

表 3-2-2　三井铝工业的铝冶炼能力和生产业绩　　　　　单位：百万日元

年份	经常性收益			累计损失			注册资金		
	三井铝工业	三井氧化铝制造	两家合计	三井铝工业	三井氧化铝制造	两家合计	三井铝工业	三井氧化铝制造	合计
1968	△10		△10				1500		1500
1969	△37	△3	△40				2500	2000	4500
1970	△189	△10	△199	△236		△236	2500	2000	4500
1971	△1465	△24	△1489	△1701		△1701	6000	2000	8000
1972	△1207	△593	△1800	△2908	△630	△3538	6000	2000	8000
1973	△67	△1274	△1341	△2975	△1904	△4879	6000	3000	9000
1974	△747	△1355	△2102	△3722	△3259	△6981	9500	4000	13500
1975	△4638	△1278	△5916	△8361	△4537	△12898	11000	5000	16000
1976	△3342	△990	△4332	△11654	△5527	△17181	13000	6000	19000
1977	△5129	△1537	△6666	△16783	△7037	△23820	13500	6000	19500
1978	△6580	△2478	△9058	△23364	△9515	△32879	13500	6000	19500
1979	1693	△1691	3384 *	△12690	△11209	△23899	13500	6000	19500
1980	5536	766	6302	△7155	△10032	△17187	13500	6000	19500
1981	△6009	△1316	△7325	△13166	△11349	△24515	13500	6000	19500
1982	△15385	△797	△16182	△28552	△4409	△32961	13500	6000	19500
1983	△2354		△2354	△26912		△26912	13500		13500
1984	△12955		△12955	△39875		△39875	27000		27000
1985	△15923		△15923	△42995		△42995	27000		27000
1986	△8399		△8399			△50485			
出处页	204 页			162、181、195 页	172、182、195 页		162、181、195 页	172、182、195 页	

注：（1）1973 年度的铝企业经常性损益在别处数值是盈利 696 百万日元。宫岗成次《三井铝冶炼和电力事业》196 页。

（2）包含清算过程的累计亏损额是 50.458 百万日元。牛岛俊行和宫岗成次《自黑钻石的轻银》163 页。

出处：宫岗成次《三井铝冶炼和电力事业》。

*：译者注：此处原著为"2"，已修正。

三井铝工业1972年度生产能力（设备能力）是年产7.5万吨，生产能力与设备运转率同样是100%，生产业绩是77076t，业绩与开工能力比是102.8%，可以说是满负荷运转状态（参照表3-2-3）。

表 3-2-3　三井铝工业的铝冶炼能力和生产业绩

年份(4月～第二年3月)	生产能力 t/12个月 (A)	投产能力 t/12个月 (B)	设备能力 kt/年	生产业绩 t/年 (C)	生产业绩 t/年 (D)	设备投产率 (B)/(A)	业绩和投产能力比 (C)/(B)	业绩和生产能力比 (C)/(A)	业绩和生产能力比 (D)/(A)
1970	15625	15625	37.5	7548	7548	100.0%	48.3%	48.3%	48.3%
1971	75000	75000	38.0	42588	42593	100.0%	56.8%	56.8%	56.8%
1972	75000	75000	75.0	77076	76752	100.0%	102.8%	102.8%	102.3%
1973	75000	75000	75.0	78410	76179	100.0%	104.5%	104.5%	101.6%
1974	75000	72917(1)	75.0	76584	76396	97.2%	105.0%	102.1%	101.9%
1975	85142	76801(2)	118.5	77947	77948	90.2%	101.5%	91.5%	91.6%
1976	112776	94729	142.8	105080	102280	84.0%	110.9%	93.2%	90.7%
1977	163830	148259(3)	165.6	148334	147136	90.5%	100.1%	90.5%	89.8%
1978	163830	112485(4)	165.6	108421	106359	68.7%	96.4%	66.2%	64.9%
1979	144369(5)	120118(6)	163.8	115000	114986	83.2%	95.7%	79.7%	79.6%
1980	144369	103687	163.8	125000	125165	71.8%	120.6%	86.6%	86.7%
1981	144369	103687	163.8	101000	100779	71.8%	97.4%	70.0%	69.8%
1982	145713(7)	105030	163.8	103000	103083	72.1%	98.1%	70.0%	70.7%
1983	145713	105030	144.4	102000	101537	72.1%	97.1%	70.0%	69.7%
1984	124888(9)	96018(8)	144.4	90000	90530	76.9%	93.7%	72.1%	72.5%
1985	124888	74465(8)	125.0	58000	58455	59.6%	77.9%	46.4%	46.8%
1986 (10个月)	124888	37739(10)	125.0	35907	35907	30.2%	95.1%	28.8%	28.8%

注：生产能力和投产能力自牛岛和宫岗《自黑钻石的轻银》中的推算。设备能力以月为单位共计12个月。第2次结构改善计划（110万吨体制）的设备处理反映的生产能力值。第1次结构改善计划（125万吨体制）的设备冻结，其后有部分复活，反应设备运转的生产能力值。

(1) 1974年11月经济低迷，公司内库存超4万吨。20炉停产，到3月减产6000t。牛岛俊行和宫岗成次自《自黑钻石的轻银》第68页。

(2) 1976年1月至6月政策限开工率60%，生产限制因素使得A240炉中80炉停产。

(3) 1977年10月自主减产B-2线32炉停产，希望价格实现上涨，但需求没有增长，进行各种销售努力，但库存持续增加，同上书73页。

(4) 1978年3月在125万吨体制下B-1线64炉停产，同上书73页。1978年9月A生产线27炉停产，同上书97页。

(5) 1979年3月110万吨体制，A-1线60炉停产，同上书108页。

(6) 1979年8月自主减产A-1全部停产，11月A-2西侧53炉停产，同上书108页。

(7) 1982年3月～4月70万吨体制维持14.4万吨，同上书112页。

(8) 1984年9月自主设备处理B-1西53炉强制停产。下半年保持年产8万吨水平。

(9) 1985年3月～4月，35万吨体制，B-2西50炉强制停产。6万吨体制A生产线90炉，B生产线70炉。同上书243页。

(10) 1986年4月自主减产4万吨体制，A生产线85炉和B生产线35炉合计保持120炉以下进行生产。1987年1月A生产线大型炉4炉和B生产炉停产，同上书166页。

出处：设备能力《日轻金五十年史》344～345页生产业绩。(C)是宫岗成次《三井铝冶炼和电力事业》、1970—1972年度自162页，1973—1978年度自181页，1979年度自194页。生产业绩（D）是《（社）日本铝业联盟的记录》403页。

铝锭销售量 79168t，销售额是 141.2 亿日元，营业收益是 20.5 亿日元（表 3-2-4）。可是，利息负担达到 32.8 亿日元，经常性损益是 12.1 亿日元，处于亏损状态。

表 3-2-4　三井铝工业的业绩推移（1970—1978 年度）

年份	销售量	销售额	每吨销售价	营业收益	营业外收益	内利息负担	经济性损益	当期收益	累计亏损	期末资本金	期末贷款余额
	t	百万日元	千日元	百万日元	百万日元	百万日元	百万日元	百万日元	百万日元	百万日元	百万日元
1970	1074	214	199	△29	△142	122	△189	△171	236	2500	23366
1971	48971	9286	190	914	△2379	2356	△1365	△1465	1701	6000	34656
1972	79168	14123	178	2051	△3258	3283	△1207	△1207	2908	6000	44552
1973	114405	24187	211	3476	△3543	3275	△67	△67	2975	6000	44200
1974	74162	21212	286	3590	△4339	4059	△747	△747	3722	9500	62200
1975	115309	30424	264	976	△5614	5189	△4638	△4638	8361	11000	84400
1976	142306	45029	316	4158	△7501	7243	△3342	△3294	11654	13500	97800
1977	151967	48145	317	3897	△9025	9153	△5129	△5129	16783	13500	105100
1978	145912	43210	296	1741	△8321	8217	△6580	△6581	23364	13500	173300

出处：经常性损益是宫岗成次《三井铝冶炼和电力事业》196 页，1973—1978 年度同书 181 页。

1972 年度制造成本和销售单价见表 3-2-5，制造成本毛利（表 3-2-4 的销售额减去营业收益的差价）是每吨铝锭 15.7 万日元，销售单价是 17.8 万日元，制造毛利收益超过 2 万日元。对比第 2 章中 1968 年时点的实际计划，每吨铝锭氧化铝费用计划方案是 4.8 万日元，1972 年度的数值是 4.9 万日元，电费是 3.9 万日元，与 4 万日元几乎相当。包含其他费用的制造成本是计划方案 13.3 万日元，比 1972 年度的制造成本毛利 15.7 万日元高出 2.4 万日元。因此，销售单价计划方案是每吨 18.5 万日元，对比 1972 年度 17.8 万日元降低了 7000 日元。从结果来看，计划方案的每吨 1.7 万日元盈利未能实现，1972 年度经常性损益是每吨铝锭亏损 1.6 万日元。发生亏损的第一要因是利息负担太高。

表 3-2-5　制造成本和销售单价明细（1970—1978 年度）

年份	生产量	制造成本		氧化铝				电力				三井铝锭销售价格	钢铁新闻铝锭价格 99.7%
		销售额—营业收益	每吨铝锭金额	消费量	单价	消费金额	铝锭每吨金额	工厂用电量	单价	用电金额	铝锭每吨金额	每吨销售价	年平均
	A	B	B/A	C	D	CD	CD/A	E	F	EF	EF/A		
	t	百万日元	千日元/t	kt	千日元/t	百万日元	千日元/t	10^6 kW·h	日元/(kW·h)	百万日元	千日元/t	千日元/t	千日元/t
1970	7548	243	32	19	25.6	479	63	47	2.6	121	16	199	202
1971	42588	8372	197	89	25.4	2250	53	680	2.7	1809	42	190	202
1972	77076	12072	157	151	24.9	3750	49	1119	2.8	3077	40	178	189
1973	85858	20711	241	147	26.6	3905	45	1110	3.0	3308	39	211	207
1974	90450	17622	195	149	35.2	5255	58	1136	4.3	4828	53	286	298

年份	生产量	制造成本		氧化铝				电力				三井铝锭销售价格	钢铁新闻铝锭价格 99.7%
		销售额-营业收益	每吨铝锭金额	消费量	单价	消费金额	铝锭每吨金额	工厂用电量	单价	用电金额	铝锭每吨金额	每吨销售价	年平均
	A	B	B/A	C	D	CD	CD/A	E	F	EF	EF/A		
	t	百万日元	千日元/t	kt	千日元/t	百万日元	千日元/t	10^6 kW·h	日元/(kW·h)	百万日元	千日元/t	千日元/t	千日元/t
1975	82264	29448	358	151	40.8	6165	75	1189	5.2	6135	75	264	261
1976	115079	40871	355	202	41.1	8282	72	1618	6.9	11099	96	316	307
1977	148929	44248	297	285	40.6	11559	78	2207	7.6	16707	112	317	324
1978	108996	41469	380	201	38.0	7634	70	1557	6.9	10790	99	296	283

注：制造成本是由表 3-2-4 的销售额减去营业收益后的数值。三井铝锭销售价格是同表每吨销售价。

出处：工厂使用电量来自牛岛俊行和宫岗成次《自黑钻石的轻银》193 页。主要原材料单价来自宫岗成次《三井铝冶炼和电力事业》196 页。氧化铝消耗量在 204 页。钢铁新闻铝锭价格在《（社）日本铝业联盟》423 页。

至此第 1 期工厂建设费用是电解设备 279.04 亿日元，发电设备 115.48 亿日元，合计 394.52 亿日元[57]，与 1968 年时的计划方案电解设备 194.78 亿日元，发电设备 89.3 亿日元，合计 284.08 亿日元相比较，增加了 100 亿日元以上。建设费用的膨胀可以说是利息负担过重造成的。1972 年度末借款余额是 445.5 亿日元，单是利息就达 7.4%。日本开发银行的融资额是 78 亿日元，由煤产地事业团体提供 8 亿日元低息贷款，也就是 1/5 的样子[58]，平均利息率稍微偏高。很明显看出从开发初期开始利息负担过重，经营压力过大。

摆脱开业初期的亏损经营之道，寄予生产规模扩大之上，1972 年 12 月决定增加第 2 期设备投资。电解 B 生产线（年产 8.7 万吨，所需资金 220 亿日元）和发电第 2 号机组（17.5 万千瓦，113 亿日元）的建设计划，运营开始是发电机和 B 生产线前半部分预计在 1975 年初，B 生产线后半部分预计在 1976 年初，氧化铝的增产（年产 20 万吨，76.6 亿日元）也有计划[59]。

从 1973 年 9 月开始的第 2 期施工初期发生了第 1 次石油危机。没有对计划进行重新测算，持续进行施工建设，如表 3-2-3 所示，1976 年生产能力是 11.3 万吨，1977 年增大至 16.4 万吨。可是，物价暴涨致使建设费用比设想大幅度提高，电解设备增加了 351 亿日元，发电设备增加了 165 亿日元，氧化铝设备增加了 192 亿日元[60]。伴随第 2 期工程，借款金额扩大，利息负担进一步加大，经营举步维艰。

（2）第 1 次石油危机的影响

三井铝工业的情况是在如图 3-2-6 所示的背景下从冶炼业退出的。

第 1 次石油危机以后，电价（1kW·h）由 1972 年度 2.8 日元上升到 1975 年度的 5.2 日元（表 3-2-5）。九州地区发电用煤炭的基准价格 1972 年度每吨 3223 日元，1975 年度上涨至 7840 日元，火力发电燃料成本急剧上升。与前所示的表 3-1-3 进行比较，使用三池煤发电的电力成本 1975 年度低于周边电厂约 35%，每吨铝锭的电费是 7.5 万日元，是 1972 年度的 1.9 倍。氧化铝的费用也上涨了，制造成本是 35.8 万日元，超过了销售价格 26.4 万日元。1975 年度利息负担是伴随贷款的增加而增加，每吨铝锭 6.3 万日元，1975 年的经常性亏损达到 46.4 亿日元，累计亏损额 83.6 亿日元。

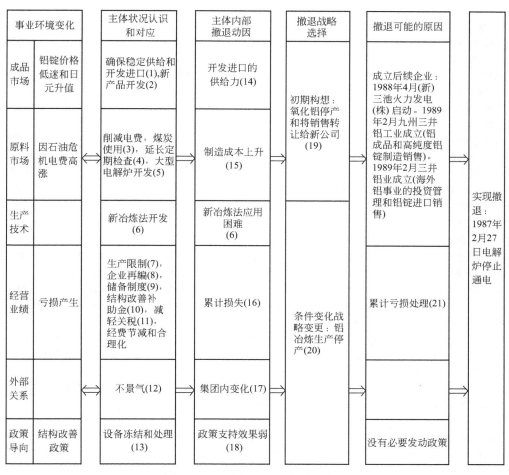

图 3-2-6　三井铝工业：撤退路线图

（1）1975 年 Asahan 计划。1977 年亚马逊计划。

（2）三重电解法高纯度铝由住友化学和日轻金垄断，Pechiney 偏析法取得日本专利，1981 年试探三井合资制造。1982 年 4 月 16 日签署协议。三池的高质量铝冶炼的高纯度铝产量 1983 年开始达到年 2000t 规模。高纯度铝发展成为继承铸造部门九州三井铝业的支柱。牛岛俊行和宫岗成次《自黑钻石的轻银》126～127 页。

（3）为保护国内煤炭一般炭的进口被禁止，1974 年度开始含硫黄高的混合炭得到认可，三池部分使用。因日元升值进口价格比国内价格稍低，第 2 次石油危机到 1979 年进口额度受限。上书 77～78 页。1981 年度开始进口炭使用量增加。同上书 192 页。

（4）延长火力发电设备定期检修时间，前面讲述的结构改善和储备相比，对三井铝业来说带来了一定利益。规定锅炉 1 年，透平机 2 年定期检修，不光修理费用和电费支出高，而且修理结束以后启动时容易发生故障。法令生效后 20 年不变，没有考虑到此间技术的进步，与国外相比不合理。以川口总经理为首呼吁政府凡满足条件的锅炉延长半年，透平机延长 1 年。

（5）与 Pechiney 延期合同上，规定电流至 140kA 止，但试验中 175kA 炉除外。Asahan 等是 175kA，物产出资 25％的 Almax 的 ASCO 从 1980 年夏 Alcoa697 式 180kA 投产。由此三井必须自主进行大型炉开发，1980 年 7 月成立 9 名技术人员小组推进 200kA 大型炉的设计。1981 年 4 月设计结束，开始建设试验炉 4 炉，1982 年 3 月到 7 月 4 炉启动，A 生产线一部分投产。同上书 126 页。

（6）熔融炉冶炼法技术开发始于三井氧化铝，经三井集团 ABF 开发机构和冶炼研究中心以及接受国家资金资助的研究小组共同努力，1983 年度开始进入实验阶段。当初计划 1986 年度建设中间实验设备，1987 年进行商业设备生产设计。可是，小组的主要构成人员冶炼各个企业不断从冶炼行业撤退，加上实验结果显示确保耐高温（2000℃）材料很困难，制造成本上日元升值导致国内铝锭价格低迷等因素，研究活动未能继续推进。1986 年度研究小组结束了使命，未能达到预期目的，1987 年 5 月解散。同上书 158 和 160 页。

（7）参照表 3-2-3 三井铝工业的生产能力和实际业绩。

（8）火力发电所分离：1980 年 1 月成立三池火力发电。铝业和矿山对半出资成立的新公司，向新公司转移销售权、转移的销售权收益用来抵销债务，在矿山的支援下铝业获得低特定电价。同上书 102、104 页。铝和氧化铝合并：1982 年 10 月氧化铝公司销售转移至铝业。确立氧化铝精制和铝冶炼一体化生产体制同时，意图强化管理部门和工厂合理化，积蓄两个公司的力量强化三井集团铝事业核心再出发。同上书 117 页。

（9）由接受储备购买制度购入：合计 20776t（占全公司合计量的 12.4%）。利息不足额 25 亿 2670 万日元，其中按 12.4% 金额 3 亿 1331 万日元。参照表 4-2-1 铝锭储备内容。

（10）125 万吨体制下设备冻结资金 2 亿 8768 万日元，110 万吨体制下设备 1 亿 4991 万日元，合计 4 亿 3759 万日元。参照表 4-2-3 结构改善计划和资金支付业绩。

（11）1984～1986 年度三年间免税进口总计 105300t，免税额 33 亿日元（同上书 113 页）。1985～1986 年度减税进口总计 113850t（同上书 149 页）。1985～1986 年进口铝锭量用进口铝锭价格（日本财务省贸易统计年数与年次数值换算＝当年 9 个月＋第二年 3 个月。1985 年度每吨 254.1 日元，1986 年度每吨 193.9 日元）乘以进口价 8% 是 19.7 亿日元。推算免税额金为 52.7 亿日元。

（12）参照表 3-2-3 三井铝工业生产能力和业绩。各公司生产限制期间量 54 万吨，结束时库存 14.9 万吨。三井铝业全部的 10.79% 生产 58266t，包含出口 5000t，出货计 63000t，预计期初库存由 19400t 按计划减少约 5000t。B 生产线 128 炉维持生产，逐渐将 A 生产线 27 炉停产。成功实现减少库存，价格也实现上调。同上书 97～98 页。

（13）铝冶炼产业结构改善实施状况参照表 4-2-8。1977 年 11 月中间答疑（125 万吨体制）：冻结 128 炉 42993t。1979 年 1 月稳定基本计划（110 万吨）：60 炉，19461t 冻结。1982 年 3 月稳定基本计划（70 万吨），没有冻结计划。1985 年 2 月构造改善基本计划（35 万吨体制）：19460t 冻结。

（14）1986 年 12 月进入满负荷生产。可是即便实施 32 万吨生产体制，由于日元汇率上涨导致借入利息负担加大，结果是大幅度亏损。三井铝业作为亚马逊项目干事企业，抱有销售价格和确保收益性及支付商社进口手续费用等难题堆积如山。同上书 157～158 页。

（15）1984 年 11 月 5 日座谈会上三井铝工业的松村太郎发言："通产省保留煤炭产业振兴产地政策，三井铝业也拥有 30 万千瓦煤炭火力发电站，初始使用每吨 200 日元微煤粉降低成本。三井矿山要求使用燃料煤，不得已使用每吨 1.5 万日元燃料煤。当时进口煤价格在 5000 日元程度，使用这个进口煤还凑合，矿山方面加上振兴地方煤炭政策，使用进口煤绝不可以等。最后折中在燃料煤里加入部分微煤粉，这样也是其他铝业公司电价的 1/3。为帮助三井矿山使用燃料煤是无论如何也难以维持的，如果不让用进口煤炭的话，只有将铝冶炼停产退出。石油高涨、电费高涨已经搞不下去，公司开始逐渐考虑撤退。加上世界性的经济低迷，日元急剧高涨未能刹住车"。集团 38《铝冶炼史的片段》304 页。

（16）三井事业收益推算参照表 3-2-2。

（17）金属和三井东压收入极不理想，实施大幅度削减人员等合理化工作，铝业方面的支援不力。在三井轻金属大幅度减资后，卖给了东洋窗框。物产也在经营伊朗石油因伊朗战争困难重重。1984 年雪上加霜有明矿山发生矿难死伤不少人。牛岛俊行和宫岗成次《自黑钻石的轻银》133 页。

（18）设备效率低下，得到政府恩惠太少。同上书 112 页。

（19）1985 年 10 月停止氧化铝制造。为使损失降到最低点，采取减少设备运转措施将若松工厂停产，综合委员会考虑购入便宜的氧化铝，物产委托日轻金以每吨 4 万日元以下价格购入计划。同上书 150～151 页。1986 年 2 月 12 日成立九州铝业，3 月 31 日三井铝工业向新公司转移销售权。同上书 162 页。"1985 年度结算是 150 亿日元亏损，累计亏损达到 550 亿日元。综合委员会判断有必要实施大规模手术，1986 年 3 月末成立新公司同时三井铝业将销售权移交，三井铝业由 5 家公司负担债务和合作处理从根本上解决问题，重新出发"。同上书 161 页。

（20）资本金 32 亿日元的新三井从累计亏损负担中有所变轻，可也还有含从集团外企业 23 家企业借款超 600 亿日元长期和短期债务等共背负 911 亿日元债务。采取 4 万吨体制下，最大发电量 20kW 电站产生剩余电量，13 亿千瓦·时余电售价每度 4.5 日元。可是九州电力川内核电站 2 号机供给增加，日元升值加上石油价格下降，导致核电价格比煤炭发电价格要低，不得已降低发电量。高纯度铝锭销售很不理想，亏损、利息，加上若松停产，损失超过 50 亿日元。生产每吨单价变为 13 万日元，冶炼停产也已经迫不得已。同上书 164 页。

（21）1990 年 3 月止各个企业分担总额 1605 亿日元，三井矿山 345 亿日元、三井金属和三井物产各 384 亿日元、三井东压 297 亿日元、三井银行 195 亿日元。宫岗《三井铝冶炼和电力事业》231 页。5 家公司直接投资 44.92% 与火力公司及间接开发投资合计保有 78.91%，剩余 14 家公司保有 21.09% 约 57 亿日元。具体是三井信托、三井生命、三井造船、三井不动产等三井集团 11 家 38 亿日元（14.24%），新日铁 12 亿日元、吉田工业 5 亿日元、不二窗框 1.5 亿日元的 3 家合计 6.85%。旧的公司已经解散，股东要全额负担亏损。同上书 217 页。

为降低电费成本，也考虑过使用进口煤炭。出于保护国内煤炭产业，日本禁止进口普通煤，从 1974 年度开始认可使用高硫黄混合煤，三井铝工业使用了一部分。随着日元升值，进口价格逐渐低于国产煤，1979 年开始限制进口，削减煤炭成本未能实现。另一个有效手段就是延长发电设备的检修周期。三井铝工业高举业界大旗与政府进行了交涉，结果政府答应满足所规定条件的情况下，锅炉检修周期可延长 6 个月以上，透平机检修周期可延长 1 年。三井铝工业第 1 号机延长检修申请 1978 年 8 月得到许可，对于三井铝来说[61]带来了阶段性的利益。

为了维持国内价格，还进行了铝锭储备，1976～1978 年储备了 2150t，同时还进行了自主限产。因各个公司储备和减产暂时减少的库存在 1978 年又转向增加趋势，随着日元升值，尽管海外市场恢复，但进口价格一直维持低价。参加公平交易委员会认可的不景气企业联合，部分电解炉停产，1978 年度设备平均生产能力为设计生产能力的 68.7%，铝锭生产量减少到上一年度的 73%，相当于 10.8 万吨。有评价认为[62]："企业联合成功使库存减少，顺利实现价格上涨"，但减产所带来的制造成本上升难以避免。

根据表 3-2-5，与 1977 年相比，1978 年每吨铝锭氧化铝费和电费都在减少，制造成本由 29.7 万日元升到 38 万日元，上升比例 28%[63]。每吨铝锭利息负担也由 1977 年的 6.1 万日元增加到 1978 年的 7.5 万日元，不景气企业联合到底在多大程度上影响了铝锭市场价格不得而知，评价加入企业联合对经营改善效果不是简单的事情。

在 1978 年第 1 次结构改革计划中，对电解炉 496 炉中的 128 炉，相当于年产 42993t 份额进行冻结处理，1978 年度 17750 万日元，1979 年度 11018 万日元，合计接受支付结构改革补助金 28768 万日元[64]。1978 年度的经常性亏损是 65.8 亿日元，补助金对经营改善效果不明显。第 1 次结构改革计划补助金按冻结设备产量份额分配。三井铝工业冻结的电解炉生产能力按每吨账面价格 20.8 万日元，是 6 家公司平均账面价格 10.1 万日元的 2 倍（参照第四章表 4-2-3）。除了住友东予铝冶炼，原有 4 家公司由于冻结的是进入折旧的电解炉，按第 2 次结构改革计划相同账面价格标准计算补助金的话，对于经营改善效果应该不会太大。

由于经常性损益持续赤字，到 1977 年，年度累计亏损超过注册资金（135 亿日元）而陷入资不抵债的状况。

（3）第 2 次石油危机的影响

由 1979 年开始的第 2 次石油危机，石油价格再次高涨导致电力成本上升。物价上升但需求旺盛，国内铝锭市场暂时呈现活跃的状况，国际性铝锭供给紧张，价格上涨，加之日元贬值的影响，进口铝锭价格出现了高于国产价格的情况[65]。各个铝业公司如表 3-1-3 所示 1979 年和 1980 年经营收入状况有所好转。

与其他冶炼公司一样，三井铝工业也在 1979 年度实现 16.9 亿日元、1980 年度实现 55.4 亿日元的经常性利润，三井氧化铝制造也在 1980 年度首次实现开业以来盈利（7.7 亿日元）[66]。累计亏损也减少，1979 年度三井铝工业从资不抵债状况中冲了出来。未能得到 1979 年以后准确的会计数据（销售量、销售额、销售利润），由生产量推算生产额与原料费用和利息负担对比见表 3-2-6。

推算生产额是以增产和铝锭价格上涨，由 1978 年度的 301 亿日元，1979 年度的 424 亿日元，1980 年度 613 亿日元递增，收入毛利（生产额减去氧化铝费和电费的合计差价）是 1978 年度的 117 亿日元，1979 年度的 189 亿日元，1980 年度扩大到 324 亿日元。

表 3-2-6　三井铝工业的经营业绩（1978—1986 年）

年份	铝锭生产量	国内铝锭价格（钢铁新闻年平均99.7%）	生产金额（生产量×价格）	主要原料成本（氧化铝+电费）	毛利（生产金额-主要原材料成本）	营业外收益的利息负担	经常性损益	本期损益	特别收益	累计亏损	期末资本金
	A	B	$C=A\times B$	$D=c+g$	$E=C-D$	F					
	t	千日元/t	百万日元	百万日元	百万日元	百万日元	百万日元	百万日元	百万日元	百万日元	百万日元
1978	106359	283	30100	18424	11675	8217	△6580	△6581		23364	13500
1979	114986	369	42430	23546	18884	8281	1693	10674	8983	12690	13500
1980	125165	490	61331	28941	32389	8821	5536	5535		7155	13500
1981	100779	361	36381	23836	12545	7877	△6009	△6010		13166	13500
1982	103088	311	32060	26328	5732	9378	△15385	△15386		28552	13500
1983	101537	410	41630	22779	18851	11554	△2354	1641	4000	26912	13500
1984	90530	356	32229	19494	12734	11840	△12955	△12963		39875	27000
1985	58455	294	17186	12998	4188	8327	△15923	△3120		42995	27000
1986	35907	231	8295	6427	1868		△8399				

年份	氧化铝销售量	氧化铝单价	每吨铝锭氧化铝消费金额	氧化铝消费金额（消费量×单价）	工厂使用电量	电价	工厂使用电费金额（消费量×单价）	每吨铝锭电费	每吨铝锭氧化铝+电费	每吨铝锭利息和负担金额	参考数值销售额
	a	b	$c=a\times b$	$d=c/A$	e	f	$G=e\times f$	$h=g/A$	$i=d+h$	$j=F/A$	
	kt	千日元/t	百万日元	千日元/t	10^6 kW·h	日元/(kW·h)	百万日元	千日元/t	千日元/t	千日元/t	百万日元
1978	200.9	38.0	7634	72	1557	6930	10790	101	173.2	77.3	43210
1979	227.3	45.5	10342	90	1750	7545	13204	115	204.8	72.0	55700
1980	238.7	63.5	15157	121	1881	7328	13784	110	231.5	70.5	65700
1981	194.0	63.2	12261	122	1559	7425	11576	115	236.5	78.2	72900
1982	199.0	61.7	12278	119	1609	8732	14050	136	255.4	91.0	81900
1983	195.7	53.1	10392	102	1604	7723	12388	122	224.3	113.8	91200
1984	172.8	54.0	9331	103	1402	7249	10163	112	215.5	130.7	82300
1985	112.2	54.6	6126	105	929	7397	6872	118	222.4	142.5	62490
1986	68.1	35.0	2384	66	592	6830	4043	113	179.0		43900

出处：铝锭生产量和工厂使用量来自牛岛俊行和宫岗成次《自黑钻石的轻银》193 页。国内铝锭价格自《（社）日本铝业联盟的记录》4213 页，其他自宫岗成次《三井铝锭冶炼和电力事业》181、195、196、204 页参考数据：销售额自牛岛和宫岗同上书 139、163、225、227、229、233、243、253，宫岗同上书 205 页推荐。

　　相当于每吨铝锭的氧化铝费和电费合计为 1978 年度是 17.3 万日元、1979 年度是 20.5 万日元、1980 年度上升至 23.1 万日元；铝锭价格从 28.3 万日元涨至 36.9 万日元、49 万日元；氧化铝、电费和铝锭价格差从 1978 年度的 11 万日元，涨至 1979 年度的 16.4 万日元、1980 年度的 25.9 万日元。减去每吨铝锭的利息负担差价为 1978 年度是 3.3 万日元、1979 年度是 9.2 万日元、1980 年度是 18.9 万日元，这是由 1979 年度开始经常性损益盈利的来源。

然而好景不长，1981 年度开始三井铝工业和三井氧化铝制造再次陷入亏损状态。两家公司的经常性亏损额合计 1981 年度 73.3 亿日元、1982 年度 161.8 亿日元，累计亏损合计两个公司为 1981 年度 245 亿日元，大大超过两家公司的注册资金 195 亿日元的总和。

三井铝工业和三井氧化铝制造为摆脱困境，进行了引进新产品、开发大型电解炉、开发新冶炼方法、企业整合等各种尝试。

新产品开发从高纯度铝开始着手，由法国 Pechiney 引进技术，1983 年 9 月开始销售高纯度铝 HIALM，在竞争激烈的市场环境中获得订单，规模成长为年产 3000t[67]。

在大型电解炉上，自主开发了 200kA 炉。与 Pechiney 所签合同中电流达到 140kA 的电解炉，成立项目小组推进大型炉 200kA 的设计工作，1981 年 4 月设计完成，首先建设 4 座试验炉，1982 年 3 月到 7 月 4 座炉开始投产[68]。

与传统电解法不同，着手开发的是能大幅度减少电费的溶矿炉冶炼新技术。三井氧化铝制造取得基础专利，三井集团 ABF 开发机构对小型溶矿炉进行了实验，1982 年开始各冶炼企业共同成立日本铝业新冶炼技术研究中心，并建设实验设施，进行实用化实验。接受国家补助金的铝业新冶炼技术研究小组（1983 年成立），1984 年度开始进入规模性实验。在当初计划中 1986 年度建设中间实验，1987 年度预计进行商业化设备设计。可是，小组成员在各自企业从冶炼行业撤退的背景下，加上难以确保大规模实验所需要的 2000℃耐高温炉材，制造成本也因日元升值导致国内铝锭价格低迷而难以产生经济效益，至此研究开发未能进一步深入。研究小组在 1986 年度终止研究开发，1987 年 5 月解散。研究小组获得的 5 个专利优先转让给小组成员。

此间，1982 年受结构改革促进协会的委托，研究中心用 2 亿日元预算实施的实验结果，以促进协会名义 1983 年 9 月提出专利和实用新型的申请，1986 年 7 月取得专利，由于 1988 年 2 月促进协会解散，专利捐献给了日本铝业联盟[69]。

企业整合方面，由三井集团支援铝事业再建计划的一环而进行火力发电站拆分与氧化铝制造合并。

三井铝工业在第 2 次结构改革计划（110 万吨体制）时期，将参加 5 家公司中规模最小，年产 19461t 的设备予以冻结（参照第四章表 4-2-3）。随后在 1979 年度自主减产中从 1980 年度开始年产 10.4 万吨生产能力重建计划。这个重建计划在三井总经理会上进行讨论，以 1979 年 9 月将铝业和氧化铝两家公司合并为条件，决定 3 年期间收益改善。具体支援内容是从三井铝工业 311.65 亿日元、三井氧化铝制造 138.7 亿日元，合计 450.35 亿日元中融资（三井金属、三井东压、三井物产），煤炭费下降时发电支援（三井矿山），贷款利息下降（三井银行）等。

据此支援协议，三井铝工业将成立以来一直经营的火力发电站，转让给 1980 年 1 月三井铝工业与三井矿山对半出资成立的三池火力发电站（注册资金 10 亿日元）。发电业务转让评估价 89.87 亿日元，在 1979 年度财政结算计入特别收入 89.83 亿日元。

其次，1982 年 10 月以三井氧化铝将销售转让给三井铝工业的形式，确立了氧化铝精制和铝冶炼的一体化生产体制。川口薰总经理在汇报中表明，进一步工厂生产合理化，管理部门正规化，两家公司所积累的技术一体化灵活运用，强化了经营体制的"三井集团铝业核心体"再次出发了[70]。对于再出发的三井铝工业，三井集团追加支援给予了另外的 15 亿日元额度低息融资[71]。

三井集团进入冶炼事业的同时也参与了氧化铝制造，与三菱化成进口氧化铝进行铝冶炼事业形成了鲜明对比，很难评价他们经营战略优劣。宫岗成次推算三井氧化铝价格与进口价格相比，1969 年度开始到 1985 年度的 17 年间每吨要高出 8200 日元，自主制造氧化铝的战略是导致经营亏损的主要因素[72]。如果真是这样，不得不说氧化铝制造和铝冶炼一体化经营的效果不大。

虽努力进行这样的经营改善和集团支援，1982 年度的三井铝工业经常性损益还是创了历年最大亏损 153.9 亿日元。1983 年 3 月决定实行合理化方案，削减工人数量和工资报酬。1983 年氧化铝和电价下降，铝锭价格上扬，亏损幅度减少了 23.5 亿日元，作为推进合理化的一环，将铝锭进口销售权转让给 Arumu 开发铝锭销售（1984 年 2 月成立），获得 40 亿日元转让收益记入特别收入，当期收入是盈利 16.4 亿日元。

（4）从冶炼退出

1984 年 6 月村松太郎就任新总经理，1985 年新年贺词中呼吁[73]在自主努力、母公司支援、政府支援三位一体下重建公司。

自主努力就是 1984 年末决定并立即执行的第 2 次合理化方案（裁减人员、选择退休、削减工资）。研究讨论氧化铝制造工厂停产，1985 年 10 月若松工厂停产，供给日本轻金属矾土矿进行氧化铝委托生产。

1985 年 2 月推行资金倍增计划，将注册资金提升 2 倍至 270 亿日元。增资份额是三井 5 家公司 61 亿日元，剩余 74 亿日元由三井火力承担。此次增资是 1984 年申请免除进口关税之际，根据三井铝工业与三井 5 家公司联名向通商产业省基础产业局提交的消除资不抵债状况决心书的内容进行的[74]。除了增资以外，三井集团在 1985 年 3 月向除三井银行以外的 4 家共计进行了 320 亿日元的低息贷款支援。三井集团在进行增资融资支援的同时，开始研究成立第 2 公司的形式来从根本上解决债务问题。

政府支援方面，除了对经营改善没有直接效果的铝锭储备利息补助、新技术开发补助、开发进口出资外，对结构改革支付补助金，冻结 125 万吨设备 2.8768 亿日元、110 万吨处理设备 1.4991 亿日元，合计是 4.3759 亿日元，免除进口关税 1982—1984 年度是 33 亿日元，推算关税减轻在 1985—1986 年度是 19.7 亿日元，总计是 57.759 亿日元[75]。从 1978 年度到 1986 年度的 9 年期间经常性损益累计亏损额是 603.8 亿日元，政府的支援额占累计亏损的 8.6% 的样子。

自主努力加上集团支援和政府支援，三井铝工业的经营并没有改善，1985 年记录到目前为止最大经常性亏损 159.2 亿日元。

1982 年的第 3 次结构改革计划（70 万吨体制）没有涉及设备处理，铝锭生产量维持在 10 万吨水平，开工率（生产实际业绩、生产能力比）保持在 98%，由减产来抑制制造成本的上升。可是，随着市场状况恶化，1984 年采取自主设备控制将年产缩小到 8 万吨水平。在 1985 年第 4 次结构改革计划（35 万吨体制）中，公开表示设备生产能力削减 1.9 万吨，申请计划是 12.5 万吨，但实际生产能力缩减至年产 7.4 万吨。

1984 年度生产业绩是 9 万吨，1985 年降至 5.8 万吨，每吨铝锭所需氧化铝费、电费和利息负担额合计，1983 年度是 33.8 万日元、1984 年度是 34.6 万日元、1985 年度涨到 36.5 万日元。而铝锭价格是下降的，1983 年度平均 41 万日元、1984 年度 35.6 万日元、1985 年度 29.4 万日元，亏损扩大是难以避免的。

1985 年 9 月广场协议以后日元升值，进口铝锭价格进一步下降，必须要有根本性对策。1986 年 1 月 5 家公司总经理开会决定成立第 2 公司方案。2 月九州铝业成立（3 月的注册资金 32 亿日元），3 月转让三井铝工业销售权，交换商号九州铝业进入清算。累计亏损 504.85 亿日元，注册资金 270 亿日元和三井集团免除债务的 234.85 亿日元做了抵销处理。

新三井铝工业（10 月注册资金 192 亿日元）解除了累计亏损，背负长期以及短期 911 亿日元债务，就这样再次出发。产量缩减 3.8 万吨，生产 4 万吨，销售价格 26 万日元，目标是能够 survive（生存），实现"S·4·26"。可是，三池煤炭单价趋势上涨。为降低发电成本考虑使用进口煤炭。此时的日本煤炭政策生产目标早已由 5500 万吨降至 2000 万吨，普通炭的进口也已被许可，三井矿山执意使用三池煤，进口煤炭设想未能实现[76]。

电费成本上升致使预算修正，"高纯度铝锭销售艰难，营业收入已处于亏损状态，利息负担加上若松停产，亏损额预计达 50 亿日元。每生产一吨为 13 万日元，冶炼停产已是无法挽回"[77]。三井集团判断三井铝事业难以为继，1986 年 8 月 5 家公司的总经理开会，决定至 1987 年 3 月起退出冶炼产业。

1987 年 2 月 27 日最后的电解炉停止供电，16 年 4 个月的三井铝冶炼事业打上了终止符。九州三井铝工业（1989 年 2 月设立，注册资金 27 亿日元）继承了高纯度铝制造和铝铸造，三井铝业（1989 年 2 月设立，注册资金 36 亿日元）继承了海外投资事业。

6. 日本轻金属的情况

日本轻金属也是在石油危机后购电价高涨，致使成本上升而苦于应付。据《日本轻金属五十年史》：1976 年，"新潟、苫小牧两个工厂的铝锭成本为每吨 40 万日元，已经在生死线上挣扎"[78]。

新潟工厂，1980 年 12 月最后的电解炉停止供电，自 1941 年开工以来落下了帷幕。策略上因使用水力发电具有竞争力的浦原工厂，来支援使用火力发电勉强维持的苫小牧工厂。苫小牧工厂也讨论过将发电燃料转换成煤炭发电的方案，但是在行业环境持续恶化当中，1983 年 5 月苫小牧工厂决定停产，除了冶炼以外窗框制造等事业分离给新的公司日轻苫小牧。随后，1985 年 4 月苫小牧冶炼工厂电解炉全面停产。

关于浦原工厂，1985 年 10 月和 1986 年 11 月整合电解生产线，最终 2 条线只保留年产 3.6 万吨生产规模。所需电力由 6 处水力发电（总电量约 860GW·h/年）提供，干旱时期电力不足，不足部分由中部电力购入，或部分电炉停产来勉强维持。

在此期间，1983 年发行新的股份，筹集 140 亿日元。新股份的 50% 属于 Alcan，其余 50% 属于第一劝业银行、日本兴业银行等 8 家公司。同年 12 月日本轻金属以 250 亿日元卖掉了具有象征意义的公司大楼。发行股份增资和卖掉公司大楼所得返还了 1983 年度贷款 500 亿日元，财务状况有所改善。

伴随冶炼行业规模缩小，部分不需要的设备进行处理。新潟工厂的设备卖给了南非共和国企业，浦原工厂的设备卖给了中国四川省广元铝业工厂，对巨额亏损有所减轻。另外，苫小牧开发的世界级水平电解设备出口卖给了中国贵州的工厂。

最后的冶炼工厂浦原工厂于 2014 年 3 月末停产，日本铝冶炼历史终结。日本唯一工厂浦原工厂截至 2013 年度铝锭生产见表 3-2-7。

表 3-2-7　日本轻金属浦原工厂的铝锭生产　　　　　　　单位：t

年度	生产量	年度	生产量
1987	32369	2001	6671
1988	35396	2002	6335
1989	34446	2003	6473
1990	34100	2004	6442
1991	28618	2005	6539
1992	19182	2006	6656
1993	17668	2007	6638
1994	17627	2008	6505
1995	17338	2009	4687
1996	17198	2010	4699
1997	16713	2011	4683
1998	15045	2012	4141
1999	9676	2013	2600
2000	6500		

出处：日本轻金属广告室提供。

注释：

16.《住友轻金属年表》305 页。

17. 清水启《铝业外史》下卷，444 页表 11.1。表的出处没有标明。

18.《住友轻金属年表》311 页。

19. 秋津《从我国铝冶炼史来看企业经营上的诸问题》131 页。秋津对于住友金属工业决定停止冶炼的评价如下："虽无法确认当时住友轻金属的首脑对于冶炼还是很执着的，但进行了一定程度的抵抗，应给予高度评价。始终坚持支援冶炼事业的住金的领导日向先生，对于他也应该给予赞赏。"

20. 据秋津介绍，冶炼事业的重启住友金属工业强烈反对。住友轻金属很执着，其理由秋津是这么说的："①对重启是执着的，②对于当地的策略上，住轻金在重启时受到反对上是有思想准备的"，同上书 131～132 页。

21.《住友的铝业再编（3）》日经产业新闻 1982 年 3 月 22 日，24 页。

22.《住友集团，铝业事业"大手术"》日本经济新闻 1982 年 5 月 12 日，早报，7 页。

23.《住友轻金属年表》，315 页。

24. 自秋津书内容"损失详细不明，没有超过 600 亿日元"秋津前书，132 页。

25.《住友轻金属年表》，307 页。

26. 同上书 312 页。

27. 住友金属工业的日向总经理对于住轻铝工业的加入是赞成的，其写道："像日本这样能源资源奇缺的国家进行铝冶炼事业本就是不现实的。这是对经济规律的误解"。前书《我的人生历程》121～122 页。

28.《昭和电工铝业五十年史》250～256 页。

29. 集团 38《铝冶炼史的片段》302～304 页。

30. 来自清水启《铝业外史》下卷，444 页表 11.1。表的出处没有标记。

31. 《昭和电工铝业五十年史》302～304 页。

32. 三好大哉和昭和电工董事做了如下的表述："在即将全面撤退之际，与 Comalco 的合作提上日程。如果全面撤退外国的铝锭一定会进来。如果这样手里有资源的 Comalco 与持有高技术的昭和电工一定有好的合作机会"。《最高经营者问答，从全面撤退到再次构建新的蓝图》《Altopeer》，1989 年 2 月，25 页。

33. 《铝业黑字集团化的昭和电工》《钻石周刊》1988 年 3 月 30 日。

34. 昭和电工董事三好大哉说："新生、昭和轻金属 1957 年合作，到 1958 年公司盈利，对于 Comalco 来说是非常高兴的事情，在当年的后期由于铝业市场急剧恶化，再加上日元升值，亏损幅度加大。Comalco 难以容忍亏损继续扩大。不得不做出撤退的决断"。《最高经营者问答，从全面撤退到再次构建新的蓝图》《Altopeer》1989 年 2 月，25 页。

35. 原昭和轻金属林健彦总经理做了如下的表述："500 亿日元的注册资金与 Comalco 各自出 50% 的比例，到了最后铃木治雄决断放弃 NZAS，对于昭和轻金属终得善终"。《铝冶炼史的片段》224 页。

36. 秋津前书，132 页。

37. 集团 38 《铝冶炼史的片段》168 页。据此，在昭和电工工作的一方井桌雄回顾说："石油危机以后，铃木治雄总经理说铝业已经不行了。申请去北海道种植甘蔗"。同上书293 页。

38. 《最高经营者问答，从全面撤退到再次构建新的蓝图》《Altopeer》1989 年 2 月，22～23 页。

39. 《住友化学工业最近二十年史》82～88 页。但是，1978 年根据财务状况参加态度消极，据说是基于提供技术而参加。

40. 《住友化学工业株式会社史》663，665，667～668 页。

41. 《住友化学工业最近二十年史》69 页。

42. 住友铝冶炼成立时，与抱有累计亏损的住友东予铝冶炼是没有关联的不同公司，1981 年 1 月两个公司合并，成为住友铝冶炼。《住友化学工业最近二十年史》181 页。

43. 同上书，80，191～193 页。

44. 按现行电解法电力单位每吨 DC（直流）目标是 1.23 万 kW·h 以下，同 DC 暂定目标设定为 1.35 万 kW·h。为达成这个目标要强化对电解炉的保温，在阴极导电棒的形状上下工夫，由电脑对阳极效果（阻力上升电压急升的现象）进行自动抑制，由调整电压来实施生产的稳定化。1977 年 7 月，住友东予铝冶炼东予制作所暂时完成了既定目标。同上书，79 页。

45. 1978 年 4 月，规定火力发电设备定期检修期的电器事业法开始实施，根据管理状态实行弹力化、延长化。自主发电和共同发电设备每次需要约 20 天检修，其间从电力公司购入高价电力进行补充的检修次数减少，节约了经费。同上书，78 页。

46. 同上书，189 页。

47. 《铝冶炼从零出发（8）》日经产业新闻 1982 年 7 月 8 日，3 页。

48. 《住友化学工业最近二十年史》252～253 页。比起 1970 年完成的富山，1975 年完成的东予的折旧费要多的一个理由。

49. 同上书，256～257 页。

50. 同上书，257 页。

51. 同上书，258～259 页。

52. "石油危机后通产省的基础产业局长矢野俊比表示，应果断将铝部门分离，从三菱化成分离变成三菱轻金属公司"。《铝冶炼史的片段》，314 页。

53. 三菱轻金属的资本金 100 亿日元，股东是三菱化成 29％，三菱金属 14％，三菱商事 10％，吉田工业 10％，三菱重工业与新日本制铁各 5％，三菱铝业 4％、三菱银行和三菱电机及东洋窗框各 3％，三菱信托银行、三菱矿业水泥、三菱地所、神户制钢所、不二窗框、东洋炭各 2％，东京海上保险和明治生命保险各 1％。《三菱化成社史》486 页。对于这种方式是这么评价的："三菱轻金属的经营责任最终还是由三菱化成来担当，实际上是与子公司没有差别，三菱集团一致合作这符合三菱的行事风格"。秋津前书，170 页。

54. 清水前书，444 页，表 11.1。

55. "三菱轻金属由于使用了三菱的名字，所以无法解散，最后以菱化轻金属的名字来代替"。集团 38《铝冶炼史的片段》，314 页。

56. "我们的公司已经停业 3 年多时间了，铝的技术卖给了世界。科长跑了世界十几个国家把技术卖了。"铃木斐雄回忆道，《铝冶炼史的片段》，215 页。"我们直江津的设备卖给了青铜峡"，矢野回忆道，同上书 316 页。

57. 牛岛、宫岗《自黑钻石的轻银》，54 页。

58. 同上书，45 页。

59. 同上书，51 页。

60. 同上书，54 页。

61. 同上书，97 页。

62. 同上书，98 页。

63. 1976 年时计算是减产 30％的情况下成本上升 19％。田下雅昭《铝冶炼业的国际竞争力和设备的投资动向》《日本长期信用银行调查月报》146 号，1976 年 1 月，18 页。

64. 《（社）日本铝业联盟的记录》339、350 页。

65. 《住友化学工业最近二十年史》179 页。

66. 三井氧化铝制造的经营数值是来自宫岗《三井的铝冶炼和电力事业》172、181、195、204 页。

67. "高纯铝支撑到 1989 年公司解散，继承了铸造部门的九州三井铝的成长"牛岛、宫岗前书，126～127 页。

68. 同上书，126 页。

69. 同上书，114、158、160 页。

70. 同上书，117 页。

71. 同上书，118 页。

72. 宫岗前书，203～204 页。

73. 牛岛、宫岗前书，144 页。

74. 宫岗前书，208 页。

75. 结构改善补助金来自《（社）日本铝业联盟的记录》339、350、352、354 页。关税减免是《金属工业'88》141、145 页，《（社）日本铝业联盟的记录》39 页的数值为基础推算。

76. "通产省以煤炭为能源振兴产煤地振兴政策，三井铝持有 30 万千瓦煤炭火力发电站，初始使用每吨 200 日元的微粉灰降低了成本，随后三井矿山方面希望使用燃料煤，后来使用了每吨 1.5 万日元的燃料煤。当时进口煤在 5000 日元水平，如果用这个还勉强能行，矿山在煤炭政策上加上产煤地的经济振兴绝对不能使用进口煤，争执了很久。为了救助三井矿山，使用高价煤肯定是不行的，进口煤又不能使用，于是铝冶炼停产了。" 1993 年 11 月 5 日的座谈会上三井铝工业的松村太郎发言。集团 38 前书 304 页。

77. 牛岛和宫岗前述书 164 页。

78. 《日本轻金属史五十年史》，162 页。

小结　为什么说撤退不可避免？

到石油危机发生时为止，日本铝冶炼工厂规模上与世界大工厂比较来看可以说毫不逊色[79]，在工业技术层面上由于水平高可以向海外输送技术[80]，在规模和技术层面上的国际竞争力没有问题。但伴随能源价格上涨，致使日本冶炼企业竞争力急剧下降，最终被逼入退出的境地。

抑制电费上涨是冶炼企业最为关心的事情，呼吁政府采取降低电费措施的声音不断。在欧洲通常使用的冶炼业电费打折制度，政府也有过引入的想法。但在通商产业省就打折制度是否实行进行研讨之际，其他抱有相同想法行业都冲了过来，因此电价折扣制度未能实现[81]。冶炼企业想绕过电力公司直接购买县级经营的水力发电，由于电力公司的反对不得不放弃[82]。

火力发电燃料由重油改为煤炭，在住友集团虽然得以实施但也没能改变退出的命运。节电型新铝冶炼技术、溶矿炉冶炼法技术开发虽有所进展，但未能迈入实用化阶段。结果没有找到有效抑制电费上涨的手段，没有取得改善冶炼事业经营的成效。

当然，即便铝冶炼成本上升，伴随铝锭销售价格上涨也有取得收益者。表 3-1-3 是美国铝锭价格，第 1 次石油危机以后价格呈上升趋势，第 2 次石油危机后的 1980 年达到了峰值。由于石油危机，冶炼成本与铝锭价格呈世界性上升。可是，随后国际性铝锭需求放缓，铝锭价格呈下降趋势，国内铝锭价格没能保持吸收冶炼成本上升的步伐。另外，日元升值同时石油价格也急剧上涨，导致日本国内冶炼产业遭受双重打击。

对于冶炼衰退的原因，有观点指出是铝产业内部问题。首先，"强化冶炼和轧制一体化经营使其具有国际竞争力有没有可能？"其次，产业结构审议会答疑常常提到的业界体制整合问题，也就是说，"有没有可能形成产业合作整体协调体制？"有关这类观点第 4 章再进行讨论，但不管怎样这些都未能实现。

压倒日本国内冶炼产业的最后一根稻草是日美谈判，就是将铝锭进口关税降低到与美国同等水平。1985 年市场开放行动计划中，明确宣布降低铝成品关税，铝锭关税作为政策措施保持不变。可是在同时进行的皮革和皮鞋谈判中，双方达成作为可以继续执行皮革和皮鞋进口管制的代价，铝锭关税从 1988 年 1 月起被降至 1％[83]。

通常 9％的铝锭关税，能起到保护日本国内冶炼产业的作用。关税的减税制度使得冶炼企业获得了结构改善资金，若从 9％变成 1％则利益全部消失。令人费解的是政府明知冶炼产业存续所必备的基本条件，为何依然在这个节点做出这样的政策选择？

伴随关税的降低，1985 年的广场协议导致日元升值，日本铝冶炼产业衰退已经难以挽回。

　　从企业经营视角考虑，从铝冶炼产业撤退是明智选择。表 3-1-7 显示 1990 年以后成本测算一直超过国内铝锭销售价格的状况，如果继续推进冶炼业只能是业绩越来越恶化。在日元升值过程中，铝轧制与加工部门，可以获得便宜原料铝锭，原料和成品的国际分工形成，从国民经济角度来看大有好处。

　　如何评价 1975 年以来日本国内冶炼政策，将在下章进行讨论。

　　注释：

　　79. 铝和大型铝电解工厂的规模（单位是 kt/年）20 世纪 70 年代是 Alcoa 249～91、Alcan 408～44、Reynold 200～201、Kaise 236～74、Pechine 105～75、Alusuisse 70～60，日本工厂评价道："比较国际资本，铝电解工厂规模毫不逊色"。《铝冶炼业界的事情》《兴银调查》166 号，1972 年 11 月，44～45 页。

　　80. 根尾敬次《铝产业论》13 回，《Altopeer》2003 年 11 月，62～64 页。

　　81. 神户制钢所董事长（原通产副部长）小松勇五郎的回忆录。1993 年 11 月 24 日座谈会记录。集团 38《铝冶炼史的片段》321～322 页。

　　82. 木村荣宏《铝冶炼产业的撤退和今后的课题》《日本长期信用银行调查月报》202 号，1983 年 3 月，12、14 页。

　　83.《通商产业政策史 1998—2000》第 6 卷，304～305 页。其后，日美铝业贸易谈判协议，被要求提前降低关税，1987 年 4 月开始达成铝锭关税税率降至 5％，《金属工业'88》175 页。

第 四 章

铝产业政策的评价

分析方法

对于直接面对石油危机和日元升值的铝冶炼产业，1975 年产业结构审议会铝业部会给出推进海外布局的建议，1977 年建议将制造能力缩减至 125 万吨。其后，从确保资源安全的角度出发，确立在日本国内保留铝冶炼产业的基本方针，生产规模逐渐缩减为 110 万吨、70 万吨、35 万吨。

各冶炼公司沿着政府主导的结构改革计划推进设备削减，分别采取节约电费、新技术开发、推进新事业、经营合理化等措施。可是，1979 年第 2 次石油危机使电费进一步上涨，加快了铝冶炼产业经营恶化步伐。1985 年"广场协议"后日元升值，1985 年 12 月日美谈判中将铝关税从 1988 年开始降至 1%，日本国内冶炼行业的重建之路走到了尽头。

1982 年新加入冶炼产业的住轻铝工业率先撤退，1986 年昭和轻金属（昭和电工系）和住友铝冶炼（住友化学工业系），1987 年菱化轻金属工业（三菱化成系）和三井铝工业冶炼停产，只剩下利用水力发电的日本轻金属蒲原工厂维持生产，实质上日本的铝冶炼产业已经消亡。最后蒲原工厂也于 2014 年 3 月停产。

本章的主要任务是，就铝冶炼产业的产业政策，对冶炼产业最终退出历史舞台到底起到什么作用进行剖析。

首先以产业政策为对象，对衰退时期铝产业进行研究的书有[1]《通商产业政策史》（第 14 卷）和《通商产业政策史 1980—2000》（第 6 卷）。前一本书里的"结构性不景气业种和产业构造政策"的章节里有"铝冶炼产业"（伊牟田敏充执笔），以产业结构审议会铝业部会的建议，通商产业省的政策文书为主轴，记述了到 1981 年止的产业结构审议会建议的政策措施内容。后一本书里的"有色金属产业的结构改善"的章节里有"铝冶炼产业的结构改革"（山崎志郎执笔），记述了产业结构审议会铝业部会由 1978 年始至冶炼退出历史舞台铝产业政策。两本书都对政策措施的相关内容进行了详细描述，但没有记述对包含政策效果在内的历史性评价。通商产业省编辑的《有色金属的概况》《结构不景气的解说》《基础材料产业的展望和课题》《金属工业'88》等[2]，对铝冶炼产业现状进行了分析并解释了政策内容，但没有触碰评价政策方面的内容。

试着对铝产业政策的评价进行研究的有田中直毅的《铝冶炼产业》。田中在第 2 次石油危机后指出：①在新的国际分工前提下为使产业顺利转型，是否选择了积极的政策调整？②通过市场需求完成国际分工协作有一定的难度，为了维持生产能力是否选择负担附加费用政策？在这两个选项中，1981 年产业审议会铝业部会选择了后者。这个选择是失败的，有批判指出[3]："政府与其介入维持冶炼能力的合法性，不如制定出明确的退出条件更为妥当"。

关于这一点，《通商产业政府史》（第1卷）里，隅谷三喜男打比喻说通商产业省就像对产业从出生、育儿到养老、送终全程呵护。同时还写道[4]："养老、送终型做法除了煤炭产业以外，不需要拘泥于长期化，财政负担无需太大投入……企业自身能够处理的事情大部分自行处理，缩小至末端的距离"。这个可能不是详细调查后的结论，但其认为铝产业政策实质上来说还是采取了积极调整的政策。

积极的产业调整政策PAP是1978年OECD部长理事会上获得通过的行动指南[5]，基本方针是在经济结构的变化中，市场需求不能充分解决资源分配问题时，认可政府有条件地介入。隅谷三喜男写道[6]："一边寄希望于由市场需求的产业调整，又认可政府援助政策和支付社会费用。作为产业政策日本以前就是这么实施的，与PAP基本是相同的方针。"

《通商产业政策史1980—2000》系列书里与PAP的思考方法是一致的，1983年5月的特定产业结构改革临时措施里写有作为基本方针的《积极的产业政策》[7]。《通商产业政策史1980—2000》（第6卷）里没有明确记述铝业政策和PAP的关系，但在《金属工业'88》里根据特定产业结构改善法《结构改善基本计划》（1983年6月）的说明当中，写有追加"缩小和灵活性"的考虑（积极的产业调整）措施[8]。

也就是说，关于铝产业政策有两个选择：①基于国际分工的考虑实行积极财政政策，使国内生产规模缩小，能顺利进行；②为了维持生产能力采取必要措施，维持国内冶炼产业。田中批判说本应该选择①可偏选择了②，而隅谷认为实质上是选择了①[9]。

在本章，探讨铝产业政策展开过程要指出的是，首先是选择②政策，以第2次石油危机为界，政策基调转移至①。随后对①和②政策各自目的及取得了什么样的效果进行探讨，就铝产业政策作用作出评价。

注释：

1. 通商产业省通商产业政策史编委会编《通商产业政策史》第14卷，通商产业调查会，1993年。通商产业政策史编委会编，山崎志郎等著《通商产业政策史1980—2000》第6卷，经济产业调查会，2011年。

2. 《有色金属工业概况》1976年版和1979年版，小宫山印刷工业出版部，1976年和1979年。《结构不景气的结构》通商产业调查会，1978年。《基础材料产业展望和课题》通商产业调查会，1982年。《金属工业'88》通产资料调查会，1988年。

3. 田中直毅《铝冶炼产业》（小宫隆太郎、奥野正宽、铃木兴太郎《日本的产业政策》东京大学出版会，1984年）405~406页。

4. 通商产业省通商产业政策史编委会编《通商产业政策史》第1卷，通商产业调查会，1994年，118页。

5. OECD, the Case for positive Adjustment Policies, Paris, 1979.

6. 《通商产业政策史》第1卷，1994年112页。可是，如渡边纯子所指出的那样，隅谷并不是就产业政策调整展开详细记述，隅谷担任主编委员的《通商产业政策史》（第1期）系列里没有使用"产业调整（救助）政策"的用词（渡边纯子《产业发展·衰退的经济史》有斐阁，2010年208页）。

7. 通商产业省通商产业政策史编委会尾高煌之助著《通商产业政策史1998—2000》第1卷总论，经济产业调查会，2013年，317页。通商产业省通商产业政策史编委会编、岗崎哲二编著《通商产业政策史1998—2000》第3卷产业政策，经济产业调查会，2012年，5、

47 页。

8.《金属工业'88》149 页。

9. 田中美生从积极的产业调整政策 PAP 观点出发，试图评价铝冶炼、硬纸壳、平电炉的政策，其表述道："对结构性不景气来看产业政策调整从理论上和实际上成果有其局限性，效率性也有大的疑问。"田中美生《结构性不景气和产业调整政策》《神户学院经济学论集》第 17 卷第 3 号，1985 年，166 页。从验证 Shakeout 理论（衰退产业首先应对撤退企业规模）的视角出发分析铝冶炼产业，通商产业省最后选择了维持生产能力的政策。《经营结构的衰退：日本铝冶炼产业生产能力调整战略的制度影响》（伊田昌弘）《大阪产业论集 社会科学篇》108 号，1998 年 2 月，325 页。

第一节　政府的铝产业政策

1. 产业结构审议会第 1 次建议

第二次世界大战后日本政府铝产业政策是在一般产业框架内，实行与物价差额支付补助金制度，按进口原料时的国外货物比例、引进国外技术、引进外资时的许可来决定进口关税[10]等。

石油危机前的 1969 年 8 月，通商产业省矿山局整理的《1970 年度新的铝冶炼产业政策》，提出了促进投资、改善资本结构、促进矾土矿资源开发、促进冶炼工厂海外投资等政策[11]。设想能够持续提高发展、扩大生产能力的政策。

1973 年第 1 次石油危机以后，政府（通商产业省）新成立了产业审议会铝业部会，1975 年 8 月同部会第 1 次接受审议《1975 年代的铝工业及其施政方针》（表 4-1-1）。在审议当中认识到当前现状是，在稳定成长过程中需求没有扩大，因电费价格上升导致国际竞争力下降，主张为确保稳定供给要采取措施维持一定的国内供给。因此指出要慎重考虑新的布局，原有冶炼企业要拥有与进口铝锭能够进行竞争的现代化设备，企业要进一步合理化运营，但没有涉及处置过剩设备的问题。特别强调了垂直整合冶炼部门与轧制部门，使其具备强有力的国际竞争力。没有提到如何降低电费成本，只强调了推进冶炼和轧制节约能源问题。建议 1976 年 1 月开始由行政指导来实施生产限制，1976 年 7 月作为一次产品储备措施，成立轻金属储备协会，对铝锭实施储备制度。1977 年 9 月采取了对以往政府系金融机关贷款实施减轻贷款利息的措施。

在这个阶段，主要政策课题是应对铝锭供给过剩的问题，还没有意识到应对结构问题的政策。

审议会后新铝冶炼能力扩大，由 1975 年年产 145 万吨，加上后来新增的住友系 2 个工厂（住轻铝工业酒田工厂和住友东予铝冶炼东予工厂）和新增的三井铝工业三池工厂，1977 年达到了史上最高的 164 万吨水平。前面也曾提过，在资本主义国家中为仅次于美国世界第 2 大规模。

2. 第 1 阶段削减 125 万吨时期

在铝业持续萧条当中，1977 年 11 月产业结构审议会铝业部会进行第 2 次审议时提出《今后我国铝产业及施政方针》，首次明确将合适规模定为 125 万吨。提议将现有设备 164 万吨中

表 4-1-1　对铝冶炼的政策

答疑	产业机构铝业部会第1次中间答疑	产业机构铝业部会第2次中间答疑	产业机构铝业部会答疑	产业机构铝业部会答疑	产业机构有色金属部会结构改善基本计划答疑
时间	1975年8月	1977年11月	1978年10月	1981年10月	1984年12月
题目	1976年度铝工业及其实施政方针	今后我国铝产业及施政方针	今后冶炼的应用姿态	今后我国铝产业及施政方针	今后铝产业及施政方针
调整规模		125万吨	110万吨	70万吨	35万吨
状况判断	进入稳定成长，需要也减少。因油价高涨国际竞争力明显降低。降低国内外的生产成本差难很大。冶炼产成本差异很大。冶炼部门和轧制部门进行垂直整合是增强国际竞争力的方向	与国际之间的电费成本差价导致失去竞争力。不仅是油价高涨国际竞争同题，经济环境结构也导同题。世界性需要不均导致铝锭价格下降。根据世界经济动向国际竞争力有恢复的可能	铝冶炼企业认为日元汇率急剧上升，导致失去了对进口铝锭的竞争力，除去部分进口铝锭使用费用担重的设备成本负担的以外，进行最大限度努力降低成本去争取5年后恢复对进口铝锭国际竞争力	铝冶炼产业在不景气中面临新的结构问题。有必要让小国内冶炼产业让位进口铝锭。充分利用关税配额制度降低铝锭供给价格，增强自立能力。争取在1986年恢复确立自立基础	进行了一定程度的成本降低，长期经济低迷和海外铝锭流入，成本高的冶炼设备过剩。1986年确立自立基础是非常困难的。采取正确应对措施，缩小规模，确立自立基础是可能的
基本考虑方法	确保铝锭稳定供给是重要课题。维持一定的国内供给能力	从某种意义上说对抗海外国内冶炼存续有必要。为了稳定供给要推进根本性的结构改善	为确保稳定供给铝冶炼产业健全发展	国内冶炼产业的重要性：稳定供给机能，确保高质量的铝锭，维持基础技术，推进开发进口母体，区域经济作用	铝锭产业健全的发展不可或缺，国内冶炼产业的重要性：稳定供给机能，确保高质量的铝锭，维持基础技术，推进开发进口母体，区域经济作用
目标	推进海外布局，确立冶炼和轧制两个部门的协调，确立适当发展规模	恢复国际竞争力，整理基础，摩擦最小化	改善结构，恢复竞争力	保持适当的冶炼规模	保持最小限度的国内冶炼规模

必要措施	改善冶炼部门体制、设备改善财务对策、环境对策处理，确立再生循环环体制	促进生产设备的合理化和改善财务体制，业界在编（共同销售公示和垂直协调关系及业界团体在编），确立适当规模	推进合理化，降低电费成本，调整进口体制（活用关税配额制度），降低金融费用、确立适当规模	削减规模，降低电力成本，促进开发进口，改善财务体制、技术开发，缓和区域经济	削减规模，降低电力成本，促进开发进口，改善财务体制、技术开发、缓和区域经济
政策应对	提出铝锭减产额度线（1976年1月到6月），创建铝锭进口储备制度（1976年7月）	实施关税配额制度（1978年年度开始），指定铝冶炼产业适用特定不景气临时措施法（1978年5月公布），交易公正委员会对冶炼6家公司进行认定（1978年8月），指定铝轧制品产业适用特定不景气临时措施法（1978年7月公布）	继续执行关税免除制度，根据特定不景气稳定措施法公示基本稳定计划（1979年1月）	实施关税免除制度（1982—1984年度）稳定基本计划（1982年3月），支付对共同火力发电站进行煤炭转换时补助金和铝行融资，支付新冶炼技术补助金	实施减免关税制度（1985年），公示基本结构改善计划（1985年2月）

出处。1975年答疑：有色金属工业概况委员会编（通产省基础产业局金属科）《有色金属工业概况》（1977年9~16页）。日本铝业协会编《（社）日本铝业联盟的记录》289~291页。通商产业政策史委员会编，山崎志郎等著《通商产业政策史 1980—2000》第6卷，296~299页。牛岛俊行和宫冈成次《白黑铰行的轻银——三井铝业20年的历程》72页。

1977年答疑：有色金属工业概况委员会编（通产省基础产业局金属科）《有色金属工业概况》（1980年版）4~20页，32页。通产省基础产业局金属科《基础材料的展望和课题》141~146页。1978年答疑：《有色金属工业概况》（1980年版）32~29页。1981年答疑：通商产业省基础产业局金属科《基础材料的展望和课题》147~165页。《（社）日本铝业联盟的记录》35、39页。

1984年答疑：《（社）日本铝业联盟的记录》43、46~52、66页。

的 39 万吨进行冻结（表 4-1-1）。充分认识到高电费失去了国际竞争力，不仅是业界景气周期性的问题，结构问题也很大。1976 年度判断认为存在约 1/3 需求差距，所以合适的规模按以下 3 个条件推算应定为 125 万吨：①按最小国民经济成本应对；②作为稳定供给源所必要且充分水准；③能够恢复国际竞争力。期望 1985 年度铝需求在 247～273 万吨规模，总需求目标是 50% 由国内供给。

根据这个冻结措施，如果工厂进行高效率集约化生产，新设备淘汰掉老旧设备减轻固定费用负担，紧盯世界经济环境动向，恢复国际竞争力还是很有可能的。判断依据是中长期来看世界性的铝锭需求不旺，在海外设厂进行冶炼的成本要高于日本国内。

政府制定了新的关税比例政策来支持削减设备。1978 年 5 月公布并实施特定不景气产业临时稳定措施，7 月铝冶炼产业被指定为特定不景气产业。经公正交易委员会批准实施时间为同年 9 月始的 7 个月期间。另外，1978 年 7 月也被指定适用特定不景气产业离职者临时措施法（1977 年 12 月公布实施）。

对于这些政策措施，当时的报纸及杂志报道说："这类政策对于产业界来说，好比'给病人加大了药量'一样，希望能找出根本性解决策略。"日本铝业联盟会长（日轻金顾问）中山一郎写道[12]："根本性解决策略除了降低能源成本以外没有别的方法。如果得出结论是冶炼产业对于我国来说是不可或缺的，可以导入铝冶炼用电政策性折扣电价。现如今 EC（欧洲委员会）各国就是导入了政策性折扣电价"。

在此期间，业界强烈希望出台降低电费特别措施，但没有动静。虽然认识到了不景气产业结构性问题，但还是认为与其他不景气产业一样，经过限制生产和削减设备产能就可以恢复国际竞争力。这段时间里从 1970 年开始布局的开发进口海外铝锭事业得以具体实施，印度尼西亚 Asahan 项目和巴西亚马逊项目促进了铝锭稳定供给。

3. 第 2 阶段削减 110 万吨时期

1977 年秋开始日元急剧升值，进口价格低落，政府认为有必要出台新的政策。在此背景下 1978 年 10 月召开产业结构审议会铝业部会第 3 次会议，讨论《今后铝冶炼业的方向》，将合理生产规模降为 110 万吨（表 4-1-1）。1985 年度铝锭需求量修正至 239 万吨以下，能够恢复国际竞争力的产能定在 110 万吨。

此次会议，因日元升值导致国内铝锭价格下落，各个企业认识到当前现状是铝冶炼亏损扩大财务状况恶化的主因，主张为确保国内稳定供给，为冶炼产业健康发展有必要采取措施。同时表示对于生产成本比较低的冶炼设备，折旧负担比较高的设备，最大限度降低成本，5 年后恢复对进口铝锭的竞争力。预计未来世界性铝锭供给能力成长率会变低，1980—1982 年期间有需求不旺的可能性，海外铝锭生产成本也将上涨，但没有提出明确依据。

在此次会议上，作为结构改善对策，削减设备、推进合理化（低成本设备生产集约化、降低单位电价、提供生产合理性、降低销售管理费用等）、确立轧制产业协调体制，明确表示要降低电费成本。但实际上对于降低电费价格具体策略，仅停留在扩大调整容量，定期检查共同发电站的合理化程度，没有触及具体电费制度改革。

据此会议，通商产业省在 1979 年 1 月颁布基于特定不景气产业稳定临时措施法，推进 53 万吨设备废弃或冻结计划，关税分配制度继续执行。

4. 第 3 阶段削减 70 万吨时期

1979 年 1 月发生第 2 次石油危机，石油价格再次暴涨。日本经济走出自 1977 年 10 月以来的低谷，铝锭内需扩大，同时期国际价格也上升了，短时期内铝冶炼企业业绩回升。可是，1980 年 2 月经济反转进入长时期停滞不前乃至后退的局面。冶炼业界的外部环境也发生了很大变化。

在 1981 年 10 月产业审议会铝业部会第 4 次会议《今后我国铝冶炼产业及其施政方针方向》，规模调整为 70 万吨（表 4-1-1）。冶炼产业大量设备过剩，面临新的结构性问题，为确保铝锭的稳定供给，主张国内冶炼产业应保持一定恢复自立基础能力。转换思路采取包括海外开发进口和签订长期合同等合理手段，国内冶炼地位降低，长期稳定进口地位有所加强。灵活运用关税减免制度，铝锭价格供给成本下降，1985 年度自立基础有所恢复。判断国内铝锭市场与进口铝锭几乎可以竞争，但未能明确给出论据。

到目前为止产业审议会议主张恢复冶炼产业国际竞争力是可能的，与此相应 1981 年会议主张变成包含开发进口恢复自立基础是可能的。强调国内冶炼产业作用在于进口不稳定时提供稳定供给来源，进口铝锭价格上升过快时抑制其价格。到目前为止会议的设想自给率为 45％～50％，1985 年度铝锭需求预计 216 万吨，自给率降至 30％。政策目标由恢复国际竞争力变为恢复自立基础，认为国内冶炼产业有必要继续存续下去，供给地位由主要力量转为辅助力量。

在会议上呼吁出台削减电力成本、充分利用关税比例制度、促进开发进口、技术开发、业界体制整合、促进就业等政策，政府呼应并于 1982 年 3 月公示修订部分稳定基本计划的第 2 次稳定基本计划[13]。

关于电力方面，对燃料转换成煤炭发电站实施支付补助金和开发银行融资援助。关于关税改正按比例执行减免制度，充实结构改善资金。

《特定不景气产业稳定临时措施法》（简称《措施法》）于 1983 年 5 月由特定产业结构改善临时法修正而来，铝冶炼产业在新修订的《措施法》中被指定为特定产业，据《措施法》结构改善基本计划（留存设备能力 70 万吨）[14]在 6 月制定完成。结构改革基本计划延续第 2 次稳定基本计划方针的同时，强调了事业合作的重要性。在第 2 次稳定基本计划里，与设备处理并举进行的措施之一是，指出接受生产委托。在结构改革计划里，指出了在生产、经营规模或者生产方式的合理化方面采取必要措施，明确向高效率设备的生产集中，要生产方式集中化、销售或者购买集中化。

前面已经表述，特定产业结构改善临时措施法是以积极的产业调整政策 PAP 为基准的。有关基础材料产业对缺乏竞争性要进行精简、整合[15]。计划对铝冶炼产业结构改善，强调产业集约化。

在 1981 年会议上，国内冶炼产业被降为辅助性地位，结构改善基本计划事业合作和事业整合被提及，铝产业政策重点由强化国际竞争力维持国内冶炼产业，到顺利完成竞争力低下冶炼产业转换，也就是由前面所述由②向①的政策基调变化。

据 1981 年审议会议实施的铝产业政策中，1982 年住友铝冶炼矶浦工厂首先停产，住轻铝工业酒田工厂、昭和轻金属大町工厂、喜多方工厂冶炼陆续停产，1983 年冶炼能力约 60 万吨，低于会议所要求的水准。

5. 第 4 阶段削减 35 万吨时期

1984 年 12 月产业结构审议会有色金属部会（1984 年 4 月改组铝业部会后成立）提出了《今后铝产业及施政方向》。在结构改善措施里谋划大幅度降低成本，认识到高成本冶炼设备过剩，1985 年度确立自立基础是极其困难的，因此提议设备生产能力削减至 35 万吨。随后的表述里认为如采取切实可行的措施，缩小规模后的冶炼产业确立自立基础是很有可能的，但是未能给出明确依据。

对于日本国内冶炼产业来说，进口铝锭不畅时，稳定供给来源，推进开发进口，维持最小限度冶炼规模是非常必要的。从确保资源安全的角度出发，冶炼产业的存在有其不可或缺的一面，但在维持冶炼产业政策上来说没有给出超越以往施政方针的提案（表 4-1-1）。

在 1985 年的新年座谈会上，日本铝业联盟副会长、住友铝冶炼总经理系井平藏发言表示："作为冶炼企业，必须有新的生存意识，具有存活下去的决心。"联盟副会长神户制钢所高管小林俊夫也发言表示："我们虽然说是轧制企业，但是没有了冶炼产业我们心里很不踏实，希望无论如何都要坚持下去。"[16]维持冶炼产业就像是苦苦追求的目标，但没有明确实现的方法。

施政当局在 1985 年 3 月就维持国内冶炼产业表示："1988 年度确立自立基础是可能的。但其重要前提条件是国际汇率回到正常水平线"，也就是在特定条件下有维持的可能性[17]。由此可以看出没有维持冶炼产业的绝对信心。

1985 年 9 月的"广场协议"致使日元急剧升值，同年 12 月日美谈判达成将铝锭关税降至 1‰的协议，国内冶炼产业迎来生存困难的局面。1985 年 6 月 Alcoa 在《Alcoa·appeal（呼吁）》中批判日本冶炼产业被关税保护着。对此，通商产业省有色金属科进行了反驳[18]，并公布了《关于日本铝产业政策》，认为冶炼政策的进口限制并非保护主义，"产业政策调整上国内冶炼铝锭供给主导地位正在退让缩小，长期稳定供给的进口秩序正在成型"，与 OECD（经济合作与发展组织）积极产业调整政策 PAP 的考虑方法是一致的。可是，同年 12 月，政府在日美贸易谈判中同意下调铝锭进口关税。理由是："我国铝产业尽管困难重重，但要服从日美整体关系的大局"，给出的理由仅仅停留在双方达成协议上而没有进行解释[19]。

1986 年 3 月，外交部部长安倍晋太郎就下调关税的结果辩解说："到底还剩多少不太清楚，但是如今业界的状态是非常困难。特别是日元升值难以逆转，对今后影响非常大是事实。"已认定铝冶炼产业衰退事实[20]。在政府内部到底进行到什么程度的研究讨论，这个事实关系已经无法彻底弄清楚，仅从当时事实状况来看，在 1985 年时政策上似乎已经放弃了维持国内冶炼产业。

随后，1986 年 2 个工厂停产，1987 年又有 2 个工厂停产，只剩下 1 个 3.5 万吨生产能力的工厂，日本的铝产业从冶炼产业上几乎是全面退出了。

注释：

10. 在自由贸易的动向中，自 1961 年 6 月铝锭进口自由化。但是，铝锭关税采取了由原来 10% 基本税率暂定提高到 15% 的措施，后逐渐下降，1971 年 4 月降到 9%。

11. 日本铝业协会《（社）日本铝业联盟的记录》同会，2000 年，265 页。

12. 小邦宏治《生还是死——舞台上的铝冶炼产业》《经济人》1978 年 7 月 18 日，60 页。

13. 1982 年 3 月 23 日通商产业省告示第 113 号，官报第 16542 号，11 页。

14. 1983 年 6 月 25 日通商产业省告示第 241 号，官报第 16917 号，7~8 页。

15.《通商产业政策史 1980—2000》第 6 卷，22 页。

16.《铝产业 1984 年的回顾和 1985 年展望》《铝》No. 653，1985 年 1 月，13、17 页。

17. 通商产业省基础产业局长野内隆政府委员答复。第 102 次国会众议院预算委员会第 6 分科会议纪要第 2 号（1985 年 3 月 8 日）。

18.《金属工业'88》162～167 页。

19. 通商产业省《日美铝业协议决定》1986 年 11 月，《金属工业'88》178 页。

20. 第 104 次国会众议院外交委员会会议纪要 5 号，1986 年 3 月 20 日。

第二节 铝冶炼产业的效果

1. 国际竞争力的恢复

1975 年 8 月、1977 年 11 月、1978 年 10 月 3 次产业结构审议会铝业部会建议，所提议的政策目标是恢复国际竞争力。作为政策措施，在铝锭储备制度、生产限制劝告和不景气产业设定、冻结削减设备能力和关税比例制度等方面实施了资金支援。就这些政策分别进行研究。

（1）铝锭储备制度、生产限制劝告、不景气产业设定

1975 年 8 月审议会议讨论了铝锭储备。储备制度的主要对象是铜、铅、锌、铝锭，1975 年 12 月 31 日的政府办公会议上，决定通过 1976 年度总额 300 亿日元的政府担保融资（利息 6.5％）和利息补助金预算方案[21]。有关铝锭见表 4-2-1，最初 1976 年 8 月买入 9570t，到 1983 年 3 月的第 7 次总计买入 16.7664 万吨，动用金额是 616.8 亿日元。买入的资金由金属矿业事业团（1963 年成立）接受政府担保，向市中银行贷款给轻金属储备协会融资的形式来筹集，1976 年度和 1978 年度买入部分，补助利息 1 亿日元（第 1 次市中银行 8.96％利息，补助利息 2.46％，1977 年第 2 次是 7.1％，补助后实际利息 6.5％）[22]。1982 年度份额由关税比例制度减轻关税部分支出 24.2 亿日元，为了铝锭储备合计投入了 25.3 亿日元。这 25.3 亿日元实质上按照储备比例分配给了各个企业。

从各企业 1976～1978 年储备量来看，住友系 2 家占比 27.5％，日本轻金属 22.5％，三菱轻金属工业 21.9％，昭和电工系 15.7％，三井铝工业 12.4％。储备制度形式是按储备份额各家企业将会买回，储备时价格（表中买入单价）和买回时价格（买回单价）差价由各个企业负担。1976—1978 年买入金额是 66 亿日元，买回金额是 74.8 亿日元，所以各个企业负担的差价是 8.9 亿日元。这个差价与轻金属储备协会贷款资金利息相当，储备制度相当于负担了货物压库的贷款融资作用。

1976—1978 年的情况是储备时的买入平均单价约为 30 万日元，买回时的单价在 34 万日元，企业利息负担每吨约 4 万日元。虽然这么说，如表 4-2-2 所示，1979 年国内铝锭单价是 36.9 万日元，企业在此期间得到了铝锭价格上涨的利益。

第 1 次储备量如表 4-2-2 所示，1976 年 3 月末的铝锭库存总量 51 万吨，库存量 36 万吨对生产者来说约 2％左右（原书 172 页如此）。1978 年 3 月末库存总量 41.6 万吨，生产者库存量为 27.8 万吨，含 2 次合计买入储备在 4％～9％。

1976 年 1 月开始行政指导限制生产，内容是为调整库存进行为期 6 个月的自主量限制 30％，此基础上又增加 10％，共减产 40％。1978 年 9 月开始的 7 个月期间参加不景气联合企业，除了全部产量自己消耗的住轻铝工业，其余 6 家企业在此期间的总生产量限制在 54 万吨（平均开工率约 60％）[23]。

表 4-2-1　铝锭储备制度主要内容

日期	买入数量/t 总计	日本轻金属	昭和电工、昭和轻金属	住友化学工业、住友冶炼	三菱金属工业	三井铝工业	买入单价/(日元/t)	卖出数量/t	卖出单价/(日元/t)	储备量合计/t	买入或卖出金额/万吨	利息补助/万日元
1976年7月31日签约	9570	3016 31.5%	1910 20.0%	2086 21.8%	1899 19.8%	659 6.9%	313300			9570	299828	7649
1978年5月30日签约	12440	3071 24.7%	1972 15.9%	3261 26.2%	2646 21.3%	1490 12.0%	289200			22010	359764	2779
1979年7月31日卖出	14890							22010	340000	0	748340	
1981年2月27日买入	14890	3114 20.9%	2463 16.5%	4142 27.8%	3248 21.8%	1923 12.9%	416800			14890	620615	
1981年3月29日买入	7100	1463 20.6%	1172 16.5%	1991 28.0%	1559 22.0%	915 12.9%	422800			21990	300188	
1982年3月30日买入	7294	1503 20.6%	1204 16.5%	2045 28.0%	1602 22.0%	940 12.9%	393500			29284	287018	
1982年11月30日买入	52854	25541 21.9%	17659 15.2%	32519 27.9%	25802 22.2%	14849 12.8%	378400			82138	1999995	144131
1983年3月25日买入	63516						362200			145654	2300549	98318
1984年2月24日卖出								14890	509322	130764	758379	
1984年3月29日卖出								7100	516910	123664	367005	
1985年3月29日卖出								7294	477713	116370	348843	
1985年11月29日卖出								462251	459326	70145	2123237	
1985年11月29日卖出								55296	430843	14849	2382391	
1986年4月30日卖出								6629	471906	8220	312826	

日期	买入数量/t						买入单价/(日元/t)	卖出数量/t	卖出单价/(日元/t)	储备量合计/t	买入或卖出金额/万吨	利息补助/万日元
	总计	日本轻金属	昭和电工、昭和轻金属	住友化学工业、住友铝冶炼	三菱金属工业	三井铝工业						
1986年7月31日卖出								2000	449752	6220	89950	
1986年11月28日卖出								6220	458929	0	285453	
合计(买入)	167664	37708 22.5%	26380 15.7%	46044 27.5%	36756 21.9%	20776 12.4%					6167959	252877
合计(卖出)								167664			7416028	

注：(1) 储备总数自《(社)日本铝业联盟记录》329页，按企业分数值同上书322~325页，但是由于1982年3月购入明细不明的因素，用1981年3月购入比例推算。

(2) 1976年利息补助是由金属矿业事业因从市中银行借款时一般会计支付利息补助。1976年为2.46%，1978年1.05%，轻金属协会实际利息负担是1976年6.5%，1978年6.05%。利息补助金额由实际支付利息额推算。

(3) 1982年和1983年利息补助由铝产业结构改善促进协会根据新关税配比制减轻额的利息补助。1982年对贷款比例8.9%补助2.4%，实际负担6.5%。1983年贷款年利8.4%，补助利息1.9%。1984年4月~1985年11月贷款利率7.9%，利息补助1.4%，实际负担6.5%。利息补助额同上书356页。

表4-2-2 铝锭生产、库存、价格和冶炼企业业绩

年份	生产能力/kt	生产量/kt	投产率	各年3月末库存/kt	生产者库存/kt	稳定储备/kt	铝锭每吨价格					铝锭生产成本（推测值）/(千日元/t)	铝锭世界生产（生产量）/消费率（消费量）	冶炼企业的经常性损益/亿日元
							日本/千日元			美国国内价格				
							国内价格	进口价格	进口铝锭推算国内价格	换算成日元/千日元	美元			
1970	848	781	92.2%	61	23		207	184	216				1.03	
1971	953	915	96.1%	108	74		202	175	205				1.03	
1972	1162	1040	89.5%	201	170		189	151	177	141	465		0.99	
1973	1238	1082	87.4%	201	159		207	142	166	158	582		0.93	5
1974	1416	1116	78.8%	162	81		298	212	249	277	949		0.99	△61

年份	生产能力/kt	生产量/kt	投产率	各年3月末库存/kt	生产者库存/kt	稳定储备/kt	铝锭每吨价格					铝锭生产成本(推测值)/(千日元/t)	铝锭世界需求率(生产量/消费量)	冶炼企业的经常性损益/亿日元
							日本/千日元			美国国内价格				
							国内价格	进口价格	进口锭推算国内价格	美元	换算成日元/千日元			
1975	1440	988	68.6%	475	382		261	234	274	768	228	293	1.12	△291
1976	1588	970	61.1%	510	359		307	252	294	907	269	298	0.94	△311
1977	1641	1188	72.4%	335	175	10	324	269	314	1053	283	294	0.99	△211
1978	1642	1023	62.3%	417	278	10	283	227	265	1125	237	261	0.96	△231
1979	1157	1043	90.1%	323	142	22	369	271	317	1558	341	346	0.95	256
1980	1136	1038	91.4%	209	75		490	371	434	1678	380	434	1.09	303
1981	1136	665	58.5%	555	245	22	361	350	410	1318	291	456	1.12	△698
1982	743	295	39.8%	788	268	29	311	327	383	1032	257	496	1.02	△1018
1983	712	264	37.1%	731	131	146	410	316	370	1396	331	428	0.99	△305
1984	712	278	39.0%	620	141	124	356	342	400	1346	320	421	1.08	△322
1985	354	209	59.1%	562	123	116	294	275	321	1076	257	403	1.04	△546
1986	293	113	38.5%	388	120	15	231	193	226	1232	208	267	0.96	△318
1987	35	32	92.5%	214	48		262	198	225	1594	231	262	0.96	140
1988	35	35	101.1%	187	9		349	265	288	2427	311	237	0.98	140

注：（1）生产能力 1972 年以前来自《日本轻金属五十年史》344～345 页，1973 年以后来自 MITIS AIU Miniwu DaTa Fie，1991 年 2 页。

（2）生产量来自《铝锭冶炼工业统计年报》《轻金属工业年报》的年度数值，《日本铝业联盟的记录》402～403 页。

（3）运转率是生产能力与生产量的比率（%）。

（4）各年 3 月末库存和储蓄。同上书 409 页。

（5）铝锭：日本国内价格是钢铁新闻的历年平均价格，1972 年 2 月止是 99.5% 铝锭价格，1972 年 3 月以后是 99.7% 铝锭价格。同上书 423 页。日本进口价格是铝锭块（铝含量 99.0%～99.9%）的 CIF 历年平均价格。由日本关税（9%，1987 年关税后 5%，1988 年开始 1%）推测价格 1971 年 3 月以后是 99.7% 铝锭价格（住友化学工业最近二十年史）1977 年 72 页的记述。1987 年关税 1～3 月为 9%，4～12 月为 5%，年平均为 6%。储蓄费用（限定 8%）储蓄费（美元是 99.7% 铝锭每吨平均价格。《日本铝业联盟的记录》）含量 99.0%～99.9% 铝锭价格。美国国内价格是对 IMF 年均汇率（《近现年代经济史要览》159 页）换算的值。421 页，美国国内价格折算自同上书 423 页。

（6）铝锭生产成本自日本长期信用银行调查部测算（既存设备电力 16300kW·h 的情况。田下雍昭《铝冶炼的国际竞争力和设备的投资动向》《日本长期信用银行调查月报》146 号，1976 年 1 月 20 页）以 1975 年为原价。矾土矿进口价格，电费、劳务费、氧化铝费用、重油进口价格、减价折旧费、其他原材料费、制造工厂内工资按比例变动。制造工厂内工资来自厚生劳动省《工资结构基本统计调查》。

（7）世界需求率由消费量除以每年生产量的推测值。矾土矿进口价格来自日本关税协会《对国贸易概况》420 页。

（8）冶炼企业的经常性损益是全公司的年度数值。MITI's Aluminium Data File，1991。

储备、生产限制、不景气企业联合对市场的影响难以评估。1976—1978 年与前年相比开工率是很低的，生产者库存量 1977 年较前年降低 49％，1979 年减小 51％。铝锭国内价格 1977 年与前年比是 5.5％，1979 年上升了 30.4％。1979 年第 2 次石油危机，在国际价格上升、生产成本上升、价格上涨的趋势性需求是价格上升的主要因素，也有可能包含有某种程度储备扩大和不景气企业联合的效果。

生产限制和不景气企业联合对国内铝锭库存调整有了效果。可是，反过来看伴随减产带来成本上升，不可避免地使得企业收益减少了。1976 年进行测算减产率 40％的情况下成本上升率是 29％[24]。三井铝工业的评价是"企业联合成功使得库存减少，但价格也顺利上涨"[25]。可是，如第 3 章表 3-2-5 推算，1978 年度包含劳务费用、管理费用、贷款利息等，每吨铝锭制造成本由 1977 年度的 29.7 万日元升到 38 万日元，上升了 28％。开工率低是冶炼企业经营的负面因素。

（2）冻结设备、削减措施和有关税比例制度的结构改善援助资金

1978 年 4 月实施第 1 次结构改善计划，年产 35 万吨份额设备被冻结，1979 年 1 月基本稳定里实施的第 2 次结构改善里 48.5 万吨份额被废弃或者被冻结（表 4-2-3）。

前后两次措施中被废弃、冻结处理的 48.5 万吨相当于原有设备能力的 29.5％，从企业角度来看，除没有参加第 2 次计划住友东予铝冶炼以外，三井铝工业占比 11.9％、日本轻金属占比 41.9％。决定各个企业处理量的过程没有公开，企业间处理量差距主要是按设备的老旧程度来划分。在企业内部每个工厂处理量也不尽相同，大致考虑思路是淘汰旧设备。

削减生产能力后的 1979 年和 1980 年产能维持在 100 万吨以上，开工率超过 90％（表4-2-2）。设备处理后产生的影响见表 4-2-4，每吨铝锭消耗电费与 1978 年相比，1980 年电解用电降低 2％，整体节电 3.2％，工时是生产部门降低 22％，职能部门降低 21.5％，大幅度减小了工时。设备削减加上集中向生产效率高的设备倾斜的措施，提高了生产效率并达到降低成本的效果。

企业业绩如表 4-2-2 所示，1979 年和 1980 年度摆脱了自 1974 年度以来持续亏损状态实现了盈利。盈利的第一个原因是价格因素。国内价格 1978 年是平均每吨 28.3 万日元，到 1979 年是 36.9 万日元，1980 年急升到 49 万日元。铝锭生产成本（估算：没有包含生产成分变化的部分）也上升了，日本国内价格的差距由 1978 年的 2.2 万日元扩大到 1980 年的 5.6 万日元。日本国内价格上升也反映了 1978 年和 1979 年世界性需求紧张（表 4-2-2 世界需求情况），美国国内价格（表 4-2-2）与 1978 年比较在 1980 年约上涨了 49％。此时外汇市场日元便宜，日本国内价格比前面所示数值上涨了约 73％。国内价格上涨很有可能与前面介绍过的铝锭储备和不景气企业联合所造成的库存缩小、设备冻结有关。第二个原因是设备削减和需求扩大使得开工率上升，从而减轻了固定费用负担。第三个原因是削减设备使得生产效率提高了，但到底为经营盈利做了多大的贡献难以确认。第四个原因是支付了结构改善资金。

根据 1978 年和 1979 年度实施的关税比例制度支付结构改善资金，铝锭进口者将一般关税 9％和 1 次税率 5.5％（1979 年度开始是 4.5％）的差额［适用特惠关税进口的情况是特惠税率 4.5％和 1 次税率 2.75％（1979 年度是 2.25％）的差额］，减去手续费（0.25％）所得余额付给铝产业结构改革促进协会作为合作资金，该协会将此结构改善资金支付给铝冶炼业者。由关税比例制度推算所减税额见表 4-2-5。

第 4-2-3　结构改善计划和实际支付资金

公司名称	工厂	设备能力(1978年4月)	年冻结能力	冻结设备账面价/百万日元	冻结能力每吨账面价/万元	结构改善支付金额/百万日元	按照工厂分年处理能力	处理率	按处理方法区分	年处理能力	处理设备账面价/百万日元	每吨铝锭处理能力账面价格/万日元	结构改善额支付金额/百万日元	第1次与第2次合计支付资金金额
				第1次结构改善计划(1978年4月冻结)			第2次结构改善计划(1979年1月稳定基本计划)							
日本轻金属	蒲原	94960	31106	942	3.03		31106	32.8%	废弃	69442	2791	4.02		
	苫小牧	147663	60488	5918	9.78		126946	86.0%	冻结	88610	13171	14.86		
		134413	0				0	0.0%						/
	合计	377036	91594	6860	7.49	613	158052	41.9%	合计	158052	15962	10.10	1103	1716
住友铝冶炼	菊本	78980	13599	299	2.20		0	0.0%	废弃	52796	1735	3.29		
	矶浦	52796	23865	497	1.92		52796	100.0%	冻结	59227	5549	9.37		
	名古屋	177681	49266	2806	5.70		59227	33.3%						
	合计	309457	88730	3602	4.06	594	112023	36.2%	合计	112023	7284	6.50	502	1095
住友东予铝业	东予	98712	8974	1835	20.45	60	0	0.0%						60
昭和轻金属	千叶	170290	42782	4996	11.68		42782	25.1%	废弃	19088	1090	5.71		
	喜多方	28716		1212	6.35		11794	41.1%	冻结	60360	5404	8.95		
	大町	42803	19088				24872	58.1%						
	合计	241809	61870	6208	10.03	414	79448	32.9%	合计	79448	6494	8.17	443	857
三菱轻金属工业	直江津	160164	90579	11542	12.74		0	0.0%	废弃	45290	4273	9.44		
	坂出	192481					116054	60.3%	冻结	70764	9589	13.55		
	合计	352645	90579	11542	12.74	606	116054	32.9%	合计	116054	13862	11.94	965	1571
三井铝工业	三池	163827	42993	8960	20.84	288	19461	11.9%	冻结	19461	2254	11.58	150	438
									合计	19461	2254	11.58		
合计		1642198	384740	39007	10.14	2574	485038	29.5%	废弃	186616	9890	5.30		
									冻结	298422	35967	12.05		
									合计	485038	45857	9.45	3162	5737

注：（1）设备能力合计中包含住轻铝工业设备能力（98712t）。
（2）处理率是对应1978年4月设备能力时第2次计划的处理能力。1982年2月~8月是废弃补助，给予相当于冻结设备的5.1%利息补助。

第1次计划是冻结设备合计×6.6%×各个公司冻结设备合计×6.6%/各公司冻结的部分/总冻结部分。第2次计划是1979年10月废弃设备的6.1%，给予相当于冻结设备的5.1%利息补助。给予相当于冻结设备的4.1%利息补助。

出处：《金属工业'88》288页，《（社）日本铝联盟的记录》339、350、352、354页。

表 4-2-4　铝冶炼耗电量和工时数

项目		1978 年	1979 年	1980 年	1981 年	1982 年	1983 年	1984 年	1985 年	1986 年	1987 年度
铝锭生产量/万吨		105.8	101.0	109.2	77.1	35.1	25.6	28.7	22.7	14.0	11.3
耗电量/(kW·h/t)	电解用	14151	14100	13879	13676	13657	14146	13986	13959	13844	16335
	合计	15520	15387	15030	15053	15540	16176	15891	15805	16088	18796
每吨工时数	直接部门	1.14	1.04	0.89	1.06	1.38	1.35	1.17	1.29	1.49	1.60
	间接部门	0.65	0.55	0.51	0.65	0.98	0.92	0.76	0.82	1.00	1.03
	合计	1.79	1.59	1.40	1.71	2.36	2.27	1.93	2.11	2.49	2.63

出处：《轻金属工业统计年报》1986 年日本铝业联盟，1987 年 74 页，《轻金属工业统计年报》1992 年日本铝业联盟，1993 年 86～87 页。

表 4-2-5　由关税比例制度推算所减税额

项目	1978 年度		1979 年度		合计
	特惠外	特惠	特惠外	特惠	
2 次税率/%	9%	4.50%	9%	4.50%	
1 次税率/%	5.50%	2.75%	4.50%	2.25%	
减轻比率/%	3.50%	1.75%	4.50%	2.25%	
配额实际业绩上期	201000		280000		
配额实际业绩下期	202000		275000		
合计	421000		555000		
协助利息率/%	3.25%	1.50%	4.25%	2.00%	
协助金额/日元	2699915797		5381415000		8081330797
关税减轻额（推算日元）	2921986793		5718825717		8640812511

注：（1）税率和配额实际业绩来自《金属工业'88》141 和 145 页、协助利息率和协助金来自《（社）日本铝业联盟的记录》336 和 341 及 361 页。

（2）关税减轻额来自 1979 年度的配额特别优惠份额 12% 和额外特别优惠份额 88%（同上书 348 页），1978 年度也是同样的假设，由关税减轻作为协助金付出的比例设定 1978 年份额 92.4% 和 1979 年度 94.1%，反算出的协助金额。

如表 4-2-3 所示，1978 年 4 月实施的第 1 次构造改善计划冻结了年产 38.5 万吨生产能力，共计支付了 25.7 亿日元结构改善资金来补偿利息支出。此金额按冻结设备的比例分配给各个企业。比如，日本轻金属冻结设备的生产能力是 9.1 万吨，按比例是整体的 23.3%，得到了 6.1 亿日元。三井铝工业是 4.3 万吨，冻结按比例是 11.2%，得到 2.9 亿日元资金。

在 1979 年 1 月稳定基本计划下，实施了第 2 次结构改善计划，根据设备废弃和设备冻结改变了利息补助比例，改善资金的支付方式也有所改变[26]。1979 年和 1982 年分两次总计支付金额是 31.6 亿日元。在第 1 次和第 2 次的结构改善计划实行当中，日本轻金属得到资金最高是 17.2 亿日元，最少的是住友东予铝冶炼 6 千万日元，总计 57.4 亿日元金额被分配给了各个企业。

1978 年度各个公司经常性损益合计亏损 231 亿日元，假如没有结构改善补助资金，亏损是 246.9 亿日元，所以对企业来说减轻了 6.4% 的负担。1979 年度各个公司经常性损益合计是 256 亿日元盈利，补助金对于实现盈利也起了很大作用。在这两个年度内的经常性损益合计是盈利 25 亿日元，支付补助金合计 37.6 亿日元，对盈利的效果很明显。预期经营状况转好，所以后期支付补助金推迟支付，1980 年度在没有补助金的情况下实现了盈利。

1977 年，冶炼企业经营盈利“从观察世界经济环境动向来看，可以认为国际竞争力恢复中”，到 1978 年的会议表述是由于结构改善竞争力恢复目标已经实现。至此为维持生产能力所采取的必要措施，即维持国内冶炼②的政策暂时取得了成功。

2. 积极的调整政策

冶炼企业经营盈利状况在两年时间里终结，从 1981 年度开始经营持续巨额亏损。经营再次亏损的主要原因是世界性经济萧条，需求放缓导致铝锭价格低迷，国内铝锭价格由 1980 年的每吨 49 万日元跌落到 1981 年的 36.1 万日元，据推算这个销售价格比铝锭生产成本还要低 9.5 万日元（表 4-2-2）。其后至 1986 年，日本国内铝锭价格据测算一直在生产成本以下徘徊。也就是说到 1986 年没有根本好转，恢复国际竞争力的机会没有到来。

从 1981 年产业结构审议会议铝业部会开始，实施合理国内冶炼生产能力和恢复保持自立基础的说法替代了恢复国际竞争力的言论，1983 年以特定产业结构改善临时措施法为契机，政策基调是如前述②通过国际分工无法解决市场需求问题，为了维持生产能力由选择负担附加费用政策，以①坚持新的国际分工为前提，逐步实施积极的调整政策促使产业顺利转型。由此采取的措施有减免关税制度、削减电费成本、促进开发进口、援助技术开发等。

（1）减免关税制度

从 1982 年开始实施的减免关税制度是对铝冶炼业者进口一定数量（设备处理能力的量）铝锭实行减免，减免关税金额被充当结构改善资金纳入该公司的收入。1982—1984 年免除全额关税 9％，1985 年和 1986 年由 9％降至 1％，减免税总额推算 475.6 亿日元（表 4-2-6）。

表 4-2-6 由关税减免政策推算减免金额

项目	1982 年度	1983 年度	1984 年度	1985 年度	1986 年度	1987 年度	6 年度合计
减免税对象进口量/t	393000	424000	424000	259000	358000	63929	
进口铝锭价格/(千日元/t)	324.3	322.7	325.3	254.1	193.9	214.3	
减免税对象进口额/百万日元	127453	136811	137927	65805	69434	13701	
减免税率	9％			8％	4％		
减免总额/百万日元	11471	12313	12413	5264	5555	548	47564

通商产业省在 1978 年实施建议（70 万吨体制）里，40 万吨处理设备所需必要资金在 450 亿日元，包含降低成本费用在内计划减税规模为 750 亿日元，与财务部的交涉当中规模有所缩小，结果是 3 年期间 300 亿日元[27]。1981 年实施意见里进一步削减 35 万吨，40 万吨处理设备所需资金同比测算约 390 亿日元。总计削减 75 万吨，所需必要资金 840 亿日元，其中约 57％的资金由减免关税制度进行补充。这个处理量比 1978 年和 1979 年处理量 48.5 万吨要大。

再来看看冶炼企业的经常性损益，1982 年度免除关税推算额 114.7 亿日元和由关税比例制度 19.8 亿日元合计得到结构改善资金 134.5 亿日元，各家公司的经常性损益是史上最高的 1018 亿日元亏损，所以关税减轻对经常性亏损有 12％左右的改善效果。1983 年关税免除额是 123.1 亿日元，各家公司经常性亏损 305 亿日元，改善效果是 27.8％，同比 1985 年度是 8.8％、1986 年度是 14.9％。5 年总计推算冶炼各家公司缩小亏损效果约 16.5％。

按企业来看，1982—1986 年的 5 年时间里住友铝冶炼约减税 120 亿日元，三井铝工业约减税 53 亿日元[28]。这两家公司 5 年期间的经常性损益分别是亏损 697.4 亿日元和 550.1 亿日元，缩小亏损效果比例分别是住友铝冶炼 14.7%、三井铝工业 8.8%。

类似这样政府从资金面支援结构改善措施，对实行设备削减的企业来说多少减轻了所蒙受的损失，从政策面上对失去国际竞争力的产业顺利转型起到了一定作用。

（2）对转型用煤炭发电支援措施

为了降低电力成本，1978 年开始实行延长[29]火力发电设备定期检修措施，设立新的由重油发电转型为煤炭发电改建工程支援措施。为了实行燃料转换，施工工程款补助 15% 的制度，1982 年和 1983 年度日本开发银行建立融资额度准备 43 亿日元[30]。住友系两家公司使用了这个新的融资制度，实施了燃料转换。

住轻铝工业与东北电力共同运营的酒田火力发电站，1981 年 3 月决定实施转换使用煤炭[31]。预计 1 号机（35 万千瓦）在 1982 年 3 月施工，1984 年 6 月点火。2 号机（35 万千瓦）在 1983 年 3 月施工，在 1985 年 5 月点火，按计划 1 号机进入施工。可是，在 1982 年 4 月住轻铝工业将酒田工厂停产并解散。酒田共同火力发电站施工完工后，新公司讨论过恢复冶炼事业，但未能实现。

住友铝冶炼从 1982 年开始着手将富山共同火力发电站改建使用煤炭，1984 年 11 月 1 号机、同年 12 月 2 号机施工完毕。改用煤炭发电后电价每千瓦时 1980 年 18.07 日元，1983 年 15.71 日元，逐年下降，到 1985 年降到 10.80 日元[32]。1984 年 12 月东予制造所冶炼停产，只剩电费成本较低的富山制造所在继续生产。1986 年 7 月富山制造所虽然使用了煤炭发电，成本有所降低，但是恢复国际竞争力无望，最终决定冶炼工厂停产，从国内冶炼行业撤退。

住友铝冶炼在实现了富山火力发电站改用煤炭原料以后电费成本下降了，如表 4-2-2 所示，冶炼每吨铝锭所消耗电费由 1980 年的 25 万日元降到 1985 年 15 万日元，每吨降低了约 10 万日元。降低了 10 万日元的幅度虽然很大，但是还不足以解决根本问题。

1984 年度的铝冶炼耗电量购买电力约占 24%，余下 76% 是属于自家发电或共同发电[33]。消耗电力的 3/4 部分如果仅依靠转型成煤炭发电来降低成本有很大的局限性，购买电力的部分只有期待能得到特别折扣价格，但这也很难实现。削减电费成本的政策措施，从效果上来说对部分企业成本有一定程度下降，但不足以支撑冶炼企业继续前行。

（3）促进开发进口

开发进口自 1975 年的产业结构审议会议铝业部会开会以来，作为确保铝锭稳定供给的手段得到了很大重视。有关开发进口将在第 5 章进行详细讨论。铝产业自 1950 年代末开始进口矾土矿，最初昭和电工和住友化学工业 1969 年参加投资新西兰（NZAS），昭和轻金属、住友铝冶炼、三井轻金属参加投资 1978 年投产委内瑞拉的 Venalum。

同时还对开发进口进行了政策支援（出资海外合作基金和日本进出口银行协调融资），1982 年印度尼西亚 Asahan 项目和 1985 年巴西亚马逊项目相继开始投产。印度尼西亚的 Asahan 项目在 1975 年 7 月作为政府支援的项目得到内阁会议的许可，巴西亚马逊项目在 1976 年写进了两国首脑共同声明中，1981 年 7 月内阁预算审议会议上得到许可。这两个项目都是在第 2 次石油危机前夕决定的国家投资项目，海外合作基金在两个计划项目的出资额合计是 757.53 亿日元（表 4-2-7）。其后见表 5-2-1，参与了澳大利亚的 Boyne Smelters、美国的 Alumax、加拿大的 Alouette、莫桑比克的 Mozal 等投资，但都是民间资本进行的开发投资。

表 4-2-7　政府支持的内容　　　　　　　　　单位：百万日元

储备利息补助	104
关税配额制度减轻关税	8641
关税减免制度减轻关税	47564
共同发电站煤炭转换补助金	4300
补助开发费	1100
Asahan 和亚马逊政府出资	75753
合计	137463

注：（1）储备利息补助来自表 4-2-1 铝锭储备制度，关税配额制度减轻关税来自表 4-2-5 减轻关税，关税减免制度减轻关税来自表 4-2-6 的推算。

（2）共同发电站煤炭转换补助金出自《（社）日本铝业联盟的记录》35、39 页。

（3）开发补助来自新冶炼法和铝的粉末冶金计划。

（4）Asahan 和亚马逊政府出资来自《海外经济合作基金史》361 页出资累计额。

到 2000 年铝冶炼海外事业如表 5-2-5 所示有 11 个项目投产。按投资比例所得铝锭购买份额，日本在这 10 项目中合计有 107 万吨份额。这个数量与 1978 年产业结构审议会议中建议的国内冶炼合理规模 110 万吨相匹敌。

日本铝锭进口量中开发进口所占比例在 1987 年度是 29.1%、1992 年度是 35.8%、1997 年度是 36.9%、2001 年度是 50.3%，逐年增加。冶炼衰退后开发进口从数量上也对供给起了稳定性作用。

（4）援助技术开发、铝锭储备

为了大幅度削减电费成本，开发新冶炼法（溶矿炉法）成为重要的研究课题。20 世纪 60 年代开始各家大公司开始发表新技术开发成果，日本 6 家冶炼企业还进行了共同开发。就如第 3 章第 2 节中所述的那样，三井集团独自开发并获得专利，对小型溶矿炉进行实验，1982 年冶炼企业共同成立日本铝业新冶炼技术研究中心，建设实验设施并进行实用化研究。

政府方面为促进研究开发支付补助金，1982 年度开始纳入预算。接受政府补助的铝业新技术冶炼技术研究小组（1983 年成立）从 1984 年度开始进入大规模实验阶段，预计在 1987 年度进行商业设备生产应用。可是，在各个冶炼企业相继从冶炼产业退出之际，加上技术面上确保耐高温（2000℃）材料存在困难，研究小组在 1986 年停止研究并于 1987 年 5 月解散。新冶炼技术开发共计接受了 11 亿日元资金补助（表 4-2-7），但没有取得成果。

从 1980 年后期经济开始衰退，铝锭库存增加（表 4-2-2）。由政府担保进行融资来确保储备稳定，1982 年 2 月到 1983 年 3 月分 5 次轻金属协会总计购入 14.5 万吨。生产者库存量由 1982 年 3 月的 26.8 万吨减少到 1983 年 3 月的 13.1 万吨。1983 年初美国经济开始复苏，日本出口开始增长，经济也趋于好转。铝锭需求量增加，在国内国际价格上涨的背景下，由 1982 年平均每吨 31.1 万日元急升到 1983 年 41 万日元。稳定化储备措施冻结，对所带来的价格上升影响难以确定，但生产者库存量减少、价格上升是确定的。

从 1981 年开始储备之际，没有对利息进行补助，根据关税比例制度由铝业产业结构改善促进协会接受合作资金，支出了共计 24.2 亿日元利息补助金。储备时铝锭收购价格是平均每吨 37.8 万日元，卖出时的平均单价是 45.8 万日元。可是，与第 1 次储备时情况不同，卖出时的国内市场价格（表 4-2-2）比卖出单价（表 4-2-1）要低很多，各个冶炼企业蒙受了一定的损失。三井铝工业考虑到市场价格较低损失会很大，于是选择向轻金属协会融资，将库存保存期延长一年[34]。

（5）未能实现的业界再整合

为强化铝产业国际竞争力，1975 年产业结构审议会议铝业部会认为有效的手段是将冶炼部门与轧制部门进行垂直整合，所有的建议都倡导有必要进行业界整合，特别强调了特定产业结构改善临时措施法制定以后，对生产、销售、采购实行一体化管理。

在对冶炼和轧制的整合方案里，设想是参照世界大型企业一体化经营思路。可是，住友轻金属工业设想一体化生产体制并按此思路让住轻铝工业进入冶炼产业，结果失败了，相关人员反思认为："没有弄明白对于铁和铝来说其所谓一体化是不同的"[35]。铝产业的一体化体制经营效率上没有钢铁产业高，未能推进在这个方向上的业界整合。

或者也可以认为是冶炼和轧制利害关系的对立阻碍了体制上的协作[36]。在产业结构审议会上，提出了对冶炼产业和轧制产业应对经济停滞的对策，1977 年认可板材部门属不景气产业，其后又提议挤压成型部门的集团化方案。可是，消耗电费较少改换使用进口铝锭的轧制产业，与冶炼产业相比经营恶化程度较轻。在听说住友系铝企业采取整合方案时，轧制生产厂家住友轻金属的反应是拒绝与住友铝冶炼进行整合，并表示："合并是绝对不会考虑的，所谓垂直整合在有国际竞争力的时候会起到正面作用，现如今是负面的"[37]。从还能维持经营的轧制企业方面来看，与亏损累累的冶炼企业进行整合不在考虑范围之内。

协作共业的协调体制方向在 1978 年会议上有主张表示业界整合成 1 个公司，或者不惜代价进行国有化论调[38]，1985 年也有建议："由各个企业共同出资整合成 2 个公司，提高生产集中度和提高生产效率，生产成规模经济性也提高了"[39]。但是，类似这样的整合未能实现。

Alcan 为最大股东的日本轻金属已经采用了一体化生产体制，其表示："即便 5 家公司有很大的重合度本公司也不会参与"，因此有看法认为因其反对而阻碍了整合重组[40]。昭和电工集团 1982 年与澳大利亚的 Comalco 进行资本合作，昭和铝轧制、昭和轻金属冶炼将天空铝业纳入旗下进行企业重组，业界重组整合迈向了不同方向。除日本轻金属和昭和电工系以外，住友、三菱、三井等因各自集团企业性质，超越资本集团的提携，合作难题太多。1964 年大阪商船和三井船舶有合并的例子，是海运政策强力推动下的案例，在铝产业方面政策当局没有做过这种带有政策性推动案例。

对于共同销售体制，由于限制了商社机能，反对意见强烈，特别是统筹三井销售的三井物产对共同销售持否定意见[41]。

1983 年 5 月在关于特定产业结构改善临时措施法座谈会上，通商产业省产业组织政策室长就积极推动合并和业务合作的立法主旨进行了说明，在谈到铝业市场复苏发言时说[42]："如此一直持续复苏下去的话，某种程度产业规模的经济合理性是否可以到来呢？"可是，就冶炼产业来说，氧化铝部门放在一边，冶炼部门由规模化提升效率是很难的[43]。1985 年冶炼规模在 1984 年会议上设定为缩小至 35 万吨，1 个企业 1 个冶炼工厂的体制。千叶（昭和轻金属）、浦原（日本轻金属）、富山（住友）、坂出（三菱）、三池（三井）工厂布局格式，即便如此进行事业再整合，到底能得到怎样的结构改善效果也难说。

因此，业界整合重组未能实行，冶炼企业从冶炼产业全面撤退了。

3. 铝业政策的评价

对于铝冶炼，最初政策是以恢复国际竞争力和稳定资源供给为目的，经过第 2 次石油危机，实质上转移至以推进冶炼产业规模缩小为目的积极调整产业政策。

在此对削减生产能力措施实施过程进行总结，见表 4-2-8。如何评价以结构改善为主轴的铝冶炼政策呢？

在世界铝业需求不稳定的局势中，国际竞争力在 1979 年和 1980 年有短暂恢复。在这个节点，以恢复国际竞争力为目的的政策是有效的。可是，缺乏基础性竞争力，国内冶炼产业未能承受住其后的铝锭价格下降。恢复竞争力的关键在削减电价，发电站转为使用煤炭，但努力没有大的效果。业界强烈希望制定电费特别折扣制度，虽在通产省内部进行了讨论但未能实现[44]。讨论由国有水力发电提供低价电力但受到电力行业的强烈反对而作罢[45]。结果就是以恢复国际竞争力为目的的产业政策，由于缺乏有效手段，在残酷的国际竞争环境中失去了成功的机会。

以稳定资源供给为目的，在积极调整政策时期也在持续执行。稳定供给层面上，铝冶炼撤退至今没有发生国际性的铝业危机，进口铝锭对国内铝轧制加工业生产扩大持续推进中。国际价格与其他有色金属相比是比较稳定的。2012 年国际铜锭价格是 1980 年的 3.6 倍、镍是 2.7 倍、锌是 2.6 倍、铅是 2.3 倍，而铝只上涨了 1.1 倍[46]。从这些数据来看，产业结构审议会议所提出的稳定铝锭供给，有必要维持国内冶炼产业的主张是缺乏根据的。不管怎么说，维持国内冶炼最小限度的 3.5 万吨 1 个工厂的规模，也难以评估是否达到了目标。

2002 年经济产业省矿物资源科的报告书中写道[47]："铝锭对日溢价价格在 1987 年国内冶炼产业消失以后急速上涨，现在铝锭价也在铜锭之上"。铝锭进口价格是以伦敦金属交易所 LME 的价格为基准，由世界各个国家需求关系来定价。日本国内铝冶炼衰退，带来的是铝锭进口价格上升的可能性。从价格层面上来说，维持国内冶炼的政策目的有其合理的地方。

冶炼产业恢复自立基础未能实现，从稳定铝锭供给的政策目标来看，开发进口发挥了有效的政策手段。

对第 2 次石油危机后的特定产业结构临时措施法如何进行评价，看一下政策接受方的评价。三井铝工业的宫岗成次的看法是："产业结构审议会的诊断是认可了产业病危说法，政府（电费）和业界（共同销售等）没有按照这个诊断结果采取必要的措施，病况加重以致寿终正寝"。1981 年 10 月到 1983 年 6 月时任科长高木俊毅（有色金属科长）将铝冶炼产业归类为撤退产业，其后任高桥璋认为免除关税制度是"复活生命装置"，应于早期实行或者在 110 万吨体制时第 3 次审议会阶段应予考虑[48]。1993 年的座谈会上日本轻金属的松永义正表示："到现在的阶段，不是批判为什么停止了冶炼，反过来说停止了冶炼也并不是什么不好的事情。"对于松永的发言昭和电工的林健彦也表示某种程度的赞成[49]。从接受政策方来看评价应该是正面的。

在讨论特定产业结构改善临时措施法的过程中，产业结构审议会综合部的特别委员会就基础材料如何应对中长期的发展，总结了如下方针[50]："丧失了经济性且将来也改善无望的产业应该尽早迅速缩小"。很难判断从冶炼早期撤退是由宫岗推断的，可以说是在 1985 年进行的日美关税谈判中判断冶炼产业属于"将来也改善无望的产业"。

从撤退产业迅速缩小的政策观点出发，回过头来看对冶炼产业的政策措施，冶炼产业由"特定不景气产业稳定临时措施法"制定以来，约经过 10 年时间将年产 164 万吨设备生产能力缩小至年产 3.5 万吨。从业人员由 1978 年的 8286 人减少到 1988 年的 483 人。在此期间投入的政府资金见表 4-2-7，推算 1374.63 亿日元。

表 4-2-8 铝冶炼产业机构改善实施情况

表头分组说明：
- 〔储备开始前 164 万吨体制〕第一次结构改善计划（1975 年 8 月答疑）125 万吨体制 —— 含"1978 年 3 月现在 冶炼能力/t"及"1978 年 4 月节点（冻结炉数、冻结年产能、残存能力）"
- 第二次结构改善计划（1979 年 1 月稳定基本计划）110 万吨体制 —— 含"废弃冻结炉数"及"1979 年 4 月节点（废弃冻结年生产能力、1978 年冻结与 1979 年处理差距、残存能力）"
- 第三次结构改善计划（1982 年 3 月稳定基本计划）70 万吨体制 —— 含"1982 年 4 月节点（废弃冻结年生产能力、1979 年冻结与 1982 年处理差距、残存能力）"
- 第四次结构改善计划（1985 年 2 月稳定基本体制）35 万吨体制 —— 含"1986 年 4 月节点（废弃冻结年生产能力、1982 年冻结与 1985 年处理差距、留存生产能力）"
- 1988 年 4 月的状况 —— 留存生产能力

公司名称	工厂	冶炼能力/t（1978年3月现在）	冻结炉数（1978年4月）	冻结年产能（1978年4月）	残存能力（1978年4月）	废弃冻结炉数	废弃冻结年生产能力（1979年4月）	1978年冻结与1979年处理差距	残存能力（1979年4月）	废弃冻结年生产能力（1982年4月）	1979年冻结与1982年处理差距	残存能力（1982年4月）	废弃冻结年生产能力（1986年4月）	1982年冻结与1985年处理差距	留存生产能力（1986年4月）	留存生产能力（1988年4月）	冶炼工厂停产时间	冶炼能力/t
日本轻金属	蒲原	94960	236	31106	63854		31106	0	63854	31106	0	63854	31106	0	63854	34691	2014年3月	34681
	新潟	147663	240	60488	87175		126946	66458	20717	147663	20717	0					1980年12月	
	苫小枚	134413			134413		0	0	134413	62043	62018	72365	134413	72365	0		1985年4月	
	合计	377036	476	91594	285442	692	158052	66458	218984	240817	82765	136219	313182	72365	63854	34691		34681
住友铝冶炼和东予铝冶炼	菊本	78980	52	13599	65381													
	矶浦	52796	183	25865	26931												1982年3月	
	名古屋	177681	97	49266	128415												1979年3月	
	富山																1986年10月	
	住友铝业	309457	332	88730	220727	418	112023	14319	197434	226540	114517	82917	226540	0	82917	82917		
	东予	98712	20	8974	89738		0	0	98712	0	0	98712	98712	98712	0		1984年12月	
	合计	408169	352	97701	310465	418	112023	14319	296146	226540	114517	181629	325252	98712	82917	82917		
昭和轻金属	千叶	170290	162	42782	127508		42782	0	127508								1986年3月	
	喜多方	28716			28716		11794	11794	16922								1982年9月	
	大町	42803	132	19088	23715		24872	5784	17931								1982年6月	
	合计	241809	294	61870	179939	380	79448	17578	162361	166942	87494	74867	210119	43177	31690	31690		31690

公司名称	工厂	储备开始前164万吨体制 1978年3月现在 冶炼能力/t	第一次结构改善计划（1975年8月答疑）125万吨体制 1978年4月节点 冻结炉数	冻结年产能	残存能力	第二次结构改善计划（1979年1月稳定基本计划）110万吨体制 1979年4月节点 废弃冻结炉数	废弃冻结年生产能力	1978年冻结与1979年处理差距	残存能力	第三次结构改善计划（1982年3月稳定基本体制）70万吨计划＞70万吨体制 1982年4月节点 废弃冻结年生产能力	1979年冻结与1982年处理差距	残存能力	第四次结构改善计划（1985年2月稳定基本体制）35万吨计划＞35万吨体制 1986年4月节点 废弃冻结年生产能力	1982年冻结与1985年处理差距	留存生产能力	1988年4月的状况 留存生产能力/t	冶炼工厂停产时间
三菱轻金属工业	直江津	160164			160164		160164	0	160164	160164	160164						1981年10月
	坂出	192481	256	90579	101902	256	116054	25475	76427	116054	0	76427	141529	25475	50952		1987年2月
	合计	352645	256	90579	262066	328	116054	25475	236591	276218	160164	76427	301693	25475	50952		
三井铝工业	三池	163827	128	42993	120834	60	19461	23532	141366	19461	0	144366	38921	19460	124906		1987年2月
住轻铝业	酒田	98712			98712		0		98712	0	0	98712	98712	98712			1982年5月
合计		1642198	1506	384740	1257458	1878	485038	100298	1157160	929978	444940	712220	1287879	357901	354319	34691	
注（出处）		①	②		①	③		②	①	③	④	①	⑤	⑥	①	①	④

注：（1）推算：1978年3月现在冶炼能力～1978年4月节点冻结年产能力。
（2）推算：1978年4月节点冻结年产能力～1979年4月节点废弃和冻结年产能力。
（3）推算：1978年3月现在冶炼能力～1982年4月节点废弃和冻结年产能力。
（4）推算：1979年4月节点废弃和冻结年产能力～1982年4月节点剩余能力。
（5）推算：1978年3月现在冶炼能力～1986年4月节点废弃和冻结年产能力。
（6）推算：1982年4月节点废弃和冻结年产能力～1986年4月节点废弃和冻结年产能力。

出处：①《金属工业'88》，288页。
②《(社)日本铝工业联盟的记录》，399页。
③《(社)日本铝工业联盟的记录》，351页。
④《住友化学工业最近二十年史》177页。

衰退产业的代表煤炭的情况是，自 1959 年煤炭矿业审议会以来，横跨 40 年先后推出 8 次（1992—2001 年）结构调整政策，1960 年有 956 家煤矿从业人员 32 万人，年产量 5107 万吨。2000 年时只有 15 家煤矿从业人员 2700 人，年产量削减到 313 万吨。政府支付补助金和海外煤炭补助金，1960—2000 年总额合计达到 9215.427 亿日元，加上矿业灾害救灾费、安全保障费、方针危害实施费等，总额在 2.522 万亿日元[51]。

铝冶炼和煤炭在规模、横跨时间、方法上有各自不同的特点，难以进行比较，政府投入资金额上铝冶炼也是相当小。再看支援煤炭撤退产业政策强度较大的第 4 次煤炭政策（1969—1972 年），到第 7 次煤炭政策（1982—1986 年）共 18 年间情况，除了矿业灾害救灾费、安全保障费外投入资金额是 6763.79 亿日元，平均每年投入 375.7661 亿日元，铝冶炼投入的资金额 10 年间平均是 137.463 亿日元，是煤炭产业的 37%。另外，对生产额合计的资金投入额比例铝冶炼（1978—1987 年）是 7.6%，煤炭产业（1969—1986 年，矿业灾害救灾费、安全保障费除外）推算是 18%[52]。同时期平均从业人数每人资金投入额，铝冶炼产业是 2931 万日元，超过了劳动密集型煤炭产业的 2178 万日元[53]。

有关积极调整政策对雇佣关系的影响，1977 年以来产业结构审议会一直强调采取稳定雇佣措施。根据特定不景气业种离职者临时措施法指定对（1978 年 7 月）铝冶炼和轧制产业进行政策支援，但没有像煤炭产业那样给予离职金和退职补助金。铝冶炼行业从业人员数量较少，由于母公司及集团化企业因素，再就业机会较多，离职者的处理上完成顺利。

以铝冶炼为对象的积极产业调整政策，在"丧失了经济性且将来也无望改善的产业应该迅速缩小"的政策效应上应给予积极评价。

注释：

21.《（社）日本铝业联盟的记录》，296 页。

22.《通商产业政策史 1980—2000》第 6 卷，296～297 页。

23. 通商产业省基础产业局有色金属科监修《金属工业'88》通产资料调查会，1998 年，143 页。

24. 田下雅昭《铝冶炼产业的国际竞争力和设备投资的动向》《日本长期信用银行调查月报》146 号，1976 年 1 月，18 页。

25. 牛岛俊行和宫岗成次《自黑钻石的轻银——三井铝业 20 年的历程》，Kallos 出版，2006 年，98 页。

26. 1979 年度各个企业的废弃设备账面 6.1% 和冻结设备账面 5.1%，1980 年度分别为 5.1% 和 4.1% 左右。《金属工业'88》，141～146 页。

27.《铝锭的关税免除》日本经济新闻，1981 年 12 月 22 日，早报，7 页。

28.《住友化学工业最近二十年史》186，252 页。牛岛和宫岗《自黑钻石的轻银》，113，149 页。1985、1986 年度是由判明的进口数量推算的减税额。

29. 1978 年 4 月由电器事业法所定的火力发电设备定期检修期间实行弹力延长，减少了定期检修次数，节俭了经费。《住友化学工业最近二十年史》，78 页。

30.《（社）日本铝业联盟的记录》，35 和 39 页。

31.《日本轻金属年表》305 页。

32.《住友化学工业最近二十年史》189 页。

33.《（社）日本铝业联盟的记录》58 页。

34. 牛岛和宫岗前书 149～150 页。

35. 住友轻金属工业的小川义男元总经理的发言。1993 年 3 月 4 日座谈会记录。集团 38《铝冶炼史的片段》，189～191 页。

36. 清水《铝业外史（下卷）》446～448 页。

37. 住友轻金属工业的小川义男董事长的发言。《住友轻金属，住轻铝业解散导致从铝冶炼撤退》日经产业新闻，1982 年 4 月 21 日，3 页。

38. "住友铝业的长谷川周董事长那样的'铝冶炼无论如何有必要留下来。但也没有说整合成一个公司，根据情况做国有化的思想准备'呼吁逐渐增多。"小邦宏治《是生还是死——舞台上的铝冶炼产业》《经济人》，1978 年 7 月 18 日，60～61 页。

39. 池田徹《迎来 85 年的铝业课题》《Altopeer》1985 年 1 月，38 页。"从企业数量来说既有的各个公司共同出资整合成 2～3 家不是很好吗"（滕井清隆《铝产业还能再生吗》《金属》1984 年 2 月号，3 页）。

40. 小邦宏治《是生还是死——舞台上的铝冶炼产业》60～61 页。

41. 宫岗《三井的铝冶炼和电力事业》，202 页。

42. 产业组织政策室长藤岛安之的发言。《日本经济研究中心汇报》43 号，1983 年 7 月 1 日，58 页。

43. 安西正夫《铝工业论》钻石社，1971 年，116～117 页。

44. 讨论特别电费时希望获得的产业都蜂拥而上，最终未能实现。神户制钢所董事长小松勇五郎（原通产省副部长）的回忆录。1993 年 11 月 24 日座谈会记录。集团 38 前书，321～322 页。

45. "通产省向不景气产业供给便宜的国有水力发电电力、铝业救济等，也引起发电行业的反对"日本经济新闻，1982 年 7 月 10 日，早报，1 页。

46. 来自 IMF 的 Primary Commodity Prices。

47. 儿鸠秀平（经济产业省矿物资源科）《矿物资源稳定供给论》2003 年 7 月 12 日，没有表示对日溢价变化的数值。

48. 宫岗前书，199～201 页。

49. 1984 年 5 月 21 日座谈会记录。集团 38 前书，211，309～310 页。

50.《通商产业政策史 1980—2000》第 3 卷，47 页。

51. 煤炭政策史编委会编《煤炭政策史》（资料篇）煤炭能源中心，2002 年，95～99 页。

52. 煤炭生产金额来自经济产业省调查统计小组结构统计室《我国矿业趋势调查》。铝锭生产金额是第 2 表的生产量乘以国内价格所推算值。

53. 铝冶炼从业人数来自 MITI'S Aluminum Data file，1991，2 页。煤炭产业常用员工人数来自《我国矿业趋势调查》。

第三节　铝冶炼撤退的影响

1. 一般影响

日本铝冶炼产业衰退，到底带来了什么样的影响，如表 4-3-1 所示。铝锭需求关系自 20 世纪 70 年代初期是日本国内铝冶炼最旺盛时期，国内生产比例高达 80％左右。进入 20 世纪80年代后比例急剧下降，到后半期仅有1％。在此期间铝锭需求是一直持续扩大，1988年超过了年300万吨。1988年供给量的67.3％是进口，32％是国内生产的再生铝（二次铝），原铝生产仅有1.7％。

表 4-3-1　铝锭的需求

单位：kt

| 年份 | 需求 | | | | | | | | 供给 | | | | |
| | 铝锭需求合计 | 出口 | 国内需求 | | | | | | 原铝 | | | 再生铝 | 铝锭供给合计 |
			内需合计	运输	土建	金属制品	食品饮料	其他	国内生产	进口	国内生产率	国内生产	
1961	281	12	269	51	12	51	5	150	158	33	82.9％	69	260
1962	294	22	272	48	15	56	5	148	174	15	92.2％	75	263
1963	383	31	352	67	26	69	6	184	243	26	90.3％	100	369
1964	430	42	389	79	37	81	8	184	268	36	88.2％	108	412
1965	451	63	388	92	48	73	2	173	301	36	89.2％	127	464
1966	580	44	537	113	81	96	4	243	345	98	77.8％	149	592
1967	672	23	650	144	106	91	4	304	399	125	76.2％	191	716
1968	880	41	839	191	179	122	7	340	503	182	73.4％	239	924
1969	1108	48	1060	234	264	149	13	400	591	294	66.8％	295	1180
1970	1219	58	1161	260	302	163	18	418	781	198	79.8％	325	1304
1971	1329	68	1260	281	374	188	25	393	915	225	80.3％	360	1500
1972	1613	44	1569	320	503	221	41	485	1040	315	76.7％	443	1799
1973	2024	30	1994	349	688	285	58	614	1082	473	69.6％	553	2108
1974	1520	84	1435	312	459	217	51	396	1116	349	76.2％	467	1932
1975	1745	152	1593	327	567	224	59	416	988	348	74.0％	454	1789
1976	2075	139	1936	384	688	253	81	529	970	426	69.5％	542	1938
1977	2084	225	1859	428	604	247	90	490	1188	472	71.6％	589	2249
1978	2267	156	2111	468	709	277	118	539	1023	757	57.5％	659	2439
1979	2468	100	2368	530	818	324	131	566	1043	678	60.6％	775	2495
1980	2284	84	2200	590	658	309	98	545	1038	862	54.7％	779	2679
1981	2326	116	2210	625	628	318	107	533	665	1062	38.5％	816	2543
1982	2392	168	2224	596	690	308	132	497	295	1346	18.0％	753	2394
1983	2607	226	2382	654	715	349	144	520	264	1379	16.1％	820	2464
1984	2679	246	2433	701	675	368	144	545	278	1285	17.8％	825	2387
1985	2756	229	2527	780	700	367	153	526	209	1351	13.4％	868	2428
1986	2820	218	2603	790	755	368	173	517	113	1187	86.7％	868	2168
1987	3160	175	2985	860	849	426	239	610	32	1907	1.7％	912	2851
1988	3388	115	3273	953	895	469	274	681	35	2069	1.7％	969	3073
1989	3556	140	3416	1058	909	474	271	703	34	2237	1.5％	997	3269
1990	3829	158	3671	1154	948	487	333	749	34	2427	1.4％	1045	3506
1991	3806	131	3675	1155	915	503	350	752	29	2427	1.2％	1013	3468

| 年份 | 铝锭需求合计 | 出口 | 国内需求 | | | | | | 原铝 | | | 再生铝 | 铝锭供给合计 |
			内需合计	运输	土建	金属制品	食品饮料	其他	国内生产	进口	国内生产率	国内生产	
												需求	供给
1992	3672	128	3545	1153	900	450	356	686	19	2308	0.8%	962	3289
1993	3577	156	3420	1064	904	437	353	663	18	2141	81.8%	902	3061
1994	3913	193	3720	1145	959	470	408	739	18	2406	0.7%	955	3379
1995	3947	219	3727	1145	921	492	418	752	17	2400	71.7%	905	3324
1996	4134	214	3921	1226	996	496	428	774	17	2473	0.7%	941	3431
1997	4115	257	3858	1241	888	500	429	800	17	2672	0.6%	337	3626
1998	3759	289	3471	1138	788	450	421	673	15	1969	0.8%	839	2823

注：铝锭国内生产部分不含高纯度铝锭。需求合计与供给合计的差是由在库增减再生进口铝锭的需求差造成。

出处：《（社）日本铝业联盟的记录》400 页、406 页、411 页。

类似这样的日本国内铝冶炼衰退及其影响见表 4-3-2。

表 4-3-2 铝冶炼产业衰退造成的一般影响

影响领域	影响方面		主要可能性影响	影响情况
企业经营的影响	财务		发生损失	股东及关联企业负担处理
	设备		闲置化	1977 年 1 万亿日元冶炼设备[1]
	从业人员		产生离职人员	岗位转换或再就业
	企业活动		企业活动及展开	制造高纯铝
关联产业的影响	投入面	电力	需要减少	电力公司卖电量减少 1% 左右[2]
		原材料	需要减少	进口份额大，国内产业影响小
		劳动力	劳动力释放	1973 年冶炼从业人员 1.3 万人[3]，1980 年末约 5900 人[4]
		金融	融资不良债券化	1977 年长短债 6530 亿日元[1]，股东及关联企业负担处理
	产出面	铝轧制	材料供给稳定性及价格影响	溢价上升
国民经济的影响	财政负担		节减国内维持冶炼成本	最大 1500 亿日元[5]
	国内总生产		国内生产额减少	1977—1981 年平均全制造业中铝占比 0.2%，有色金属中铝占比 6.1%[6]
	贸易收支		原本进口原料，现改为进口材料，进口金额增大	1977—1981 年铝关联全年进口增加 2637 亿日元。此期间贸易收支黑字，金额达 8045 亿日元[7]
	劳动力配置		产生离职人员	1973 年冶炼从业人员 1.3 万人。全制造人员 0.16%，有色金属 6.95%[3]
	资金分配		投入资金无法回收	股东及关联企业负担处理
	经济安全保障		铝业需求稳定性下降、价格可能上升	担心的事情没有发生

影响领域	影响方面	主要可能性影响	影响情况
区域经济的影响	雇佣	雇佣恶化	铝冶炼工厂的出货额占所在城镇3%～10%的程度[8]
	关联产业	企业负面影响	
	涉及的经济效果	区域 GDP 减小	
	地方税	丧失税源	

注：(1)（社）日本经济研究中心《石油危机后我国铝冶炼产业》（并木报告）的数值。《（社）日本铝业联盟的记录》295 页。

(2) 1984 年度铝冶炼的购电量是 12.66 亿 kW·h，是全部电力总消费的 24.4%（《（社）日本铝业联盟的记录》58 页），是同年度电力用电供给量 3975 亿 kW·h（总务省统计局《日本长期统计系统》）的 0.32%。铝冶炼量最大的 1977 年冶炼用电消耗量是 171 亿 kW·h（据金原干夫和望月文男《铝产业的资源和能源问题》《轻金属》31 (1)，1980，60 页的表 1 推算），假定购电量是 24.4%，其相当于是同年度电力用电供给量 3267 亿的 1.28%。

(3) 来自产业结构审议会铝业部会 1975 年 8 月的参考资料。《有色金属工业的概况》1976 年，16 页。

(4)《轻金属工业统计年报》1985 年，80 页。

(5) 关税减免 500 亿日元，转换煤炭补助 50 亿日元，开发进口政府出资 600 亿日元，包含购入储备的利息补助 1500 亿日元。宫岗成次《三井铝冶炼和电力事业》2010 年，199 页。

(6) 铝锭生产额是用生产量乘以国内价格计算（《（社）日本铝业联盟的记录》403 和 423 页）。制造业和有色金属的生产额来自总务省统计局《日本长期统计系列》的数据。

(7) 假定国内冶炼产业全面停产的情况，矾土矿的进口为零，铝锭全量进口。1977—1981 年的矾土矿进口额是年平均 266 亿日元（日本关税协会《外国贸易概况》），同期国内铝锭生产额是铝锭进口单价乘以推算的进口额是 2903 亿日元，差价 2637 亿日元是增加的进口。

(8) 木材荣宏《铝冶炼产业的撤退和今后的课题》《日本长期信用银行调查月报》202 号，1983 年，24～27 页。

　　首先从产业的投入和产出面来看，供电企业收入减少。但是，冶炼企业大多数是自家发电或共同发电为主，由电力公司外购电力有限，只占使用电量的 20% 左右，外购电量在最旺盛时期也仅仅占电力公司 1% 的水平，冶炼产业的衰退对电力影响不大[54]。

　　劳动力方面，1971 年冶炼产业从业人员是 13000 人，1980 年末约为 7100 人。煤炭产业 1960 年约 32 万人，1970 年约 69000 人，相对来说冶炼产业离职者发生数量较少。另外，日美关税谈判焦点毛皮和革产品的从业人员数量比 1970 年铝冶炼产业多 7 倍，达到约 86000 人[55]。

　　对铝锭需求者铝轧制产业的影响稍后进行探讨。

　　对日本国民经济的影响：1977—1981 年平均总生产额方面，在全部制造业中铝的比例占 0.2%，有色金属中铝的比例占 6.1%，相对来说影响不大。国内冶炼产业清零时的贸易收支影响，抽取 1977 年到 1981 年 5 年时间来计算，铝业相关进口额增加 2637 亿日元。在此期间贸易收支受石油危机的影响盈利幅度变小了，年盈利 8000 亿日元，冶炼产业衰退对贸易收支的影响比较大。

2. 冶炼撤退对铝产业产生的影响

　　(1) 冶炼撤退对铝锭供给的稳定性产生影响了吗？

　　在产业结构审议会上，"有必要维持国内冶炼"的观点是否损害了供给铝锭的稳定性？

　　类似石油危机这样的供给危机，铝锭上没有出现。1977 年 2 月业界团体轻金属协会委托日本经济研究中心，提出以《石油危机后我国铝冶炼产业》为题的调查报告（简称《并木报告》）[56]。《并木报告》预测："当前铝这样的基本生产材料的供给力扩大，国际范围来看还是比较充分的"，见表 4-2-2，铝锭世界供给率 20 世纪 80 年代的前期可以说是供给过剩，20 世纪 80 年代后期因供给不足价格高涨，但铝不足的事情没有发生。

1987 年三菱铝业的吉川浩一社长发言表示[57]："确实到目前为止的铝锭不能自给是非常大的变量。冶炼是确保资源的媒介。……确保数量上来看可以说是只要出钱就可以买到。"1991 年三菱银行调查报告写道："需求急增的时候，是否可以确保铝锭供给是令人担忧的"[58]，这个担忧是杞人忧天了。

随后开发进口的效果发挥作用，可以判断没有损害铝锭供给的稳定性。

（2）冶炼撤退对铝锭价格产生影响了吗？

如表 4-2-2 所示，1987—1988 年铝锭价格暴涨。对此《住友化学工业最近二十年史》中记述道[59]："有看法认为没有冶炼产业的日本带来了旺盛的需求"。日本冶炼撤退缩小了供给力，对世界铝锭价格可能给予影响，不过这也是短期性的影响。

铝锭的进口价格是以伦敦金属交易所 LME 为价格基准，反映世界各地供求关系的形式来决定。前面引用的 2002 年经济产业省矿物资源科的报告书写道："铝锭对日溢价在 1987 年国内冶炼产业消失以后急升，现在已经超过铜锭价格水平。"确实，从 2013 年的价格来看，铝锭 LME 基准价格是每吨 1861 美元，对日溢价是 121～122 美元，即是基准价格的 6.5%～6.6%，铜锭 LME 基准价格是 7434 美元，对日溢价是 93 美元，即是基准价格的 1.25%，铝锭对日溢价高[60]。冶炼衰退带来了铝锭进口价格的上升。

另外，铝锭日本国内市场价格受国内冶炼企业的供给价格和进口价格这两个因素影响。国内铝锭是以生产成本为基础，进口铝锭是以市场价格为基础，国内价格和国际价格在变动上有产生偏差的可能性。如表 4-3-3 所示，贸易统计的铝锭平均进口价格和国内价格动向，到 1988 年和 1989 年开始出现变化。进口铝锭国内销售价格由关税、货物运费及销售费用等组成，1988 年关税从 9% 降至 1%。在此进口价格是关税和诸费（假定 8%）相加后的推算价格与国内价格的差额，价格差见表 4-3-3。

表 4-3-3 铝锭（≥99.7%）的进口价格和国内价格　　　　　　单位：千日元/kg

年份	国内价格[(1)]	进口价格[(2)]	进口铝锭推算国内价格[(3)]	价格差[(4)]
1970	207	184.5	215.8	△8.8
1971	202	175.2	205.0	△3.0
1972	189	151.2	176.9	12.1
1973	207	142.3	166.5	40.5
1974	298	212.4	248.5	49.5
1975	261	234.3	274.1	△13.1
1976	307	251.7	294.4	12.6
1977	324	268.6	314.2	9.8
1978	283	226.8	265.3	17.7
1979	369	271.1	317.2	51.8
1980	490	370.5	433.5	56.5
1981	361	350.3	409.9	△48.9
1982	311	327.0	382.6	△71.6
1983	410	316.1	369.9	40.1
1984	356	342.2	400.4	△44.4
1985	294	274.5	321.2	△27.2

年份	国内价格(1)	进口价格(2)	进口铝锭推算国内价格(3)	价格差(4)
1986	231	192.7	225.5	5.5
1987	262	197.6	225.2	36.8
1988	349	264.5	288.3	60.7
1989	294	275.0	299.8	△5.8
1990	262	245.1	267.2	△5.2
1991	199	204.9	223.3	△24.3
1992	181	167.2	182.3	△1.3
1993	144	139.5	152.1	△8.1
1994	170	141.4	154.1	15.9
1995	191	170.6	186.0	5.0
1996	182	1712	186.6	△4.6
1997	218	195.0	212.6	5.4

注：（1）钢铁新闻的数据。《（社）日本铝业联盟的记录》423 页。

（2）铝块（铝含量 99.0％～99.9％）的 CIF 价格。由日本关税协会《外国贸易概况》算出。

（3）进口价格关税（9％，1987 年 4 月以后 5％，1988 年始 1％）和杂费（假定 8％）相加后价格。1987 关税 1～3 月 9％，4～12 月 5％，年平均 6％。《住友化学工业最近二十史》72 页，杂费记述是 8％。

（4）推测进口铝锭国内价格和进口价格的差额。

到 1988 年差额变动较大而 1989 年以后差额变小，这个变化推测为日本国内冶炼撤退的原因。即国内冶炼产业对国内价格形成有一定影响力，国内冶炼产业的衰退对铝锭国内价格决定体系产生了变化。

（3）铝锭开发进口对铝锭供给有影响吗？

冶炼产业为了应对冶炼成本上升，尝试走向海外，政府对此也进行了支援，下面探讨铝锭进口的效果。

到 2002 年冶炼相关的海外事业如第 5 章所述有 10 家企业投产。与投资比例相应的交易权利 10 家企业总计约 107 万吨。这个数量与 1978 年产业结构审议会所定国内冶炼规模在 110 万吨相匹敌。

前面已经引用昭和电工的高管在 1989 年表示[61]："包括巴西亚马逊项目在内海外开发铝锭有近 10 万吨，这是国内冶炼撤退的一个诱因。如果没有这个因素撤退上会犹豫不决"。开发进口的存在从某种程度上代替了国内冶炼机能，保证铝锭稳定供给，使得从冶炼产业撤退的经营决断提前了。

日本进口铝锭里开发进口所占比例 1987 年度是 29.1％、1992 度年是 35.8％、1997 年度是 36.9％、2001 年度扩大到 50.3％。与世界大厂的长期合约份额扩大，单批量进口趋于减少。开发进口从数量上来看确保了稳定进口。

那么开发进口对稳定进口铝锭的价格有保证吗？开发进口铝锭的交易价格开始是以 Alcoa 或 Alcan 的批发价为基准，在伦敦金属交易所 LME 价格交易开始后，开始以 LME 价格为基准。1982 年 10 月从印度尼西亚 Asahan 第 1 船到达日本，关于铝锭价格三井铝业的相关人员写道[62]："价格实际是以 Alcan 的批发价格为基准，交易价格比市场价格要高很多。"开发进口项目是以生产成本为基准进行设定，对价格的稳定性有一定的期待。可是，铝锭是在 LME 进行交易的商品，变成投机性的话就发生了像 Asahan 第 1 船这样的事情。

1985 年开始投产的巴西亚马逊项目，交易价格是以 LME 价格为基准，原则上要求到达日本后要有竞争力，所以价格交涉遇到了很大的难题[63]。

很难说开发进口促进了铝锭交易价格稳定。但签订长期合同的时候，有开发进口的存在对加强价格交涉力度还是应该予以认真研究。

注释：

54．木村荣宏《铝冶炼产业的撤退和今后的课题》《日本长期信用银行调查月报》202号，1983 年 3 月，24 页。

55．员工人数来自总务省统计局《日本长期统计》网站。

56．《（社）日本铝业联盟的记录》294～296 页。

57．对谈《从此以后的日本铝产业》《Altopeer》1987 年 5 月，50 页。

58．《迎来新局面的铝产业》《三菱银行调查》429 号，1991 年 1 月，35～36 页。

59．《住友化学工业最近二十年史》258 页。

60．Metal Research Bureau 的记载。

61．《高层对话 撤退后的在建蓝图》《Altopeer》1989 年 2 月，22～23 页。

62．牛岛与宫岗《自黑钻石的轻银》124 页。

63．同上书，157～158 页。

小结　铝产业政策的局限性

回顾日本国内铝冶炼产业的衰退过程，发现有几个特点：一个是业界和政府的关系，另一个是铝业业界内冶炼产业和轧制加工产业的关系。

政府（通商产业省）以 1974 年 10 月设置的产业结构审议会铝业部会为基础实施各项政策措施。看看这个铝业部会委员构成人员，例如 1975 年的第 1 次审议会议委员见表 4-小。

表 4-小　产业结构审议会铝业部会名单（1975）

铝业部会			铝业部会基本问题小委员会		
部会长	中山一郎	轻金属冶炼会会长	委员长	向坂正男	
委员	綱野郡雄	日本铝业协会副会长	委员	伊泽　勉	日本长期信用银行董事
	饭岛贞一	日本工业立地中心理事		石井秀平	神户制钢所常务董事
	越后和典	滋贺大学教授		今泉嘉正	昭和电工董事
	酒井　守	日本长期信用银行常务董事		越后和典	
	向坂正男	综合研究开发机构理事		大岸　博	住友轻金属工业常务董事
	佐野友二	日本窗框协会理事长		黑田正孝	住友轻金属工业管理本部副部长
	铃木治雄	轻金属冶炼副会长		古贺　肇	古河铝工业常务董事
	铃木幸夫	日本经济新闻评论员		铃木幸夫	
	高桥淑郎	日本进出口银行理事		濑尾哲次郎	住友化学工业董事
	田口连三	日本机械工业联合会会长		谷内研太郎	东北大学（日本）教授
	田岛敏弘	日本兴业银行常务董事		石野　坦	三菱化成工业轻金属事业部长
	田中季雄	轻金属轧制工业会会长		津村善重	日本铝业协会技术顾问
	村田　恒	三井物产副社长		村田昭男	日本进出口银行审查部审查员
				依田　直	东京电力企划调查科长

出处：有色金属工业概况编委会（通产省基础产业局金属科）《有色金属工业的概况》（1976 年版）15～16 页。

作为政府审议会构成，通常应该由相关业界人员和有学识的经验者组成。实际上小委员会 15 名委员中铝冶炼产业相关人员有 5 名，即除了三井铝工业以外 5 家冶炼企业的委员。作为冶炼企业方面向政府施压让冶炼产业继续生存下去是理所应当的。决定采取削减生产能力措施的时候，考虑了恢复国际竞争力所需规模，或者稳定铝锭供给的最小规模，没有明确指出到底用什么依据来测算出剩余生产设备。关于削减措施，比起客观合理的规模来说，实际是业内主观期待的数量更强烈些[64]。

接受建议的政府方面，理解业界意向后，有必要判断清楚此意向是否能够实现，或者日本经济与产业最佳选择是什么？关于这些内容，政府（通商产业省）是如何进行研究决策的，《通商产业政策史》中没有记述。

面对危机，冶炼产业强烈要求降低电费，业界与政府有过激烈的交锋。

铝业部会在 1978 年 10 月结构改善对策中要求降低电费，在建议中单方面强调了冶炼企业的努力。1981 年 10 月建议中有"期待相关方面尽可能地减轻电力成本负担"[65]的要求，只是需要电力公司协助的间接表现形式。对于政府方面在共同发电站转换煤炭发电时请求给予财政补贴。

电力行业固执于需求者间的公平原则和成本主义，对引入特别电价予以强烈反对，造成 1981 年建议时的间接表现形式。另外，表 4-小中基本问题小委员会里东京电力参加了，但在 1977 年以后电力公司没有再派员参加。在铝业部会内部对委员构成进行了变更，避免冶炼产业与电力公司对立。

1982 年 6 月日本铝业联盟以《关于铝冶炼产业的产业政策》为题向通商产业省就电费价格提出了请求书：①丧失竞争力的主要原因在于电费价格，为恢复冶炼产业国际竞争力，在价格上应有适当的考量；②实施对现存共同火力发电站的关联公司买断；③作为过渡时期的措施降低冶炼用原油价格的三点请求。通商产业省基础产业局受理了请求书，但后来局长换人，根据当局的要求对新任局长提交请求书之事不得不延后。为此，铝业联盟亲自拜访首脑官员陈述当前冶炼行业的困境并要求采取救助措施，这个请求书最终未能提交，改为口头请求[66]。换而言之，当局认为采取这样措施的可能性极小而拒绝受理请求书。

其后，如前所述，通商产业省讨论由国有水力发电站提供特别电价给冶炼产业，遭到电力公司的反对而未能实现。对于电力公司的固执态度，冶炼企业没有放弃，还在寻找电费降价措施。日本铝业联盟 1982 年 10 月到 12 月派遣 4 个小组 18 名成员的调查团前往欧洲，实施了"海外铝产业动向调查"。调查结果显示[67]，关于电费成本欧美各国经过 2 次石油危机，抑制了电费上升幅度，维持了国际竞争力，特别是对耗电大的产业采取了"政策电费"的支持政策。意大利、英国、德国有如下例子：①在意大利对拥有铝冶炼企业的原油自有发电站，全部发电量由国有企业按成本价格收购，以能够与欧洲各铝冶炼企业抗衡的特别折扣价格卖出。这个折扣率根据电费上涨而扩大，现在适用的费用折扣率已经超过 60%。②英国对电力需求大的铝冶炼企业，以"高压电力损耗小，单位配电成本低"为由给予折扣电价。③德国的铝冶炼企业从 20 世纪 60 年代后期开始就与电力公司签订了 20 年长期供电合同，确保了低成本电价。

冶炼企业根据这样的调查结果请求特别折扣，但是电力公司和政府没有回应。铝业政策的最后会议是 1984 年 12 月的产业结构审议会有色金属部会结构改善基本计划会议，提出降低电费成本，但是没提及电费特别折扣措施。因政府对设立特别电费折扣价格持强烈反对意见，所以未能体现在本次会议的建议内容里。

政府（通商产业省）方面在铝冶炼企业的请求和电力行业的反对声中，放弃了新设特别电费折扣制度，表明电力行业具有强大的政治影响力，结果也表明冶炼企业没有拿出让政府认可的在国内维持冶炼产业的积极意义和依据。

这是因为在铝产业内部有冶炼产业和轧制加工业之间对立的利害关系。Alcoa 和 Alcan 是垂直整合型企业，而日本铝产业的弱点是，冶炼公司和轧制加工公司完全是不同的公司，比如昭和电工和日本轻金属，在前面已经记述过在产业结构审议会铝业部会上也指出了同样的问题。日本的产业结构导致冶炼产业和轧制加工产业之间很容易产生对立关系。

比如，1980 年 6 月铝锭国际市场价格急剧下降的时候，轧制加工方要求铝锭价格下调，而冶炼方态度是正在调整库存水平，价格无法调整[68]。围绕铝锭价格和铝锭交易，冶炼方和轧制加工方产生了利害关系的对立。

1985 年《朝日新闻》（译者注：日本最大报纸之一）就冶炼和轧制的对立有如下的报道："今年 6 月 25 日表面上貌似团结实质上有了裂痕。作为市场开发行动计划的第一个动作，铝轧制品的关税由 11.5％下调到 9.2％。另一方面，轧制品原料铝锭的关税维持 9％保持不变，轧制品和铝锭价格差缩小到 0.2％。……轧制方的吉川浩一（同联盟副会长，三菱铝业总经理）说：'一直希望维持价格差，问题是现在几乎是相同了'。……7 月 17 日轧制大型企业住友轻金属工业的大柏英雄总经理在记者会上表示："就是美国铝锭关税和轧制品关税也有 3％的差，这么下去国际竞争力只能变弱"。小川正已（同盟专务理事）强烈建议"降低铝锭关税，保持价格差距[69]"。

类似这样的冶炼和轧制加工的利害关系对立背景中，轧制加工方期待国内冶炼产业能够稳定供给铝锭，同时为了降低铝锭成本，希望进口铝锭，这些因素使得政府制定铝产业政策时复杂化了。

1985 年 12 月日美贸易谈判达成协议，铝锭关税降到 1％，对国内冶炼产业是致命一击。政府（通商产业省）没有说明同意降低关税的背景，给电力行业施压降低电费是不可能的，轧制加工业界要求降低铝锭价格的呼声高涨，通商产业省很可能认识到维持国内冶炼产业有其局限性也未可知。

在能源价格上升和日元升值趋势下，如何维持失去竞争力的冶炼产业，需要相当规模的财政补贴。从冶炼撤退后的状况来看，投入巨资让冶炼生存下去的政策选项已经不存在了，这也可以说是比较合适的判断吧。

注释：

64. 日本轻金属的松永义正总经理表示："结果冶炼方没有提出到底需要多少万吨铝锭。"《被逼无奈的材料产业（1）存亡的危机——政策支援也有局限性》日本经济新闻 1982 年 6 月 15 日，早报，7 页。

65. 通商产业省编《基础材料产业的展望和课题》通商产业会，1982 年，162 页。

66. 平岗大介《被寄予希望的铝冶炼的救济策》《Altopeer》1982 年 7 月，28～29 页。

67.《大胆的政策资金支出提升竞争力——铝联盟，欧美的电力情况调查，期待国内政策上支援》，日本经济新闻 1983 年 2 月 23 日，早报，10 页。

68. 平岗大介《铝锭的减产和降价问题》《Altopeer》1980 年 11 月，59 页。

69.《濒临死亡的冶炼》朝日新闻 1985 年 8 月 26 日，早报，9 页。

第 五 章

海外冶炼的展开——国际分工体制

本章的课题

日本国内铝冶炼衰退以后，铝轧制加工业得到持续发展。

铝锭供给方面再生铝（二次铝）和其他国产原铝全都依赖进口。支撑稳定铝锭进口是开发进口。

进口：①在海外市场直接购买的方式（长期合约和单笔买卖）；②对海外生产企业进行资金融资，作为回报在一定时间内供给一定量原铝的融资方式；③对海外企业进行投资，作为回报供给一定量原铝的资本参加方式。②和③的投融资就是广泛意义上的开发进口。

在第二次世界大战后，日本金属工业发展一直依赖由海外进口原材料。其中，开发进口被广泛采用。20 世纪 50 年代初期开始的钢铁产业，20 世纪 50 年代中期开始的精铜产业皆是如此。20 世纪 50 年代末期，铝冶炼产业也开启了开发进口之路。

铝冶炼产业起始于化学工业。化学工业性质浓厚，原料属于购买品的观点根深蒂固，所以把原料作为策略来对待意识不强[1]。铝冶炼产业在美元危机（1971 年）和石油危机（1973 年）之前，到底采取什么样的原材料对策，分析其与其他金属工业相比落后的原因是本章第一个课题。

最初以矾土矿开发进口是在 20 世纪 60 年代末投资新西兰的冶炼产业，70 年代初期未能实现的参加澳大利亚氧化铝制造计划。开发进口的对象由矾土矿到氧化铝以及转移到铝锭的原因分析是本章的第二个课题。

美元危机和石油危机以后，接连参加了 20 世纪 70 年代委内瑞拉、加拿大、印度尼西亚、巴西、澳大利亚，20 世纪 80 年代美国、澳大利亚冶炼产业和氧化铝制造业的投资。出资企业是铝冶炼企业、加工企业和商社，分别进行开发进口项目，到底是什么目的和意图进行投资是本章要讨论的第三个课题。

还有，20 世纪 70 年代 Asahan 项目和亚马逊项目，相关企业共同开发主体是日本 Asahan 铝业和日本亚马逊铝业，是海外合作资金也参与投资的国家项目。当然也有支援发展中国家经济外交的考量。对于这两个计划是否可以称之为国家项目是本章的第四个课题。

20 世纪 90 年代以后，铝业开发由商社推进成功的只有 3 家（加拿大、莫桑比克、马来西亚）。2006 年最初投资美国的三井物产，由投资事业撤退。20 世纪 90 年代以后，开发进口变成低调行事的原因是本章要剖析的第五个课题。

1975 年 8 月的《产业结构审议会议铝业部会第 1 次中间建议》里，从确保稳定长期供给低价铝锭的观点出发，指出有必要布局海外促进开发进口。还有，1981 年 10 月产业结构审议会议铝业部会建议也记述道："开发进口是仅次于国产铝锭数量上的稳定器，具有准国产地位，对我国铝锭的长期稳定供给不可或缺。"开发铝锭作为稳定供给的必要手段，作为铝业政策的一环进行推进的。如第 4 章所述，讨论开发进口是否可以评价为铝锭稳定供给发挥了有效的作用，是本章的第六个课题。所谓稳定供给具有数量和价格上稳定供给的双重意味，有必要从数量和价格上进行评价。

另外，1981 年的产业结构审议会铝业部会建议里，期待"冶炼产业国产铝锭和低价的开发进口铝锭混合销售，以改善冶炼产业的经营和保持国产冶炼生产能力"的效果。实际状况是国产冶炼能力在 1987 年 2 月三井铝业的三池工厂停产以后，陷入只剩下日本轻金属浦原工厂的境地，实质上日本的铝冶炼产业崩溃了。对于冶炼产业参加开发进口在经营层面上是否有利可图是本章要讨论的第七个课题。

日本国内冶炼产业崩溃以后，铝加工产业原铝和再生铝由海外进口，对于持续扩大的国内需求维持了自给体制。对于铝加工产业，评价开发进口作为原材料对策到底起到了什么样的作用是本章第八个也是最后一个课题。

注释：
1. 西岗滋编著，《海外铝资源的开发》，亚洲经济研究所，1969 年，74 页。

第一节　资源的开发进口

在诸多资源依赖进口的日本，为确保资源稳定，开发进口是常用的方式。金属原材料、石油、天然气、木材、食材等天然资源是天然资源产品，还有衣料、杂货等各种各样的商品也是开发进口的对象。为与开发进口铝进行对比，下面先对铁矿石和铜精矿情况进行简要介绍。

1. 铁矿石

在第二次世界大战后，日本钢铁产业铁矿石几乎 100％依赖进口。20 世纪 50 年代初开始融资买矿，50 年代后期开始推动投资参加开发进口。初期采取的融资买矿，是因为亚洲各个国家对日本的投资抱有警惕性，加之对当地信息了解不多，为回避风险而采取的策略性措施[2]。开发进口历年进展情况见表 5-1-1。

第二次世界大战之前日本从中国进口铁矿石，战争以后由于中国贸易被禁止，所以铁矿石大都由美国和加拿大进口[3]。因长距离运输成本高的原因，改为从亚洲扩大进口的方针。最初开发进口是葡萄牙占领 Goa 的 Sirigao 矿山，1951 年由商会 Cowgule&Co. Ltd 和钢管矿业着手开发。日本进出口银行和市中银行给予钢管矿业 150 万美元融资，商会 Cowgule&Co. Ltd 每年向日本提供 50 万吨铁矿石返还融资款，合同期限 3 年，进口铁矿石交易有八幡、富士和日本钢管 3 家企业[4]。

1952 年由各个钢铁企业设立海外炼铁原料委员会，形成了促进进口海外铁矿石和煤炭的进口体制。随后，推进了由菲律宾和香港的融资买矿业务，1956 年度第 2 次钢铁合理化计划下，扩大了印度和马来西亚的开发进口。战争前日本企业经营的马来西亚锰矿山，开始是以投资方式开发，1955 年钢管矿业与英国两家公司合作设立合资企业 Orientaru mayiningu，由 3 家钢铁公司保证签订 5 年长期合同，每年进口 35 万吨的铁矿石[5]。开发锰矿山时日本进出口银行总计融资超过 11 亿日元投入大型开发。1958 年铁矿石进口数量中开发进口占比达到了 22％[6]。

表 5-1-1　铁矿石开发进口情况

投融资年月	国家和地区	矿山	投融资方式	投融资公司	投融资额	持股比例	日本进出口银行承诺融资额
1951 年 10 月	印度	Goa	融资买矿	钢管矿业	162 万美元		4.28 亿日元（5.8 亿日元）
1952 年 5 月	菲律宾	Larap	融资买矿	木下商店	100 万美元		
1952 年 10 月	中国香港	马鞍山	融资买矿	日铁矿业	20 亿 900 万日元		1.34 亿日元（5.4 亿日元）
1955 年 2 月	菲律宾	Larap	融资买矿	木下商店	180 万美元		5.18 日元
1955 年 7 月	马来亚联合邦	Tamangan	资本参加	钢管矿业	58.7 万马来西亚林吉特	39%	11.49 亿日元
1956 年 10 月	印度	Goa	融资买矿	钢管矿业	144 万美元		6.44 亿日元
1956 年 12 月	马来亚联合邦	Endau	资本参加	日本制钢所,日立制作所,日商	14.7 万马来西亚林吉特	49%	1.05 亿日元
1958 年 3 月	印度	Kiriburu	融资买矿	神户制钢所,日立制作所,日商	800 万美元		10.48 亿日元
1958 年 11 月	菲律宾	Sibugay	融资买矿	南洋物产	30 美元		
1959 年 2 月	智利	Atacama	资本参加	三菱矿业和三菱商事	250 百万比索	100%	20.24 亿日元
1960 年 1 月	马来亚联合邦	Ipoh	资本参加	丸红饭田	29.4 万马来西亚林吉特	49%	
1960 年 1 月	马来亚联合邦	Pontian	资本参加	日本矿业和岩井产业	75 万马来西亚林吉特	49%	1.93 亿日元
1960 年 2 月	印度	Goa	融资买矿	江商,山本商店,田村驹	46 亿日元		2.21 亿日元
1960 年 3 月	印度	Bailadila	融资买矿	Central Supply Agency	2100 万美元		20.98 亿日元
1960 年 11 月	菲律宾	Larap	融资买矿	木下商店	40 万美元		
1961 年 11 月	印度	Goa	融资买矿	钢管矿业	287 万美元		
1963 年 10 月	加拿大	Zeballos	融资买矿	木下商店	157 万美元		
1963 年 12 月	南罗德西亚	Beacon Tor	资本参加	神户制钢所,日商	24.8 万瑞士法郎	80%	
1964 年 4 月	马来西亚	Banga Raya	资本参加	钢管矿业和东通	11.7 万马来西亚林吉特	39%	
1965 年	印度尼西亚	Brimco	资本参加	丸红	na	8%	

续表

投融资年月	国家和地区	矿山	投融资方式	投融资公司	投融资额	持股比例	日本进出口银行承诺融资额
1965年11月	澳大利亚	Savage River	资本参加	三菱商事与住友商事	116万美元	50%	33.39亿日元 (48亿日元)
1967年4月	澳大利亚	Mount Newman	资本参加	三井物产和伊藤忠商社	na	10%	46.93亿日元 (75亿日元)
1970年5月	澳大利亚	Robe River	资本参加	新日本制铁,住友金属工业,三井物产	na	47%	196.04亿日元 (327亿日元)
1971年	科特迪瓦	Man	资本参加	三菱商事与住友商事	80万美元	40%	
1971年	利比里亚	Wologisi	资本参加	川崎制铁,日商岩井,伊藤忠商社,丸红及日棉	na	24.6%	
1971年2月	巴西	Aguas Claras	资本参加	高炉6家,三井物产,伊藤忠,住友商事,丸红,三菱商社,MBR持股公司EBM资本参加	163.1万美元	20%	(208亿日元)
1973年5月	澳大利亚	Hamersley	资本参加	高炉6家,丸红,三菱商事	na	6.2%	(216亿日元)
1974年	巴西	Nibrasco		高炉6家和日商岩井	1175万美元	49%	538亿日元
1976年	巴西	Capanema	融资买矿	川崎制铁,三菱材料,川铁商事,野村贸易,日商岩井,伊藤忠商社,日棉	na	49%	
1985年	巴西	Carajas	资本参加	钢铁7家和日商岩井	na		(4亿7700万美元)
1990年	澳大利亚	Yandi	资本参加	三井物产和伊藤忠商社	na	47%	
1990年	澳大利亚	Goldsworthy	资本参加	三井物产和伊藤忠商社	na		
2004年	澳大利亚	Beasley River	资本参加	新日本制铁,住友金属工业,三井物产	na	47%	澳大利亚3次合计承诺额275亿日元
2005年7月	澳大利亚	Yandi	资本参加	JFE,伊藤忠,三井物产	na	32%	
2009年	巴西	Namisa	资本参加	高炉5家及伊藤忠	na	33.5%	

注：日本进出口银行承诺融资额是包含投资额的数据；括号内的数据是融资对象投资额；"na"表示未收集到数据。

出处：田中彰《战后日本的资源业务》名古屋大学出版会，2012年，43~44、68、69、278页。日本进出口银行《30年的历程》55~56、118、228~229、366页。

20 世纪 60 年代前期由东南亚和印度开发进口非常旺盛，后期开始加速在改变资源政策解禁铁矿石出口的澳大利亚实施项目开发。随后，进入 20 世纪 70 年代除了澳大利亚以外还推进了巴西的开发进口。

20 世纪 50 年代钢铁系矿业公司和钢铁专门商社进行开发进口占多数，投融资规模上日本进出口银行承诺金额也比较小。此时由钢铁公司和铁矿石的交易共同进行保证，还不是投融资的主体。但也有例外，1985 年 Goa Kiriburu 矿山的融资买矿时，神户制钢所、日立制作所、日商成为融资主体，日本进出口银行的融资承诺金额包含追加部分超过了 10 亿日元。

20 世纪 50 年代末到 60 年代初开始了大型开发进口，以综合商社为主体的投融资开始活跃。1959 年智利 Atakama 矿山的投融资以三菱商事和三菱矿业为主体，日本进出口银行的融资额超过了 20 亿日元[7]。20 世纪 60 年代后期开始投资参加澳大利亚开发进口，以三菱商事、住友商事、三井物产、伊藤忠商事为事业主体，日本进出口银行对 Sabejiriba 矿山（33.4 亿日元）、Mount Newman 矿山（46.9 亿日元）、Roburiba 矿山（196 亿日元）进行了大规模融资。对 Mount Newman 矿山开发在 16 年期间签订 1 亿吨长期供货合同。

20 世纪 70 年代，开发进口仅限于澳大利亚和巴西，采取方式是投资参加并且以钢铁公司占多数。这两个国家的铁矿石矿山规模比较大，日本进口数量见表 5-1-2。1970 年以后急速扩大，1980 年由这两个国家进口数量超过 60%，到了 2010 年占比达到约 89%。新项目开发进口在 20 世纪 60 年代占大多数，随后数量减少。海外钢铁原料委员会在 2003 年解散，以开发进口为主的钢铁原料稳定供给已经达到预期目的。

表 5-1-2　日本铁矿石进口数量　　　　单位：湿度千吨、%

年份	东亚	东南亚	印度	北美	巴西	其他(南美)	非洲	澳大利亚	其他	合计
1950	225	1087	96						17	1425
1960	371	6556	4439	1909	355	916	295	0	20	14861
1970	1212	6777	16449	5558	6779	15739	11026	36577	1880	101997
1980	0	4074	16507	3429	28523	9620	8337	60047	3184	133721
1990	138	4916	20753	1923	30198	6612	5024	53853	1874	125291
2000	60	4435	16610	808	26958	5594	4994	70975	1297	131731
2010	24	4	5332	963	39814	1944	6349	79558	329	134317
1950	15.8%	76.3%	6.7%						1.2%	100.0%
1960	2.5%	44.1%	29.9%	12.8%	2.4%	6.2%	2.0%	0.0%	0.1%	100.0%
1970	1.2%	6.6%	16.1%	5.4%	6.6%	15.4%	10.8%	35.9%	1.8%	100.0%
1980	0.0%	3.0%	12.3%	2.6%	21.3%	7.2%	6.2%	44.9%	2.4%	100.0%
1990	0.1%	3.9%	16.6%	1.5%	24.1%	5.3%	4.0%	43.0%	1.5%	100.0%
2000	0.0%	3.4%	12.6%	0.6%	20.5%	4.2%	3.8%	53.9%	1.0%	100.0%
2010	0.0%	0.0%	4.0%	0.7%	29.6%	1.4%	4.7%	59.2%	0.2%	100.0%

注：1990 年以后含锰铁矿。
出处：《钢铁统计要览》每年版本。

2. 铜精矿

日本炼铜产业首先是由国产铜矿山发展起来的，第二次世界大战以后从 20 世纪 50 年代开始海外进口铜矿急速增加，国内铜矿石被废弃。铜自给率由 1949 年的 100％降低到 1960 年的 35.5％。有代表性的铜矿山足尾矿山在 1973 年 2 月关闭，别子矿山也在同年 3 月关闭。在这种情形下，炼铜企业为确保精铜矿稳定供给，开始开发进口，见表 5-1-3。

表 5-1-3　铜矿石开发进口

开始时间	国家	矿山	方式	投融资公司	日本进出口银行承诺融资额
1955 年	菲律宾	Toledo	融资买矿	三菱金属矿业	（39 亿日元＋72 亿日元）
1956 年	菲律宾	Bagacay	融资买矿	三菱金属矿业	11 亿日元
1957 年	菲律宾	Sivalai	融资买矿	三菱金属矿业	
1962 年	加拿大	Bethlehem	资本参加	住友金属矿业	1.86 亿日元（3 亿日元）
1963 年	玻利维亚	Chacaltaya	资本参加	同和矿业	11.11 亿日元（16 亿日元）
1966 年	加拿大	Grandile	融资买矿	住友金属矿山和三菱金属矿业	17.67 亿日元（25 亿日元）
1967 年	加拿大	White House	资本参加	住友金属矿山	
1969 年	菲律宾	Kenon	融资买矿	日本矿业	
1969 年	秘鲁	Chubby	资本参加	日本矿业	4.04 亿日元（6 亿日元）
1969～1972 年	赞比亚	Nchanga	融资买矿	日本矿业等	37.65 亿日元（113 亿日元）
1970 年	加拿大	Brenda	融资买矿	日本矿业	（25 亿日元）
1970 年	加拿大	Fox Lake	融资买矿	三菱金属矿业	41.13 亿日元（59 亿日元）
1970 年	菲律宾	Isabela	融资买矿	三井金属矿业	5.46 亿日元
1970 年	菲律宾	Isabela	融资买矿	三井金属矿业	5.46 亿日元
1970 年	智利	Sagasuka	融资买矿	住友、日矿、三井	
1971 年	澳大利亚	Ganpowder	资本参加	三菱金属矿业	
1971 年	智利	Rio Branco	融资买矿	住友、日矿、三井	71.05 亿日元（初始 54 亿日元）
1971 年	秘鲁	Madrigal	融资买矿	东邦	
1972 年	扎伊尔	Musoci	开发生产	日矿等共同	136.81 亿日元（302 亿日元）
1972 年	巴布亚新几内亚	Bougainville	融资买矿	共同	111.00 亿日元（180 亿日元）
1972 年	印度尼西亚	Ertsborg	融资买矿	共同	（86 亿日元）
1972 年	加拿大	Low Neck	融资买矿	住友等共同	（95 亿日元）
1972 年	智利	Gran Bretama	资本参加	东邦	
1973 年	加拿大	Letemp Lake	融资买矿	三菱金属矿业	
1973 年	秘鲁	Katanga	开发生产	三菱金属矿业	（13 亿日元）
1975 年	秘鲁	Cerro Verde	融资买矿	日本矿业	
1975 年	马来西亚	Mammut	开发生产	三菱等共同	（174 亿日元）
1975 年	伊朗	Qaleh Zari	开发生产	日铁矿业	
1977 年	菲律宾	Baton Buhay	融资买矿	伊藤忠	
1980 年	澳大利亚	Tennant Creek	融资买矿	住友金属矿山	
1981 年	美国	Chino	资本参加	三菱商事	（188 亿日元）
1981 年	菲律宾	Puribueno	融资买矿	兼松	

开始时间	国家	矿山	方式	投融资公司	日本进出口银行承诺融资额
1986 年	美国	Morenci	资本参加	住友金属矿山	
1991 年	哥伦比亚	El Roble	开发生产	日本矿业	
1991 年	加拿大	Goldstream	融资买矿	日本矿业	
1994 年	智利	Escondida	资本参加	日本矿业和三菱金属矿业	
1995 年	智利	La Candelaria	资本参加	住友金属矿山	
1995 年	澳大利亚	North Park	资本参加	住友金属矿山	
1997 年	加拿大	Mount Polle	资本参加	住友商事	
1997 年	加拿大	Huckleberry	资本参加	三菱、同和、古河	
1997 年	美国	Silver Bell	资本参加	三井物产	
1999 年	智利	Collahuasi	资本参加	日矿、三井	
1999 年	印度尼西亚	Batu Hijau	资本参加	住友、三菱	
2000 年	智利	Los Pelambres	资本参加	日矿、三菱	
2001 年	智利	El Bronce	开发生产	日铁矿业	
2001 年	秘鲁	Antamina	资本参加	三菱商事	
2002 年	澳大利亚	Ridgway	融资买矿	日本矿业	

注：日本进出口银行承诺融资额是包含投资额的数据。括号内的数据是融资对象投资额。

出处：独立行政人石油天然气和金属矿物资源机构，金属资源开发调查企划集团《铜商业的历史》第 4 章表 4-6。

1955 年开业的菲律宾 Toreyido 矿山，于 1953 年由三菱金属矿业融资开发，这是铜矿开发的起始点。这个项目的初期融资对象投融资额是 38 亿日元，后来又追加了 72 亿日元。其后，20 世纪 50 年代三井金属矿业对菲律宾的 Bagakayi 矿山和 Siparayi 矿山进行开发融资。20 世纪 60 年代住友金属矿山以参股方式对加拿大的 Beturebemu 矿山进行投资，随后一直持续对加拿大投融资。

在经济高速发展过程中，对有色金属的需要也急速扩大，铜矿石的进口在 1965 年是 18 万吨，到 1974 年急速增至 78.8 万吨。1971 年智利 Rio Burannko 矿山、1972 年巴布亚新及利亚的 Bugennbiru 矿山、印度尼西亚的 Erutuberu 矿山、加拿大的 Ronekusu 矿山等共同开发的大型矿山开始生产，1972 年最初的国家项目从开始到投产都由日本负责的扎伊尔矿山 Musosi 矿山开业。Musosi 矿山开发是 1868 年成立的 Konngo 矿山开发公司（1972 年改名扎伊尔矿山开发公司）为主进行推进，加之以日本矿业（现 JX 日矿日石金属）为中心及产铜 6 家公司参加，融资对象投融资额是 302 亿日元，是日本进出口银行承诺融资额 137 亿日元的大型开发项目。1975 年同样是国家项目的马来西亚 Mamudo 矿山开始生产。

铜矿开发进口量与总进口量（资本参加、融资买矿）的比例见图 5-1-1，20 世纪 70 年代中期扩大了 60% 左右。

第 1 次石油危机以后，国际有色金属市场在 1974 年 4 月达到峰值后开始暴跌，随后进入长期持续低迷状态，日本企业开发进口也停滞不前。1983 年扎伊尔 Musosi 矿山由于铜市场低迷，加上汇率损失，蒙受了巨大损失，日本撤退并将营业权转让给了地方政府。20 世纪 70 年代前期签约的大型融资买矿矿山合同逐步期满，如图 5-1-1 所示，铜矿开发进口的比例降低到 40% 的水平，单纯以买矿形式的进口变成了主流。尽管如此，融资买矿结束以后切换成单纯买矿的形式，稳定进口还是得到了一定的保障，开发进口可以说作用很大。

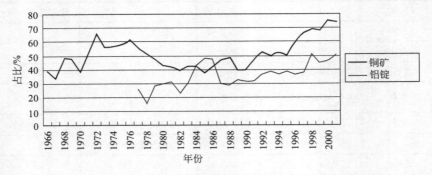

图 5-1-1　开发进口量占总进口量的比例

　　进入 1990 年炼铜企业单独进行开发进口再次活跃，2000 年开发进口的比例超过了 70%。

注释：

2. 日本进出口银行《20 年历程》同银行，1971 年，229 页。

3. 美国和加拿大的铁矿石进口量如下。

附表 5-1　铁矿石进口占比　　　　　　　　　单位：湿度千吨

年份	由美国和加拿大的进口量	进口合计	占比/%
1950		1425	0.0%
1951	904	3089	29.3%
1952	1922	4768	40.3%
1953	1373	4290	32.0%
1954	979	5005	19.6%
1955	717	5459	13.1%
1956	1285	7766	16.5%
1957	1416	9381	15.1%

出处：日本钢铁联盟战后钢铁史编委会《战后钢铁史》日本钢铁联盟，1959 年，264 页。

4. 日本钢铁联盟战后钢铁史编委会《战后钢铁史》日本钢铁联盟，1959 年，272 页。这个融资是延迟支付矿山开发用机械，铁矿石的进口价格以降价形式延迟结算的方式。日本进出口银行前书，229 页。

5. 日本钢铁联盟战后钢铁史编委会前书，273～274 页。

6. 日本进出口银行前书，260 页。

7. 为抑制由智利的铁矿石长距离运输费用的上升，开发矿山的同时设想建造大型矿石专用运输船。日本进出口银行《30 年的历程》同银行，1983 年，118 页。

第二节　铝锭的开发进口

　　在本节介绍铝锭开发进口的基础上，按每个项目进行讨论，Asahan 项目和亚马逊项目将在第 3 节进行讨论。

表 5-2-1　矾土矿、氧化铝、铝锭的开发进口情况

年份	矿山、项目名称	开发方式	日本方面公司	日本进出口银行承诺融资额
1958	Sarawak	矾土矿：资本参加。1965 年关闭	日本轻金属、昭和电工、住友化学工业	
1960	Sheba	矾土矿：资本参加	日本金属	
1965	Weipa	矾土矿：资本参加	日本金属	
1965	Weipa	矾土矿：资本参加 Comalco 矾土矿（中国香港）	昭和电工和住友化学工业	
1968	Vanua Levu	矾土矿：资本参加。1973 年计划中止	日本轻金属、昭和电工、住友化学工业	
1968	Bintan 岛低品位铝土矿	矾土矿：与印度尼西亚政府签订铝土矿采矿合同,1974 年合同失效	日本轻金属、昭和电工、住友化学工业	
1969	NZAS	矾锭：资本参加新西兰 NZAS,1969 年 2 月成立。1971 年开始投产	昭和电工、住友化学工业	90.69 亿日元（182 亿日元）
1971	Kimberley	氧化铝：美国 Almax 和氧化铝制造事业签署备忘录。1973 年计划延期，随后冻结	住友化学、昭和电工	
1971	Rennell	氧化铝：成立长期。1974 年公司解散	三井金属矿业、日本轻金属、三菱化成、三井氧化铝	
1972	Kivi 地区矾土矿资源	矾土矿：Kaiser 和 Reynolds 决定合资。1974 年公司撤退	铝资源开发	
1973	Venalum	铝锭：Indusrin Venezolana De Aluminio C.A.（委内瑞拉）。1978 年投产	最初是昭和电工、神户制钢所、丸红。1974 年 2 月再编后昭和轻金属、神户制钢所、住友铝业、三菱金属、丸红	（82 亿日元）
1973	Alumax	铝锭：Alumax 旗下的 Amax Aluminum Group 收购一半铝业设备。该集团政府改称 Alumax	三井物产、新日本制铁	
1974	Oregon 计划	铝锭：Alumax 资金参加。最后退出	三井物产	
1974	Alpac	铝锭：ALPAC 资金参加。委托加工氧化铝	日本轻金属	

| | Sarawak | | | |

年份	国家	矿山、项目名称	开发方式	日本方面公司	日本进出口银行承诺融资额
1976	印度尼西亚	Asahan(Inalum)	铝锭：资本参加 P. T. Indonesia Asahan (INALUM)，1982年投产	日本 Asahan（铝冶炼5家及商社7家参加）。海外经济合作基金出资50% 日本 Asahan	
1978	巴西	Albras	铝锭：资本参加 Aluminio Brasilero S. A. (ALBRAS)，1985年开始投产	日本亚逊铝业 NAAC 公司（冶炼5家，商社11家，用户15家参加）。海外经济合作基金出资50%，NAAC 44.92%	
1978	巴西	Alunorte	氧化铝：资本参加 Alumina do Nort do Brasil S. A. (ALUNORTE)，1995年开始投产	NAAC	
1979	澳大利亚	Boyne Smelters	铝锭：资本参加 Gladstone Aluminium Limited，1982年该公司名变更为 Boyne Smelters	住友、住友轻金属、住友制钢所、吉田工业、三菱商事	
1980	美国	Alumax	铝锭：资本参加 Alunmax 子公司 ASCO	三井物产（经过 ALSAS 子公司）	329 亿日元
1980	澳大利亚	Alfarl	铝锭：计划参与 Alfarl（澳洲 NSW 煤炭冶炼计划）决定。1982年决定解除	三井物产，昭和轻金属，古河电工，丰田汽车，三井工业	
1984	澳大利亚	Worsley	氧化铝：资本参加 Worsley，1987年开始生产	神户制钢所，日商岩井，伊藤忠	
1986	澳大利亚	Portland·Smelters	铝锭：资本参加 Portland Smelters，1987年4月开始生产。	丸红	
1988	美国	Alcoa	Alcoa 的工厂设备并购，2006年撤退	三井物产，吉田工业	
1992	加拿大	Alouette	铝锭：资本参加 Alouette，1992年投产	丸红	
2000	莫桑比克	Mozal	铝锭：资本参加 Mozal，2000年开始投产	三菱商事	
2010	马来西亚	Sarawak	铝锭：资本参加（Press Metal Sarawak Sdn. Bhd. ）	住友商事	

注：日本进出口银行承诺融资额栏中括号内的数值是提供融资额对象装融资额。

出处：《日本轻金属三十年史》《日本轻金属五十年史》《海外资源开发》（西冈盛编著）、《住友化学工业最近二十年史》、日本进出口银行《20年的历程》265页、日本进出口银行《30年的历程》232、369页，牛岛俊行和宫岗成次《白黑钻石的轻银》，通商产业政策史编纂委员会编纂《通产业商业政策史》第6卷，经济产业省有色金属科《产业现状课题》，住友商事新闻简报等。

1. 铝锭开发进口概要

铝产业开发进口情况见表 5-2-1，以矾土矿为对象始于 1958 年。有关日本铝产业，有观点认为纯粹是应对原料资源。与铁矿石和铜矿石相比行动迟缓。

有理由指出[1]："我国的铝产业界原料矾土矿，可以以比较稳定的价格得到，铝锭和加工品有较高的关税壁垒进行保护，与海外成品比较成本高的弱点没能体现出来，各个方面的努力做得是很不够的。"

如第 2 章所记述的那样，第二次世界大战以后，1948 年开始古河矿业采自 Bintan 岛矾土矿得到进口许可以来，如表 5-2-2 所示，20 世纪 50 年代东南亚成为进口矾土矿中心。Bintan 岛的矾土矿 1951 年是每吨高达 20.5 美元（CIF），其后进口价格降到 13 美元，数量上趋于稳定。伴随铝需求的扩大，矾土矿的进口量也增加了，原有矿山的再开发或新矿山的开发，日本企业在 20 世纪 50 年代还没意识到确保矾土矿的紧迫性。

表 5-2-2　矾土矿进口国和矿山　　　　　　　　　　　单位：万吨

年代	印度尼西亚	马来西亚			澳大利亚		印度	合计
	Bintan	Lambnia	Sheba	Sematan	Weipa	Gove		
20 世纪 50 年代	170	121	34	22	0	0	1	349
20 世纪 60 年代	559	166	270	100	440	0	48	1586
20 世纪 70 年代	1001	111	430	0	1835	857	0	4235
20 世纪 80 年代	893	0	295	0	1012	624	0	2824
20 世纪 50 年代	48.7%	34.7%	9.9%	6.2%	0.0%	0.0%	0.4%	100.0%
20 世纪 60 年代	35.3%	10.5%	17.0%	6.3%	27.8%	0.0%	3.0%	100.0%
20 世纪 70 年代	23.6%	2.6%	10.2%	0.0%	43.3%	20.2%	0.0%	100.0%
20 世纪 80 年代	31.6%	0.0%	10.4%	0.0%	35.8%	22.1%	0.0%	100.0%

注：进口矾土矿按水分 3% 换算 10 年期间合计数值。

出处：《铝冶炼工业统计年报》《轻金属工业统计年报》《（社）日本铝业联盟的记录》422 页。

对于铝开发进口落后的理由有这样的解释说明：类似这样的项目上冶炼各公司应对慢的理由除本节开头所述理由以外，铝冶炼产业起始及体制与正常矿山产业冶炼部门有所不同，起因是其有强烈的化学工业想法。如昭和电工、住友化学、三菱化成都是国家化学工业的代表性企业，没有矿山产业方面经验，在国内完全没有矾土矿资源，在资源开发上没有意识，通常具有的想法是原料向别人购买就可以了。

与此相反，我国矿山产业是由国内资源开发起始的，依附于国内矿山冶炼所，伴随需求增加，国内矿山资源枯竭，目光转向了海外原料矿石。但此时海外大型矿山都被世界有色金属巨头占据，也只剩下中小矿山可买。加上特别是铜等在当地冶炼精度高的原因，以矿石形式流通的少之又少，大部分都以条状金属形式流通。还有铜、锌、铅等具有的战略物资及稀有物资的属性强烈，作为国际商品时的交易价格变动剧烈。在这种背景下，日本有色金属业界在矿石市场有心理落差也许是很自然的[3]。没有跨界化学工业的日本轻金属，1953 年接受 Alcan 出资 50% 的理由是：矾土矿能低价稳定进口，考虑到 1960 年投资参加 Sheba 矿山，这样的说法也有说服力。

进入 20 世纪 60 年代，开始从澳大利亚进口矾土矿。20 世纪 60 年代合计占比只有

27.8%，20世纪70年代Weipa和Gove合计占比63.5%，成为日本进口主力地域。1965年日本轻金属、昭和电工、住友化学分别开始启动Weipa矾土矿开发进口。

日本轻金属与Alcan为取得矿区而设立的Arukuyinn共同出资（日本轻金属48%）设立澳大利亚矾土矿Pty公司，1967～1976年的10年间持续购入Comalco矿区内的矿石[5]。

昭和电工和住友化学与Comalco Industries Pty. Ltd.（1970年开始称Comalco公司）共同出资（Comalco 52%、昭和电工与住友化学各24%）成立了Comalco矾土矿香港公司。这个合资公司签订了10年期限，每年从Comalco买入259万吨的矾土矿，每年向日本出货量60～70万吨。

矾土矿开发进口在一定程度上是落后的。1969年昭和电工和住友化学冶炼两家公司开始铝锭的开发进口。开发铝锭进口所占比例见图5-1-1，20世纪70年代急剧增长，到1985年前后是43%～48%，达到了高于铜矿的水平。其后短时间内有低于30%左右的低谷期，但随后又开始上升，1998年达到了50%的高水平。铝锭进口更详细的数据见表5-2-3。

表5-2-3　进口铝锭明细　　　　　　　　　　　　　　　　单位：万吨

年份	进口合计	开发进口	长期签约	零散签约	比率/%		
					开发进口	长期签约	单签约
1977	47	12	11	24	25.5%	23.4%	51.1%
1978	76	12	25	39	15.8%	32.9%	51.3%
1979	68	19	18	31	27.9%	26.5%	45.6%
1980	86	25	21	40	29.1%	24.4%	46.5%
1981	106	32	25	49	30.2%	23.6%	46.2%
1982	135	30	39	66	22.2%	28.9%	48.9%
1983	142	43	48	51	30.3%	33.8%	35.9%
1984	128	55	39	34	43.0%	30.5%	26.6%
1985	135	65	33	38	47.7%	24.4%	27.8%
1986	119	56	41	22	47.4%	34.1%	18.4%
1987	191	56	52	83	29.1%	27.3%	43.6%
1988	207	58	63	86	28.0%	30.4%	41.7%
1989	225	71	58	95	31.8%	26.0%	42.2%
1990	243	74	62	106	30.7%	25.5%	43.9%
1991	243	76	62	105	31.1%	25.7%	43.2%
1992	231	83	67	82	35.9%	28.8%	35.4%
1993	214	80	88	46	37.5%	41.0%	21.5%
1994	241	87	91	63	36.0%	37.7%	26.2%
1995	240	90	95	55	37.5%	39.5%	23.0%
1996	247	87	107	53	35.4%	43.1%	21.5%
1997	267	99	116	52	36.9%	43.6%	19.5%
1998	197	99	123	△25	50.2%	62.5%	△12.6%
1999	231	101	119	11	43.8%	51.4%	4.8%
2000	233	107	118	8	46.0%	50.6%	3.4%
2001	208	105	108	△5	50.3%	52.1%	△2.5%

注：△表示负数。与表4-3-1铝锭需求的进口树脂有不一致的地方，原因不明。

出处：1984年以前来自日本铝业联盟的调整，《金属工业'88》180页。1985年以后来自日本铝业协会资料《丸红报告》。

1977 年开发进口在 12 万吨左右，5 年后的 1982 年增至 30 万吨，1985 年为 65 万吨，1990 年为 74 万吨，1995 年为 90 万吨，1999 年为超过了 100 万吨。铝锭稳定供给的另一个支柱是签订长期合约，20 世纪 80 年代末期顺利扩大，到 20 世纪 90 年代后期已经超过 100 万吨。20 世纪 80 年代 Comalco、Alcoa、Alcan 是主要进口来源，20 世纪 90 年代 Tomago、Dyubaru 也成了主要进口来源。结果是现货购买规模 20 世纪 90 年代超过 100 万吨，其后急降，2000 年跌落到 10 万吨。

开发进口项目情况见表 5-2-4。1985 年 Asahan 和 Venalum 都在 17 万吨水平，Boyne Smelters 和 NZAS 都在 10 万吨水平，1990 年 Venalum 是 20 万吨，Boyne、Asahan、Alumax、亚马逊（Amazon）是 10 万吨水平。1995 年 Alumax 最大，Amazon、Asahan、Boyne、Venalum 紧随其后，都在 12 万～17 万吨水平。开发进口超过 100 万吨的 1999 年，Boyne 是 22 万吨水平，Amazon 和 Alumax 是 17 万吨水平，Venalum 是 13 万吨水平，Asahan 的出货量降低。

表 5-2-4　开发进口项目情况　　　　　　　　　　　　单位：kt

年份	开发进口合计	项目									
		NZAS	Venalum	Alpac	Alumax	Asahan	Boyne	Amazon	Alouette	Portland	Mozal
1985	645	100	170	45	45	175	110				
1986	563	50	160	45	45	130	100	33			
1987	555	50	160	45	0	120	100	80			
1988	579	50	170	45	10	120	102	82			
1989	713	50	192	45	110	118	116	82			
1990	744	50	200	45	110	116	117	106			
1991	756	50	208	45	110	97	119	127			
1992	826	50	206	45	110	113	116	166	12	8	
1993	802	53	105	45	110	129	116	169	43	32	
1994	867	55	177	41	85	135	132	170	43	29	
1995	901	55	125	41	174	137	128	169	43	29	
1996	874	60	101	37	170	137	128	169	43	29	
1997	986	64	155	39	174	149	162	170	43	30	
1998	988	65	130	42	172	88	224	166	47	54	
1999	1011	65	130	45	171	75	224	175	48	78	
2000	1071	66	130	45	163	96	231	179	48	78	35
2001	1046	66	130	35	110	115	235	166	48	78	63

出处：日本铝业协会资料《丸红报告》。

铝锭进口国家构成比例如图 5-2-1 所示。1975 年占比较大的依次是澳大利亚、新西兰、苏联、加拿大、巴林、美国。10 年后的 1985 年，顺序变为澳大利亚、美国、印度尼西亚、委内瑞拉、新西兰。澳大利亚占比最大一直没有变化，巴西和苏联的比重增大，美国和加拿大的比重降低。中国成了最大的铝生产国，但出口数量很少。

2. 工厂系的开发进口

开发进口项目见表 5-2-5。

（1）NZAS（新西兰）

最初铝锭开发进口是昭和电工和住友化学工业对新西兰 New Zealand Aluminium

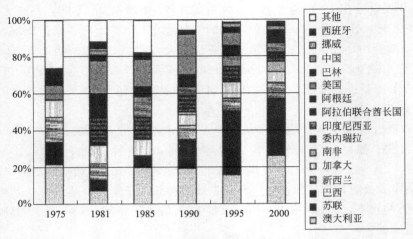

图 5-2-1　铝锭进口国家构成比例

出处：截至 1985 年出自《日本轻金属五十历史》358～359 页，1990 年以后来自《财务省自贸统计》国别表。

Smelters Limited（简称 NZAS）进行的投资[6]。澳大利亚的 Comalco 是 1967 年通过 Comalco 矾土矿香港公司给昭和电工供应矾土矿，并提议在新西兰建设冶炼工厂合资事业。昭和电工提议与其一同进行矾土矿开发的住友化学共同推进及共同调查。

　　Comalco 提议：利用当时新西兰政府正在建设中的马纳普里湖水力发电电力，使用 Comalco 氧化铝进行铝冶炼。马纳普里湖在水力发电条件方面是世界最好的。昭和电工想法是 1967 年当时日本国内的电费是 3～3.5 日元/度，而在新西兰是 0.7～0.8 日元/度左右，每吨铝大概有 3 万日元的差价。因此，三井集团希望加入，昭和电工持反对意见[7]，最终由两家日本公司参加。

　　1969 年 Comalco 成立新西兰·铝 Smelters（NZAS），得到日本政府认可后两家公司投资。新西兰·铝 Smelters 注册资金是 87.5 万新西兰元（约 32.5 亿日元），出资比例是 Comalco 50%、昭和电工 25%、住友化学 25%。新工厂 1 期生产规模是 7.5 万吨，最终生产能力是 22.5 万吨。所需资金预计是 9340 万美元（336 亿日元），1969～1973 年的 5 年时间内日本两家公司负担金额是 4670 万美元（168.1 亿日元），其中 1550 万美元（56 亿日元）用设备来冲抵。类似这样的巨额投资日本政府的态度也非常谨慎，最终在 1969 年 6 月批准。日本进出口银行承诺融资对象投融资额的 182 亿日元中投资份额为 65.9 亿日元，接受出口金融份额 24.8 亿日元融资[8]。

　　在此期间，新西兰政府就法人征税进行了商谈。在新西兰通常国内法人所得税和社会福利税合计税率是 55%，若政府认定为投资公司则税率上有优惠政策。NZAS 最终被认定为投资公司，所得税率为 42.5%。

　　第 1 期工程的一部分在 1971 年 7 月开工，11 月 204 炉 15 万安培预焙式电解炉 7.5 万吨设备完工。氧化铝由昆斯兰工厂供给。其后，1972 年第 2 期 3.8 万吨、1976 年第 3 期 3.8 万吨、1982 年第 4 期 8.7 万吨的设备相继投产。同时对 15.5 万安培电解炉进行改造，1982 年末成为年产能力 24.4 万吨大型工厂。其间注册资金被增至 3150 万新西兰元，日本的两家公司出资份额各自变成 20.64%。

　　1986 年昭和电工将持有 NZAS 的股份转让给 Comalco[9]。NZAS 的合资工厂变成 Comalco 占 79.36%、住友化学占 20.64%。

表 5-2-5　铝冶炼开发进口项目

项目名称	国家	年生产力/(kt/年)	日本取得量/(kt,%)	电源	生产开始时间	出资者 日本	出资者 外国
NZAS	新西兰	152 337	75 70	水力	1971年	昭和轻金属25%，住友铝业25%	澳大利亚 Comalco 50%
						住友化学20.64%	Rio Tinto Alcan 78.36%
Alpac	加拿大	90	45	水力	1977年	日本轻金属50%	加拿大 Alcan 50%
Venalum	委内瑞拉	280 450	160 90	水力	1978年	昭和轻金属7%，住友铝业4%，神户制钢所4%，三菱轻金属2%，三菱金属2%，丸红1%	委内瑞拉 CVG 25% FIV 55%
						昭和电工7%，住友化学4%，三菱铝业1%，神户制钢所4%，三菱材料3%，丸红1%	委内瑞拉 CVG 80%
Alumax	美国	180	45	煤炭火力	1980年	三井物产25%，2006年撤退	美国 Alumax 75%
Asahan	印度尼西亚	225	59.10% 133	水力	1982年	日本Asahan 75%(冶炼5家，商社7家，海外经济合作基金)	印度尼西亚政府 25%
						日本Asahan 59%(冶炼5家，商社8家、国际合作银行)	印度尼西亚政府 41%
Boyne Smelters	澳大利亚	206 545	103 222	煤炭火力	1982年	住友铝业4.5%，住友轻金属8.5%，神户制钢9.5%，吉田工业9.5%，三菱商事9.5%，丸红4.3%，住友商事4.3%	澳大利亚 Comalco 30% Kaiser 20%
						住友轻金属1%，YKK 9.5%，三菱商事14.25%，住友商事8%，丸红8%	Rio Tinto Alcan 59.25%

项目名称	国家	年生产力/(kt/年)	日本取得量/(kt, %)	电源	生产开始时间	出资者	
						日本	外国
Albras	巴西	320 445	160 218	水力	1985年	日本亚马逊49%（冶炼5家、商社11家、用户15家、海外经济合作基金） 日本亚马逊49%（冶炼3家、商社和银行9家、用户14家、海外经济合作基金）	巴西 Rio 51% Hydro 51%
Portland Smelters	澳大利亚	435	22.60%	煤炭火力	1986年	丸红22.5%	Alcoa55%（中国企业）CITIC 22.5%
Alouette	加拿大	243 550	20% 73	水力	1992年	神户制钢所13.33%、丸红6.67% 丸红13.33%	西德 VAW 20%、奥地利金属20%、荷兰 Hogobensu 20%、魁北克政府 SGF 20% Alcan 40%、奥地利金属20%、Hydro 20%、SGF 6.67%
Mozal	莫桑比克	506	127	水力	2000年	三菱商事25%	BHP Billiton 47.1%、其他27.9%
Sarawak	马来西亚	120 440	20%	煤炭火力	2010年 2013年	住友商事20%	Puresumetaru 80%

注：年生产能力和日本取得量表中出资者上一行是出资者，下一行是上一行过去，下一行是2012年现在。Sarawak 的生产能力下段是2013年扩张预计。

出处：《通商产业政策史 1980—2000》第6卷，311页。经济产业省有色金属科《铝产业的现状及课题》，2013年6月26日。《Altopeer》2013年9月。各公司网站。

NZAS 为确保电力长期稳定供给，与新西兰电力公司签订了长期供电合同。1994 年进行设备更新升级，生产能力增加到 26.7 万吨，同年 10 月进行年产 31.3 万吨设备增产工程，并于 1996 年 7 月完工投产。其后继续增加设备生产能力，2011 年铝锭年产能达到 35.4 万吨。

Comalco 是 Rio Tinto 出资的子公司，2000 年变成全资子公司，2006 年公司更名为 Rio Tinto Aluminium。2007 年 Rio Tinto 和 Alcan 合并，公司更名为 Rio Tinto Alcan New Zealand。随后，2011 年 NZAS 将原持有 Comalco（79.36%）所有权移交给 Rio Tinto Alcan 主体事业 Pacific Aluminium。

NZAS 生产的铝锭根据出资比率，按成本价格基准新西兰元与日本签订交易合同，住友化学在 1996 年设备增产后持有每年 6.46 万吨铝锭交易额度，2013 年 33.6 万吨生产能力中获得 6.9 万吨交易份额[10]。

（2）Venalum（委内瑞拉）

南美的委内瑞拉水资源非常丰富，1967 年美国 Reynolds 在奥里诺科河和卡罗尼河的交汇点圭亚那地区建设年产能 2.5 万吨的工厂并投产。在推进电力开发中卡罗尼河开发集团计划建设 600 万 kW 和 400 万 kW 的发电站。

1969 年访问南美的昭和电工总经理安西视察了发电站，注意到在圭亚那地区建设冶炼工厂的区位优势，与委内瑞拉政府方的窗口圭亚那开发集团 CVG 进行了相关条件的谈判并决定投资，1972 年成立当地法人昭和电工委内瑞拉 CA［注册资金 2 万 BS（译者注：BS 为委内瑞拉货币单位），约 140 万日元］。随后呼吁与宣布进军铝冶炼产业的神户制钢所进行共同投资，1973 年 8 月圭亚那开发集团 CVG 与日本企业成立合资公司 Industria Venezolana De Aluminio C.A（统称 Venalum）。新公司的出资比率是日本方面 80%（昭和电工 35%、神户制钢所 35%、丸红 10%）、圭亚那开发集团 20%，注册资金是 3400 万 BS（约 21 亿日元）。该计划是第 1 期年产 7.5 万吨，最终 15 万吨，昭和电工负责工厂的冶炼设备和冶炼技术指导，1973 年末开工建设。

另一方面，Reynolds 呼吁与三菱集团和住友化学在圭亚那地区共同参与冶炼计划，1973 年 Reynolds 的当地子公司 Aluminio Del Caroni S.A 与两个公司签订备忘录。1974 年 5 月推进建设年产 28 万吨冶炼工厂，新公司（注册资金 1 亿美元，Reynolds、Reynolds 的当地子公司 Aluminio Del Caroni S.A、住友化学、三菱金属矿业各出资 25%）成立。

可是，1974 年的总统选举，佩雷斯当选新任总统，制定了石油国有化法，发表了将铁和铝等重要产业划归国有化方针，日本 5 家公司与 Reynolds 的铝冶炼计划重新规划。1974 年 12 月签订新的合约，Venalum 改组增资，注册资金 10 亿 BS（约 500 亿日元），出资比例委内瑞拉方面 80%（委内瑞拉投资资金 61.2%、圭亚那开发集团 18.8%）、日本方面 20%（昭和电工 7%、住友化学和神户制钢所各 4%、三菱化成工业和三菱金属各 2%、丸红 1%），年产能 28 万吨的工厂由 Reynolds 负责工程建设。预计建设工程费用 4.4 亿美元（约 1320 亿日元），1973 年由日本进出口银行投融资 82 亿日元。

Venalum 工厂 1982 年 2 月一部分完工并投产，12 月开始往日本发货。日本方面每年交易数量是 16 万吨（生产量的 57%），除丸红外其余各家公司按出资比率进行交易，交易价格采用 Alcan 国际批发价格基准，Alcan 的国际批发价格废除以后，1985 年开始以 LME 基准替代。由于当时 Alcan 批发价格高于市场价格，所以日本方面 1984 年只交易了 11 万吨。采用了新的计算方式以后，1985 年将之前累计余量共计 18.5 万吨发往日本[11]。

在铝市场低迷状况中，委内瑞拉通货膨胀，玻利瓦尔对美元汇率下降，Venalum 业绩好转，实施年分红 100%方案[12]。随后，1986 年计划将年生产能力 14 万吨增至 42 万吨，新增设备生产能力 11 万吨及 3 万吨设备改造工程项目[13]。

后来，围绕交易价格和数量，Venalum 和日本方面发生对立，2002 年短时间内中断了向日本出口，达成新协议后每年向日本出口 9 万吨[14]。

2008 年再次围绕价格发生对立，并停止了向日本出口。2009 年日本方面决定解除合资合同，提议将股份卖给委内瑞拉方面[15]。其后，股份买卖未能推进下去，日本交易量大幅度下降[16]。

（3）Alpac（加拿大）

Alpac 是委托当地加工铝锭的合资企业。1974 年 7 月日本轻金属和 Alcan 在加拿大的蒙特利尔市成立联邦法人 Alpac Aluminium。Alpac 供给 Alcan Kitimato 工厂氧化铝，委托其进行铝冶炼加工，1977 年开始总计 25 年期间每年保有 9 万吨铝锭交易权利。日本轻金属和 Alcan 有均等的氧化铝委托加工权利，铝锭也有均等交易签约权利。Alpac 将此权利折价 9000 万加拿大元向 Alcan 融资。

日本轻金属考虑到电费成本等加工费用有利可图，风险低且位于太平洋沿岸，海上运费比较便宜，所以积极推进了 Alpac 计划。

1991 年发行的《日本轻金属五十年史》里的记述[17]："对于我公司来说，Alpac 在铝锭市场环境恶化、日元升值利息负担加重、汇率损失加大的非常不利的背景下，对我公司来说是一个很大力度的支持"。如表 5-2-4 所示，从 Alpac 每年进口约 4.5 万吨铝锭。

（4）Boyne Smelters（澳大利亚）

1978 年 Comalco 的 D. Part 会长等访问日本，对日本方面 6 家企业发出邀请，投资参加与 Kaiser 进行合资事业谈判的澳大利亚的铝冶炼事业 Gladstone 计划。邀请投资的日本 6 家企业是[18]：神户制钢所、吉田工业、丰田汽车工业、住友铝冶炼、住友轻金属工业、三菱集团。日本方面通过价格谈判，决定参加 Comalco 会长邀请的这个计划。

该计划在昆士兰州格列士敦的 Boyne Island，利用煤炭发电站建设年产 20.68 万吨（10.34 万吨，2 列）铝锭工厂的计划，第 1 期 1 列总施工费用 6.1841 亿澳元（约 1546 亿日元），出资比例 Comalco 占 30%、Kaiser 20%、日本方面 50%。

预定工厂建设用地紧邻 Comalco 氧化铝工厂，氧化铝可以用皮带输送机运输过来。这个计划符合各方所需，氧化铝由 Comalco 供给，交给新冶炼公司，支付委托加工费即可。冶炼技术由 Comalco 选定住友铝冶炼的预焙式炉冶炼法（住友东予铝冶炼类型）。

1979 年 3 月成立 Gladstone Aluminium Limited，日本方面出资 50%（住友轻金属工业 17%，神户制钢所、吉田工业和三菱商事各 9.5%，住友铝冶炼 4.5%）。住友轻金属工业的持股里有住友商事和丸红各参加 4.25%，但铝锭交易份额 17%全部由住友轻金属工业买入[19]。住友铝冶炼当时财务状况不佳，对参加该计划极其消极，之所以参加据说是因为提供技术的缘由。

冶炼工厂建设于 1980 年 8 月开工，住友铝冶炼的技术指导也顺利实施，1982 年 2 月通电，1984 年夏几乎满负荷运转。此间，1982 年 1 月冶炼公司名字变更为 Boyne Smelters Limited。

1983 年开始面向日本发货，采用日本 Line 使用的铝锭专用船（1.7 万吨）运输[20]。铝锭的交易价格以成本为基准，电力使用煤炭发电，比水力发电 NZAS 的铝锭价格要高。

Boyne Smelters 在 1993 年计划增加设备。神户制钢所没有参加这个计划，因其所需铝锭数量已经有了保证[21]。除神户制钢所以外的 6 家日本企业（住友轻金属、三菱材料、吉田工业、住友商事、丸红、三菱商事）参与了设备增设计划，分担了总投资额 1300 亿日元的 40.75%，年生产能力预计扩大到 47.5 万吨[22]。1997 年开始的第 3 列电解炉顺利完成，生产能力扩大到 54 万吨，成为澳大利亚最大的铝冶炼企业。2012 年实施了第 1 列重建工程和第 2 列翻新工程[23]。

2002 年神户制钢所将 Boyne Smelters 的股份（第 1、第 2 列份额，9.5%）卖给了 Comalco，从合资事业中撤退[24]。

2011 年 Boyne Smelters 的原 Comalco 股份（59.25%）转移给 Rio Tinto Alcan 事业体 Pacific Aluminium。日本方面持股是三菱商事 14.25%，YKK 9.5%，住友商事和丸红各 8%，住友轻金属 1%[25]。

3. 商社系的开发进口

（1）Alumax（美国）

看一看以商社为主体的开发进口情况。三井物产在有色金属当中铝的交易数量比较少，1974 年度以前的证券市场报告中金属部门的主要经营商品里加入了铝业，作为该社最大海外投资案例 Alumax 的名字被登记在册[26]。三井物产由 1973 年度开始取得 American metal Climax，Inc 的股份 250 股（1.248 亿美元，约 375 亿日元），其中的 25 股由新日铁转让所得，1975 年变为 Alumax 股份公司。三井物产持股约 363.4 亿日元，为该公司当时最大规模的海外投资[27]。

AMAX 是美国大型有色金属企业，1962 年收购铝冶炼企业加入了铝行业[28]。1965 年将有关铝业公司纳入旗下并成立 AMAX Aluminum Group。AMAX 长期负债超过 5 亿美元，为减轻债务 1973 年将集团的 1/2 卖给三井物产和新日本制铁，并将集团名字改为 Alumax。三井物产保有 Alumax 的 45%，新日本制铁保有 5%。此为当时日美之间最大的合资事业。第二年 1974 年 AMAX 将自己公司名字改为 AMAX Inc。Alumax 是 1970 年末美国成长最快的铝业公司。1980 年三井物产通过子公司对 Alumax 的子公司 ASCO 出资 25%[29]。美国税制改革将合并计税对象 50% 子公司变更为 100% 子公司，1986 年 AMAX 提议将日本方面所持有的 AMAX 股份回购，三井物产和新日本制铁回应了要求[30]。

1988 年 Alumax 所持有的 Intalco 工厂（华盛顿州，年产 27 万吨）及 Yisutaruko 工厂（马里兰州，年产 17 万吨）的生产设备的 25% 股份，转让给三井物产（美国子公司 Mitalco，11%）、东洋窗框（Tostem 7%）、吉田工业（YKK，子公司 Alumerica，7%）。由此，3 家公司取得在这两个工厂生产的铝锭 25% 的成本价格交易权利[31]。1995 年三井物产与 Tostem 对这两个工厂追加投资，持股变为三井物产 23%、Tostem 9%、YKK 7%，总计达到 39%[32]。

Intalco 工厂是 AMAX、Pechiney 以及 Howmet 在 1966 年成立的 Intalco Aluminium Corp. 铝冶炼工厂。所在地在华盛顿州 Ferndale，从 Alcoa 和住友化学工业接受氧化铝供给而开始投产[33]。Yisutaruko 工厂所在地也是马里兰州 Fernderick 冶炼工厂，是 Alumax 和 Howmet（法国系 Pechiney）的合资工厂。两个工厂在 1983 年同为 Aluman 100% 所有。

1966 年 Kaiser 试探性收购 Almax 失败，1998 年 Alcoa 成功收购 Alumax[34]。同年，Tostem 将所持股份卖给 Mitaruko[35]，2006 年 Mitaruko 和 YKK 将所持股份转卖给 Alcoa，从美国的铝冶炼产业撤退[36]。

（2）Portland • Smelters（澳大利亚）

1982年Alcoa of Austrlia（简称A • A）邀请与其签订长期进口氧化铝合同的日本铝业3家工厂和丸红，出资参加维多利亚州波特兰铝冶炼项目。日本方面因国内冶炼事业规模缩小，按合同约定采购氧化铝变得困难，A • A方面也因国际性的铝业下滑筹措资金不力。最终接受邀请的有三菱轻金属工业、住友铝冶炼、古河铝工业和丸红4家公司。

A • A方面当初计划是新建铝锭年产能力13.5万吨工厂，目标是1984年投产，但铝锭市场状况恶化，围绕电力成本与当地维多利亚州政府意见产生对立而短时中止工程。A • A方面重新规划将当初设计能力加倍到年产27万吨规模，并计划其中1/4资金由日本出资[37]。可是，这个计划未能实现。

1984年Alcoa宣布浩特兰铝冶炼工厂建设计划再次启动。这个计划是A • A方面45%、维多利亚州出资25%、剩余30%由第三方出资。对古河铝工业和神户制钢所及其他大型铝业厂家和大型商社发出非正式邀请出资，但各家因经营状况和铝锭市场前景难料而拒绝。新计划年产15万吨的生产线建造2列，投资额是11.5亿澳元[38]。商社是否参加犹豫不决，结果日本没有参加。

其后，在1992年，丸红宣布投资于1986年开始投产的波特兰Aluminium Smelter。Portland • Aluminium是A • A和维多利亚州政府所拥有的公司，中国的CITIC等也参与出资，该州政府将所持有的35%股份中的10%以1.8亿澳元的价格转让给了丸红。丸红取得与其出资比例相当的年生产量份额3.2万吨铝锭成本价格交易权利。丸红为参加此计划与当地法人丸红澳洲共同出资成立了Marubeni Aluminium Australia[39]。

1998年，伴随维多利亚州政府实施民营化政策卖出所持股份的1/2，丸红以约200亿日元取得12.5%的份额，最终丸红能够交易铝锭数量由3.2万吨增加到7.7万吨[40]。Portland • Aluminium的资本构成变成Alcoa 55%、CITIC 22.5%、丸红22.5%。铝锭生产量2013年是35.8万吨，预焙式炉402炉运转。氧化铝由西澳大利亚用船运输，到港口后的4.5km用全封闭皮带运输机运送至工厂[41]。

（3）Alouette（加拿大）

1989年加拿大魁北克省投资公司试探性邀请三菱集团参加铝冶炼项目。计划是建设年产27.8万吨的铝冶炼工厂，1992年开始投产。日本方面预计有三菱集团（三菱商事、三菱金属、东洋窗框）和神户制钢所4家公司参加，结果仅三菱集团预计出资约25%。可是，在报价阶段建设资金金额巨大，中坚力量Reynolds金属改变方针扩张原有自家工厂，三菱集团中止了该计划。

加拿大方面与新的合作伙伴丸红进行谈判，丸红方面达成出资意向。日本方面有丸红和神户制钢所两家公司参加[42]。新计划是在魁北克省由西德VAW、奥地利的奥地利金属、荷兰的Hoggobennsu、魁北克省政府投资公司SGF、日本（2家，神户制钢所13.33%、丸红6.67%）共计5方各出资20%，建设年产21.5万吨的铝冶炼工厂，预计1992年4月投产。总建设费用9亿美元，参加各方各自引进所需氧化铝原料，根据出资比例取得相应的铝锭交易份额。日本方面取得的交易权利是神户制钢所2.9万吨，丸红1.4万吨[43]。

Aluminium Alouette在1992年开始投产。2002年开始增建第2期工程，2005年完工。增建投资14亿美元，生产能力由年产24.5万吨扩大至57.5万吨。

2002年神户制钢所将所持股份卖给魁北克省政府投资公司，从合资公司撤退[44]。另一方面，丸红伴随增建工程增加投资，并于2011年接受魁北克政府投资公司转让其所持1/2

股份[45]。2013 年节点的出资比例是 Rio Tinto Alcan 40%、魁北克省政府投资公司 6.67%、丸红 13.33%[46]。

Alouette 在 2016 年计划将生产能力扩大到年产 93 万吨[47]。

（4）Mozal（莫桑比克）

1998 年三菱商事宣布参加莫桑比克铝冶炼国家项目开发投资。这个计划在莫桑比克国家首都马普托近郊，由南非提供水力发电的电力，建设年产 25 万吨铝冶炼工厂，总投资额约 1742 亿日元，目标是 2001 年建成投产。新公司计划是三菱商事出资 25%、英国 Billiton 出资 47%、南非共和国开发公司出资 24%、莫桑比克政府出资 4%[48]。

新公司命名为 Mozal，2000 年 12 月第 1 期工程完工，年产 25.3 万吨的工厂投产。氧化铝由澳大利亚购入[49]。2001 年决定投资总额 10 亿美元（约 1200 亿日元）的设备增设计划[50]，第 2 期工程年产 25.3 万吨 2003 年 10 月正式投产[51]。

（5）Sarawak（马来西亚）

2010 年 9 月住友商事宣布参加马来西亚最大铝挤压成型 Press Metal Berhad 持有 80% 股份的子公司 Press Metal Sarawak Sdn. Bhd.，在马来西亚 Sarawak 推进铝冶炼事业。该项目预计建设年产 12 万吨的冶炼工厂，并于 2010 年末建成投产，总投资额约 3 亿美元。住友商事出资份额是 20%[52]。

另外，住友商事还参与了 Press Metal 100% 子公司 Press Metal Bintulu Sdn. Bhd. 在 Sarawak 的 Bintulu 进行的第 2 期铝冶炼项目（年产 32 万吨，预计 2013 年建成投产），宣布取得 Press Metal Bintulu 的 20% 股权。住友商事在这两个项目中总计取得 44 万吨铝锭的 20% 的购入权利[53]。

注释：

1. 西岗滋编《海外铝资源》72 页。

2. 日本轻金属《日本轻金属二十年史》546 页。

3. 西岗滋编《海外铝资源》74～75 页。

4. "Alcan 为开发所持有的矿区，1955 年成立 South East Asia Bauxite Ltd（SEABA）于 1957 年着手开工，1960 年日本轻金属取得该公司 25% 股权，年生产量约 50 万吨，每年面向加拿大的出口量增减虽有所变化，但向日本轻金属出口量在 25 万～30 万吨。"同上书 72 页。

5. "1962 年 Alcan 参与 Queensland Alumina 时，自家所有的矿区冻结 10 年，不管以什么形式都不进行开发，10 年以后又冻结了 15 年。"同上书 66 页。

6. 关于 NZAS 的记述，除特记以外均来自昭和电工《昭和铝业五十年史》1984 年，住友化学工业《住友化学工业株式会社》1981 年，住友化学工业《住友化学工业最近二十年史》1997 年。

7. 宫岗成次《三井的铝冶炼和电力事业》28～29 页。

8. 日本进出口银行《20 年的历程》265 页。日本进出口银行《30 年的历程》231 页。

9. 《昭和电工，解除与澳洲 Comalco 的合作》日本经济新闻，1986 年 2 月 25 日，早报，9 页。

10. 住友化学工业 Inestor's Handbook，2013，5～9 页。

11.《与 Venalum 就价格达成协议——LEM 价格基准》日经产业新闻，1985 年 2 月 7 日，3 页。

12.《因外汇获利的海外事业——东南亚的生产基地，变身优秀子公司》日经产业新闻，

1986 年 9 月 1 日，3 页。

13.《Venalum 铝冶炼年产能力增加 50%》日经产业新闻，1986 年 5 月 6 日，早报，11 页。

14. 昭和电工发表（2014 年 4 月 21 日）。

15.《委内瑞拉的铝业合资，日本 6 家公司撤退，昭和和神钢，与当地政府的嫌隙》日本经济新闻，2009 年 6 月 10 日，早报，11 页。

16. 能够确认到的是 2013 年节点的住友化学、三菱材料和 2014 年节点的昭和电工持有 Venalum 股份。由委内瑞拉进口的铝锭由 2007 年 6.9 万吨减少到 2009 年 0.6 万吨，2011 年为 686t（日本铝业协会资料）。

17. 日本轻金属《日本轻金属史五十年》，1991 年，122 页。

18.《澳洲 Comalco 正式邀请神钢等 6 家公司投资参与美国 Kaiser 的铝冶炼事业》日经产业新闻，1978 年 5 月 11 日，早报，1 页。以下关于 Boyne Smelters 的记述，没有特别标记以外均出自《住友化学工业最近二十年史》。

19. 住友轻金属工业《住友轻金属年表》1988 年版，1989 年版，287 页。

20.《签订从澳洲进口 13 万吨铝锭专用船合同》日本经济新闻，1982 年 6 与 4 日，早报，8 页。

21.《神钢放弃在澳洲的铝冶炼所参与投资新增设备》日经产业新闻，1993 年 11 月 5 日，12 页。

22.《与住友金属等达成意向，向澳大利亚铝精炼增加投资 1300 亿日元以上》日本经济新闻，1994 年 3 月 31 日，早报，12 页。

23 http：//www. riotintoalcan. com/ENG/ourproducts/1803 _ boyne _ smelters _ limtied. asp （2014/4/20）.

24. http：//www. kobelco. jp/alcu/company/history/index. html （2014/4/20）。

25. 来自日本铝业协会的资料.

26. 三井物产《有价证券报告书》1974 年度后期，22 页。

27. 第 2 位投资者阿布扎比液化气持有 67.2 亿日元。

28. "AMIX Inc" International Directory of Company Histories. 1991. Encylopedia （2014 年 4 月 20 日阅览）。

29. 牛岛俊行和宫岗成次《自黑钻石的轻银》，Kallos 出版，2006 年，24 页。

30.《在美国的铝业合资解除，三井物产和新日铁——4 亿美元股份转让》日本经济新闻，1986 年 11 月 25 日，早报，11 页。

31.《三井物产、东洋窗框、吉田工业购买美公司 25%设备》日本经济新闻，1988 年 10 月 13 日，早报，1 页。

32.《三井物产和 Tostem 购买美工厂资产 1.5 亿美元，确保铝锭稳定供给》日本经济新闻，1995 年 2 月 8 日，早报，9 页。

33. "剩余氧化铝……Intalco Aluminum Corp. 从 1986 年 7 月开始 2 年期间出口 2 万吨"《住友化学工业株式会社史》504～505 页。

34. Alcoa to Buy Alumax for $ 3.8Billion, Bloomberg News，June 16, 1998.

35.《Tostem、美工厂资产售卖》日本经济新闻，1998 年 12 月 22 日，早报，113 页。

36. 三井物产发表报道，2006 年 6 月 30 日。

37.《澳洲 Alcoa 邀请日本铝业 3 家公司和九红参加铝冶炼计划》日本经济新闻，1982

年 5 月 14 日，早报，8 页。

38.《澳洲 Alcoa 的铝合资企业，数家商社跟进》日经产业新闻，1984 年 8 月 4 日，3 页。

39.《九红，澳洲冶炼所出资》日本经济新闻，1992 年 7 月 15 日，早报，11 页。

40.《澳洲的铝冶炼事业，九红与州政府达成协议追加 200 亿日元收买权益》日本经济新闻，1998 年 8 月 22 日，早报，9 页。

41. http：//www.alcoa.com/Australia/en/alcoa_australia/location_overview/porland.asp（2014 年 4 月 20 日阅览）。

42.《加拿大的铝冶炼事业，三菱放弃，九红顶替出资5％》日本经济新闻，1989 年 5 月 11 日，早报，8 页。

43.《神钢和九红 参加加拿大铝冶炼——确保稳定供给源》日经产业新闻，1989 年 8 月 31 日，18 页。

44.《铝精炼权益，神钢在加拿大转卖 120 亿日元，还款利息负债》日本经济新闻，2002 年 7 月 8 日，早报，8 页。

45.《九红，扩大铝权益在北美最大的冶炼所，在加拿大投资 340 亿日元保证日本企业稳定供给》日本经济新闻，2011 年 11 月 29 日，早报，9 页。

46. http：//www.alouette.qc.ca/history.html（2014 年 4 月 20 日阅览）。

47.《九红，扩大铝权益在北美最大的冶炼所，在加拿大投资 340 亿日元保证日本企业稳定供给》日本经济新闻，2011 年 11 月 29 日，早报，9 页。

48.《三菱商事投资参加非洲莫桑比克铝冶炼事业》朝日新闻，1998 年 5 月 15 日，早报，12 页。

49. Mitsubishi Sustainability Report 2006，p11。

50.《莫桑比克的铝冶炼事业，三菱商事投资 120 亿日元》日本经济新闻，2011 年 6 月 22 日，早报，11 页。

51. http：//www.bhpbilliton.com/home/investors.new.page/Articles/Mozal％ 20smelter％Expansion％20Officially％20Opened.aspx（2014 年 4 月 20 日阅览）。

52. 住友商事简报新闻，2010 年 9 月 28 日。

53. 住友商事简报新闻，2013 年 11 月 5 日。

第三节 国家项目

1. Asahan（印度尼西亚）

（1）创业背景

1967 年印度尼西亚与日本共同推进 Asahan 河综合开发计划，日本国有电力开发开始了调查[54]。将水力发电的优势条件向国内 3 家冶炼企业进行传达，同时劝导冶炼企业进行调查研究。3 家冶炼公司在 1969 年向印度尼西亚政府提交年产 20 万吨铝锭事业调查请求书，第 2 年 1970 年 4 月取得发电和包含铝冶炼调查许可。据派往当地调查团的调查结果，1971 年作成计划方案并提交给印度尼西亚政府。计划是政府由计划中的 Asahan 河第 2 发电站提供电力，Kuaratannjyunn200 万平方米的用地建成年产 20 万吨冶炼工厂，所要投资额包含公共投资等在内约 680 亿日元。

1972 年 1 月印度尼西亚政府变更政府实施的电力开发计划,决定实施由外国企业对电力开发和建设冶炼工厂项目合并进行的方针。对此日本方面三菱化成工业和三井铝工业整合 5 家冶炼企业,提议同时对印度尼西亚的铝冶炼事业独自进行可行性研究的美国 Kaiser 和 Alcoa 也加入进来,形成了 7 个公司参加的联合体。在联合体中出资比例是:日本 4 个公司各占比 15%、三井铝工业及两家美国公司各占比 10%[55](译者著:原著可能有误)。

1973 年日美 7 家企业与印度尼西亚政府进行谈判。7 家公司提出水力发电由印度尼西亚政府投资,冶炼由 7 家公司负责的提案。在苏哈托总统强烈建议下,水电和冶炼项目捆绑进行的原则未能变更。在世界性不景气情况下,美国 2 家公司以难以筹措资金为由在 1978 年 8 月放弃了这个项目。随后日本 5 家公司推进了该项目。

印度尼西亚总统苏哈托 1975 年 4 月对来访的河本通商大臣表示,热烈欢迎日本政府提供资金。5 家冶炼公司邀请住友商事、伊藤忠商事、日商岩井、日棉实业、丸红、三菱商事、三井物产 7 家商社参与本项目,确立为国家项目。1975 年 7 月,日本政府内阁会议决定 Asahan 项目由日本进出口银行、海外经济合作资金和国际合作事业团进行资金援助。同年 7 月印度尼西亚政府投资调整委员会副委员长 A. R. Soehoed 与 12 家公司代表签订合约书(基本协定)。

基本协定内容主要包括:①面向马六甲海峡北 Kuaratannjyunn 地区建设铝冶炼年生产能力 22.5 万吨冶炼工厂;②电力来源在 Asahan 河流域落差大地域建设 51.3 万千瓦水力发电站,所需资金包含港口码头城镇基础设施建设,以 1974 年 5 月价格基准计算约需 2500 亿日元。日本方面取得铝锭交易量是除去印度尼西亚方面的交易量(上限是 1/3)以外部分,交易价格由当地冶炼企业决定。协定有效期是开始生产 30 年后期满。

1975 年 11 月日本方面投资公司日本 Asahan 铝业株式会社成立。最初注册资金 1.5 亿日元(最终注册资金 683.25 亿日元),持股比例是海外经济合作资金 50%、昭和轻金属 7.5%、住友铝冶炼 7.5%、三井铝工业 7.5%、日本轻金属 7.5%、菱化轻金属工业 7.5%、7 家商社 12.5%。

1976 年 1 月 Asahan 计划经营主体 P. T. Indonesia Asahan Aluminium(INALUM)成立,注册资金 750 亿日元,日本 Asahan 铝业持股 90%,印度尼西亚政府持股 10%。

由于石油危机的影响,依据实地调研测算,所需资金增加了 4110 亿日元。增加资金具体内容是冶炼 2240 亿日元(当初计划 1270 亿日元)、电力 1230 亿日元(当初计划 800 亿日元)、基础设施 480 亿日元(当初计划 220 亿日元)、其他 160 亿日元(当初计划 210 亿日元)。与印度尼西亚政府协商后,1978 年 10 月修改基本协定并重新签字。资金筹措计划注册资金 911 亿日元(当初计划 750 亿日元),贷款 3199 亿日元(当初计划 1750 亿日元),同年 12 月增资到位,持股比例是日本 Asahan 铝业为 75%,印度尼西亚政府为 25%。

1977 年开始基础设施施工,1978 年 6 月发电站、冶炼工厂和港口码头开始动工。工程由住友集团负责,冶炼工厂由住友铝冶炼提供预焙式电解炉技术。

1982 年 1 月第 1 期工程(铝锭年产能力 7.5 万吨)完工,苏哈托总统夫妇一同出席举行了盛大庆祝仪式。同年 2 月冶炼工厂开始生产,11 月末第 1 列(共计 170 炉)安装完毕。1983 年 6 月发电设备完成,同年 10 月冶炼工厂第 2 列安装完成,全部炉数的 2/3 数量 340 炉投产运营。其后建设顺利推进,1984 年 11 月举行完工仪式,全面进入投产运营阶段。

1982 年 10 月末铝锭第 1 船安全抵达日本。可是,交易价格是以 Alcan 国际批发价格为基准,FOB1500 美元[56],比当时的国际市场 950 美元的价格要高出很多交易价格 1984 年 4 月开始下调,1985 年 7 月改为以 LME 交易价格基准。

（2）P. T. Indonesia Asahan Aluminium（INALUM）的经营

INALUM 顺利开始了铝冶炼事业，但是在经营上自开始营业以后面临了很大困难。INALUM 的收入是以美元进行交易，所使用的费用大都是以建立日元贷款的形式来补充资金的结构，1985 年 9 月的广场协议以后日元大幅度升值，导致汇率损失和资金成本增加。贷款的主要内容是日元贷款 615 亿日元和日本进出口银行等的协调融资 2264 亿日元。

1986 年 6 月 INALUM 请求金融机构给予 2 年还贷缓冲期，与相关方就长期收益进行协商。1987 年 6 月日本政府机关就进行援助取得内阁会议支持，同月对 INALUM 进行增资559.9 亿日元（日本 Asahan 铝业 240 亿日元、印度尼西亚政府 319.9 亿日元）。结果出资比例变为日本方面 58.9%，印度尼西亚方面 41.1%。日本 Asahan 铝业追加出资份额中 120 亿日元由海外经济合作基金分担，剩余 120 亿日元由日本 12 家企业承担。另外，还获得了贷款资金部分利息降低（5 年为期）、延长还贷时间和还款金额逐渐增大等宽松条件。

随后不久 INALUM 经营顺利，但 1993 年日元（1 美元＝100 日元）再次升值，经营又陷入苦境。铝锭价格走低、收入减少，加上日元贷款还贷和利息负担加重，河内水量不足导致发电量减少生产量也随之减少，INALUM 经营业绩极度恶化。

有关各方再次进行协商，1994 年 8 月内阁会议认可由政府机构进行援助。追加出资 130亿日元，日本 Asahan 铝业 76.6 亿日元（59%），印度尼西亚政府 53.4 亿日元（41%），日本进出口银行及协调融资的市中银行下调贷款利息，同时采取延长还贷期限的措施。

由于水量不足导致电力供给减少影响铝锭生产，年产量一直维持在 19 万吨水平，水量恢复以后的 2004 年产量达到创纪录的 24.7 万吨[57]。

按基本协定约定有效期限是 30 年，2013 年 Asahan 生产计划停止。随后的措施是印度尼西亚方面进行采掘矾土矿、制造氧化铝、铝冶炼一体化生产。原先矾土矿全量出口，INALUM 从国外进口氧化铝的形式，稍有偏离的供应链。

2010 年有报道说[58]，生产矾土矿的国有大型矿山 Aneka Tambang（Antam）与中国大型资源公司杭州锦江集团，达成建设年产 100 万吨矾土矿合资企业计划。

2011 年 2 月日本方面与印度尼西亚政府开始谈判，日本方面提议投入 3 亿美元（约 250亿日元）使生产能力增加 30%，并继续合资事业[59]。可是，印度尼西亚政府主张终止合资事业，将日本方面持股评估为 5.58 亿美元（约 548 亿日元）[60]。日本方面对这个评估金额表示不满，打算向世界银行调解机构投资纷争解决国际中心（ICSID）提起仲裁，日本政府内部认为问题长期发展下去会对两国关系产生恶劣影响，决定以 5.567 亿美元（约 570 亿日元）卖掉，于 2013 年 12 月 9 日签订协议书[61]。印度尼西亚政府表示铝锭全量面向国内销售，30年的 Asahan 开发计划画上了句号。

印度尼西亚政府 2009 年制定新法规规范出口型矿石企业，规定 2014 年起有义务开展冶炼业务，实际上是从 2014 年 1 月开始采取了矿石禁止出口措施[62]。在印度尼西亚处于发展中时期启动的 Asahan 项目经过 30 年岁月，对印度尼西亚的经济发展具有里程碑意义。

2. 亚马逊（Amazon，巴西）

（1）创业背景

1967 年 Alcan 发现了巴西北部帕拉州的 Toronbekusu 地区有优质的矾土矿床，1970 年开始着手开发但在 1972 年中断了。其后国有企业 Companhia Vale do Rio Doce 主导矾土矿矿山的开发，Mineracao Rio do Norte S. A. 在 1974 年再次启动开发工作[63]。在此期间 5 家冶炼企业成立的铝资源开发 ARDECO 接受巴西的邀请，于 1973 年 8 月派遣矾土矿和氧化铝开发调查团前往调查。调查团设想由 Toronbekusu 地区的矾土矿生产氧化铝，巴西政府向调查团发出请求，邀请日本参加利用亚马逊河流丰富的水力资源发电、并进行一体化体制进行铝冶炼的计划。

1973 年 11 月巴西矿山大臣访问日本，就铝冶炼工厂 Tukuruyi 发电站建设计划进行研究并达成协议。在经济团体联合会内设置亚马逊开发合作委员会，1974 年 1 月经济团体联合会亚马逊开发调查团访问巴西并进行预备性调查。三井铝工业、日本轻金属和 Rio Doce 进行预备调查，基本达成包含铝冶炼（年产 64 万吨）、氧化铝生产（年产 130 万吨）、建设 Tukuruyi 发电站的事业计划。

1974 年 9 月田中角荣访问巴西，与盖泽尔总统发表共同声明，就亚马逊地域水力发电及铝冶炼计划基本达成共识。铝冶炼轻金属冶炼会（5 家冶炼企业）和 Rio Doce 共同推进，氧化铝生产由 Rio Doce 和 Alcan 共同推进，计划规模缩小为铝锭年产 32 万吨，氧化铝年产 80 万吨。由于日本提供 Tukuruyi 发电计划用建设资金 3.5 亿美元的计划难产，法国申请提供 6 亿美元投资，巴西政府最终选择法国资金和技术来建设电站，并从亚马逊铝业项目中把发电站分离出来。

1976 年 9 月从与巴西的经济合作对铝锭长期供给具有积极意义的观点出发，政府内阁会议通过了亚马逊铝业开发项目。轻金属冶炼会和 Rio Doce 决定并声明实施 Albras（铝冶炼）计划和 Alunorte（生产氧化铝）计划。同月盖泽尔总统访问日本，与三木武夫首相发表共同声明，宣布开启铝事业的合作计划。亚马逊铝业项目仅次于 Asahan 项目由国家实施主导开发。

1977 年 1 月日本方面成立日本亚马逊铝业 NAAC 投融资公司。该公司当初由民间企业 32 家（冶炼 5 家公司、铝业加工 10 家、商社 10 家、重工业 7 家）出资 3.6 亿美元成立股份公司，1978 年 6 月接受海外经济合作基金出资（初期 40%），资金规模不断扩大，注册资金 573.5 亿日元（2001 年后海外经济合作基金 44.92%、民间 55.08%，民间成了大股东）。

1978 年 9 月成立 Aluminio Brasileiro S. A.（Albras）和 Alumina do Norte do brasil S. A.（Alunorte）。Albras 的出资比率、融资比率、铝锭交易比率是巴西方面 51% 日本方面 49%，在 Alunorte 年产 80 万吨中 Albras 所需是 80%，出资比率和融资比率是巴西方面 60.8%，日本方面是 39.2%。巴西方面的出资者是 Rio Doce 的子公司 Valenorte，日本方面的出资者是日本亚马逊铝业。

1981 年 7 月实施预算得到内阁会议认可，建设总费用上 Albras 是 18.6 亿美元，Alunorte 是 7.2 亿美元。日本方面海外经济合作基金出资 208 亿日元，日本进出口银行包含协调融资 920 亿日元在内负担 1371 亿日元[64]。

日本方面 Albras 是三井铝工业，Alunorte 是日本轻金属作为干事单位着手开工建设。Albras 的冶炼工程是经由三井铝工业导入 Pechiney 的技术。随后 1985 年电解第 1 列开始投产，第 2 年第 1 期（2 列，16 万吨）设备满负荷生产。同年 10 月发往日本第 1 船出发，11 月到达横滨港。铝锭交易价格交涉遇到了难题，最终达成以 LME 价格为基准，运费和保险费各自承担一半的折中方案[65]。

另一方面 Alunorte 计划由于氧化铝国际市场价格恶化的原因，1983 年 4 月建设工程延期 3 年，达成与 Albras 最终生产线投产时期相吻合的意向。在这个意向里，认可了 3 年以后日本方面具有是否脱离 Alunorte 经营的特别自主决定权。1986 年日本方面决定行使这个特别权，日本亚马逊铝业的 Alunorte 投融资份额转换成没有决定权的优先股份。

（2）Albras

Albras 开始投产的情景与 Asaham 项目相同，都是在铝行业不景气和日元升值的双重困境中进行。1987 年 6 月内阁会议上支援 Asahan 和 Albras 的议题得到许可。随后追加出资 8700 万美元（约 128 亿日元，日本方面约 63 亿日元）和改变融资条件（日本方面是日本进出口银行延长还债期限和将利息从 8% 降低到 5%），目标是重启 Albras 项目。此时，海外经济合作基金对日本亚马逊铝业的出资比率，由 40% 提升到与 Asahan 项目相同水平的 50%，并负担追加出资部分的 50% 份额，减轻民间股东的资金负担。

在此支援政策下，Albras 的第 2 期工程开工，1990 年 5 月第 2 期第 3 列、1991 年 2 月第 2 期第 4 列开始投产，加上对第 1 列设备改良，生产能力变为年产 34 万吨。至此，建设费用总额为 14 亿美元，大幅度低于 1981 年计划预算 18.6 亿美元。这主要是由于巴西经济萧条，材料成本和劳动力成本降低，另外就是巴西货币贬值。

Albras 进入满负荷运转时期，铝业市场恶化及日元升值等因素导致销售再次恶化，1993 年 12 月结算累计损失达到 5.24 亿美元[66]。应巴西政府请求，日本政府与相关方面进行协商，1994 年 10 月决定进行第 2 次援助。援助政策是追加出资 6000 万美元，约 59 亿日元，日本方面出资 29 亿日元，放宽铝锭交易付款条件，改善融资条件（5% 利息降为 4.5%）。

Alunorte 的建设也有延期，新股东的加入使得生产能力由 80 万吨扩大到 110 万吨，决定建设重启时日本方面请求复归经营。为确保供给 Albras 氧化铝，有必要将优先股份转换成普通股份，要求日本方面增加出资。日本方面追加出资的有日本轻金属、三井铝业、伊藤忠、三井物产 4 家公司，日本负担不足的部分由 Rio Doce 补足。就这样终于在 1992 年重启建设工程，1995 年开始生产氧化铝。

1999 年 8 月 Albras 决定增加设备计划，2000 年 1 月开工，第 2 年 2001 年 4 月部分设备开始通电。这次设备增设在当初计划实现电解炉 960 炉年产 32 万吨，技术进步的结果使得全负荷 864 炉可生产 34 万吨，节省出 96 炉的剩余空间。因此计划增设 96 炉约 4 万吨生产能力。设备的增设及改良 Albras 的生产能力最终年产达到 40.6 万吨。

Alunorte 在 2000 年 1 月接受挪威的 Norsk Hydro 出资，开始着手增设计划。本次增设追加投资日本方面没有参加。前后 2 次增设工程 2006 年生产能力达到年产 440 万吨，变成世界最大的氧化铝工厂。矾土矿的追加部分并不出自 Toronnbekusu 矿山，而是来自 1970 年发现 Rio Doce 开发的 Paragominasu 矿山，全长 244 公里的输送管道首次采用世界领先的泥浆输送方式。2005 年提议第 3 次增设计划（年产 187 万吨），这次日本亚马逊铝业参加了增资计划。Alunorte 的出资构成是 Rio Doce 57%、Norsk Hydro 34%、CBA（巴西的氧化铝公司）3.6%、日本方面 5.3%。

Albras 伴随 1999 年巴西改为变动汇率制度时将雷亚尔下调，解决了以雷亚尔结算交易的成本偏高问题，业绩急速回升。2004 年 2 月消除累计亏损，2005 年 4 月首次实施分红。Alunorte 也在 2005 年实现首次分红。

参加巴西铝业项目的日本企业到 2004 年没有大变化，2005 年昭和电工、三菱材料、三菱铝业、古河天空、新日本制铁、住友金属工业、东芝、石川岛播磨等卖掉日本亚马逊铝业股份，三井物产和三菱商事增持了股份。

2011 年 Vale（Rio Doce 从 2007 年起对外称呼变更）将铝业关联事业转让给 Norsk Hydro。其结果就是 Hydro 与 Alunorte（资本金 37.9 亿雷亚尔）持有的 34% 合在一起变为

91%，Albras（注册资金 11.3 亿雷亚尔）持有 51%。伴随 Vale 公司的撤退，该公司持有的 Albras 股份日本方面（NAAC）持有优先购入权，从经营风险问题上 100% 买入是不可能的，从现实判断没有行使优先权[67]。Alunorte 2014 年的出资比例是 Hydro 集团 92.13%、CBA 3.03%、日本亚马逊铝业 2.17%、三井物产 2.22%、日本 Alunorte 投资 0.45%[68]。

注释：

54. 有关 Asahan 的记述，除特集以外来自《昭和电工铝业 50 年史》《住友化学株式会社史》《住友化学工业最近二十年史》。

55. 牛岛和宫岗《自黑钻石的轻银》56 页。

56.《印度尼西亚对日本出口铝锭企业 INALUM——应对低迷日本经济》日经产业新闻，1982 年 10 月 18 日，2 页。

57.《印度尼西亚与日本合资的 Asahan，铝生产去年度最高》日经产业新闻，2005 年 6 月 14 日，2 页。

58.《印度尼西亚与中国合作生产原料，目标是铝生产一体化》日本经济新闻，2010 年 10 月 11 日，早报，6 页。

59.《与印度尼西亚铝业合资交涉，提议企业联合，投资 250 亿日元增加生产能力 30%》日本经济新闻，2011 年 2 月 19 日，早报，12 页。

60.《日本请求国际仲裁——与印度尼西亚的合资买卖交涉》时事特集，2013 年 11 月 1 日。

61.《日本企业联合将铝业合资转卖印度尼西亚政府》日本经济新闻，2013 年 12 月 10 日，早报，15 页。

62.《印度尼西亚，歧路上的资源大国，由出口国成为消费国，禁止矿山出口，开始培育国内产业》日本经济新闻，2014 年 1 月 24 日，早报，9 页。

63. 关于亚马逊项目的记述，除特集以外来自日本亚马逊铝业《亚马逊铝业项目的 30 年历程》。

64. 通商产业政策史编委会编《通商产业政策史 6》经济产业调查会，2011 年，312 页。

65.《亚马逊产铝锭第 1 船终于下月进港》日本产业新闻，1986 年 10 月 18 日，3 页。

66.《巴西铝业合资，引入增资 61 亿日元，政府支援政策——减轻进出口银行融资》日本经济新闻，1994 年 10 月 28 日，早报，5 页。

67. 岸本宪明《迎接合作伙伴 Norsk Hydro》，日本巴西中央协会《巴西特报》，2011 年 7 月号。

68. 日本亚马逊铝业的网站。

小结　开发进口的作用

有关铝业开发进口的历史事实和关系已经进行了阐述。最后，对本章在开头提到的问题作如下总结。

第 1 个课题是与铁矿石和精铜矿比较稍微晚的事实，其原因是矾土矿是供给相对比较稳定的资源，可以认为是与化学工业相连的冶炼企业对确保资源原料对策上关心程度较低。

第 2 个课题是开发进口由矾土矿转向氧化铝和铝锭的主要原因。国内冶炼产业成长过程中，首先原有的 3 家公司开始扩大生产，开发进口矾土矿成了自然的选择。如第 2 章所述，最初新进入者三菱化成，开始打算进口氧化铝，因为购入价格太高，加上在澳大利亚西部发现了矾土矿，因此研究决定公司自行生产氧化铝，最后与 Alcoa of Australia 签订了长期进口合同。第 2 个新进入者三井铝工业开始就有制造氧化铝计划，但因集团内的三井物产签订有长期进口矾土矿的合同。最后参与进来的住轻铝业情况是从住友化学就可以购入氧化铝。也就是说，新参与进来的 3 家公司在确保矾土矿的稳定供给上不存在问题。

20 世纪 60 年代末期开始投资新西兰的冶炼产业，20 世纪 70 年代初期虽未能实现，但也在计划参与在澳大利亚制造氧化铝。这样的动向表明国内冶炼企业已经开始着手布局，进口比国内冶炼和国内制造更便宜的铝锭和氧化铝战略。

冶炼企业设备投资成本较大，为降低制造成本中的固定费用比率，均采用维持设备高开工率策略。因此即便成品市场需求扩大也并没立即实施新的设备投资，大多数情况是自己进口铝锭供给顾客，即边维持高开工率边应对铝锭需求的变化，采取的是用进口铝锭来协调的策略。为应对高速增长的经济需求，冶炼企业为确保稳定供给普遍实施开发进口策略。

氧化铝生产有处理矾土矿生产制造之际产生的红泥问题，其处理难度太大[69]。矾土矿生产在国家经济开发政策当中，有希望外资进来带动其国内氧化铝产业发展的愿望在里面，因此开始尝试开发进口。可是，氧化铝生产计划因市场情况恶化等原因几乎都未能实现。巴西的 Alunorte 是与 Albras 的投融资有关联性而展开的，其并不是日本实施的进口氧化铝项目。

第 3 个课题是每个开发进口项目到底是依据怎样的目的和意图进行投资考虑的，这个如第二节和第三节记述的那样。概括来说，美元危机和石油危机以后，为应对国内冶炼企业失去国际竞争力，冶炼企业需要在海外有铝锭供给来源、轧制和加工产业，经营二次加工的产业都对在海外有便宜铝锭供给有需求，经营铝业的综合商社为确保自身经营的商品有稳定的进货渠道，这些都是造成开发进口旺盛的原因。

冶炼企业伴随设备生产能力的削减造成供给能力下降也有必要用开发进口来补充，便宜的进口铝锭和成本高的国内铝锭混合销售的方式还可以降低销售价格。轧制和加工企业面临原材料成本降低的要求，为应对铝成品客户自行进口铝锭委托加工，确保有便宜稳定的铝锭是很有必要的。

表 5-2-1 中澳大利亚的 Worsley 氧化铝制造项目是 1979 年由神户制钢所、日商岩井、伊藤忠商事参与其中[70]。项目计划建造年产 100 万吨氧化铝，总投资额 3000 亿日元，出资比例是 Reynolds 40％、Billiton 30％、BHP 20％、日本 3 家公司 10％。在第二章已经作过介绍，神户制钢所是轧制和加工的大型企业，20 世纪 70 年代曾有过参与铝冶炼的打算。当时计划从海外进口氧化铝，所以表现出了对开发进口氧化铝的强烈愿望。综合商社决定参与这个项目的主要原因是基于面向国内提供氧化铝的供给来源。可是，随着国内冶炼能力的削减，对氧化铝的需求减少，神户制钢所放弃了参与冶炼产业。1984 年 Worsley 工厂正式开始投产，日本的 3 家公司总计签订每年 10 万吨的供货合同，委托澳大利亚和美国的企业进行委托加工[71]。当时氧化铝一直处于供大于求的状况，日本 3 家公司蒙受了损失。2003 年神户制钢所从该项目中撤退[72]。

第 4 个课题是对国家项目 Asahan 项目和亚马逊项目的评价。如第 3 节所述，这两个项目都带有对发展中国家巴西和印度尼西亚进行经济援助的考虑。从开发进口的整体来看如表 5-2-4 所示，这两个项目所占比例 1993 年最高 37.2％，2000 年也有 25.7％，从对稳定供给铝锭的角度来看发挥了极其重要的作用。可是从海外投资效益性来看，这两个项目进行了两次追加投资，经营上可以说不太顺利。虽然说是因日元升值导致的外部经济环境的变化所致，但是多企业共同经营主体对此有难以推卸的责任。

亚马逊项目经营改善且实现了分红，作为开发进口项目的作用还是值得肯定的。与此对比，Asahan 项目延长合约期限失败，股份卖出价格（同前，约 570 亿日元）未能达成一致。作为投入巨资的国家项目，虽有印度尼西亚政府改变资源政策的影响，但项目还是以失败告终。

剖析 20 世纪 90 年代以后低调处理开发进口缘由，是本章的第 5 课题。20 世纪 90 年代以后由商社主导的开发进口只有 3 项（加拿大、莫桑比克、马来西亚）。如表 5-2-3 所示，Boyne 项目设备增设以后的 1998 年开发进口是 99 万吨，超过同年原铝进口量的 50% 水平。与开发进口所签订的长期进口合同有关，现货合同时常发生供货中断情况，数量上来说开发进口确保了铝锭的稳定供给。1993 年的 Boyne 项目设备增设时，神户制钢所以已经确保所需铝锭供应数量为由，没有参与追加投资。也就是说，到 20 世纪 80 年代在开发进口项目上，企业的判断是基于能确保稳定供给数量为主，没有企划新项目的意图。

或者说，看到国家开发项目处于艰难时期，企业认识到开发项目存在高风险，消极对待新项目。1985 年日本经济新闻以特集《摇摆不定的开发进口》为题，记述了 Asahan 和亚马逊项目所遇到的国际市场低迷和需求不景气导致经营亏损的境遇，报道铝锭交易价格复杂性的同时写道[73]："期待的开发进口之花凋谢了"。

《通商产业政策史》里记述到[74]："以稳定供给为目的的开发进口事业始于 20 世纪 70 年代，铝锭市场大企业是在压倒性竞争压力背景下的兴起的。可是伴随大企业价格支配力的下降和竞争者的加入，20 世纪 80 年代以后逐渐转变为市场化的商品。在这样国际商品化背景下，背负巨大风险的开发进口事业其积极意义减弱了"。铝业国际市场的变化也是导致开发进口低调处理的原因之一。

20 世纪 90 年代由商社引领的海外投资铝业因其主要目的在于扩大商权，与以稳定国内铝锭供给为目的的开发进口相比，有其不同之处。

第 6 个课题是从铝锭稳定供给的角度出发审视开发进口。如第四章第 3 节已经讨论的那样，数量上对稳定供给起到了促进作用，但在价格上对稳定供给是不是起到作用了呢？

数量上也不是没有问题。Asahan 项目合约约定印度尼西亚方面可以取得的数量为生产量的 1/3 以内，印度尼西亚方面希望按投资比例（41%）来分配，遭到日本方面的拒绝，1988 年发生了停止发货的情况[75]。日本经济新闻就 Asahan 项目发表社论说："以友好协商和共同发展的精神为导向，日本方面进行了技术转移，并出资了总投资额 3600 亿日元中的80%，其中投入了国民税金和邮政储蓄金 1 千亿日元。这个项目不仅仅是商业利益或者某一方以国家利益为优先的简单问题"，主张[76]重要的是双方回到两国间的友好协商的轨道上来。最终在政府层面的交涉下，决定 1989 年开始数量比例按日本占 6 成印度尼西亚占 4 成，7月份解除了停止供货状况[77]。

这次的数量纷争也包含了铝锭成交价格问题。达到双方满意交易价格经常是要费很多的时间。Asahan 项目最初的成交价格是每吨 1500 美元左右，而国际价格是不到 1100 美元，成交价格的谈判遇到了阻力[78]。同样，亚马逊项目 1986 年第 1 船到达日本，但铝锭的成交价格也遇到麻烦。虽决定以 LME 价格为基准，但是巴西主张是 FOB 价格而日本主张是 CIF价格，双方产生了对立，最后是将保险费用双方各出一半的折中方案来解决。

1985 年在 Venalum 项目上，为回避发生亏损的状况，一直以 Alcan 批发价格为基础的成交价格变为以 LME 国际基准为基础的成交价格。后来围绕成交价格和数量委内瑞拉和日本产生了数次对立，最终在 2009 年因价格对立日本方面退出了合资事业。

开发进口以 LME 基准价格为基础以后，在铝锭价格低廉的时候试图实现稳定供给难度很大。

第 7 个课题是讨论对于铝冶炼企业来说，参加开发进口是否有利可图。最初参加开发进口项目 NZAS 的昭和电工在事业史中是这么说的[79]："工厂投产 2 年以后发生了石油危机，从我国冶炼事业陷入了毁灭的状况来看，这个时期构建海外冶炼事业的意义非常大"。同样参与了 NZAS 项目的住友化学工业在社史中评价说[80]："这个项目利用了水力发电，成本以新西兰元为核算基准，对于住友铝冶炼来说是比较有竞争力的海外开发铝锭项目"。如表 3-1-3 所示，20 世纪 70 年代铝锭价格是上升趋势，参加开发进口的企业在价格面上占了优势。

可是，进入 20 世纪 80 年代国际市场萧条，日元升值导致国内价格下降，对于开发进口企业无利可图的情况很多。Asahan 和亚马逊这两个项目最初都做好了亏损的心理准备。日本经济新闻关于参加了 Venalum 项目的昭和轻金属是这么报道的[81]："昭和轻金属从 Venalum 项目上的进口价格和销售价格的逆差中，去年一年时间就有超 30 亿日元的亏损"。

在参加开发进口的企业中，有的企业没有再追加投资。在 1992 年 Alunorte 项目增资上住友化学、昭和轻金属和三菱材料没有回应增资，表明企业的判断是制造氧化铝属于间接开发投资进口，在追加投资上已经无利可图。在冶炼 5 家企业中决定从项目上撤退的情况有昭和电工从 NZAS 项目上退出，这是因为 Comalco 与国内合资事业解约造成股份转让的特殊案例。

本章的第 8 个也是最后一个课题，是评价对于铝加工业来说开发进口的作用。兼营钢铁产业的神户制钢所是轧制加工业里对开发进口最积极的。如表 5-2-1 所示，神户制钢所参与从 Venalum 项目开始的 6 个项目。由铁矿石开发进口所积累的经验被应用到了铝业开发上，展开了积极确保铝原料的战略。虽然没有关于对企业经营带来了什么样成果的判断资料，但是可以断定 20 世纪 70 年代有很大的利益。

可是，神户制钢所也在 2002 年卖掉了 Boyne 项目持有股份、Alouette 项目持有股份，并于 2003 年从 Worsley 氧化铝项目撤退。其重在审视收益性低的投资事业并意图削减负债，把经营资源集中到轧制事业[82]。从积极参加开发进口的神户制钢所接连撤退，可以看出开发进口的利益消失了。但同时神户制钢所在海外积极地开展了轧制事业，2010 年在中国成立了轿车用悬挂臂生产工厂神钢汽车铝部件（苏州）有限公司[83]。第 2 年与中国轧制大型企业江苏常铝铝业股份有限公司谈判，成立面向日系汽车企业生产大型铝板计划，但以失败告终[84]。

国家项目亚马逊原有加工和重工业 10 个企业参与，到 2007 年以后只剩下 YKK、神户制钢所、三协立山和日产汽车 4 家企业。对于铝加工业来说，开发进口的作用到 20 世纪 90 年代几乎结束了。

注释：

69.《住友化学工业株式会社史》507～509 页。

70.《神钢、日商岩井、伊藤忠决定参加西澳洲矾土矿和氧化铝开发》日本经济新闻，1979 年 11 月 23 日，早报，7 页。

71.《澳洲 Worsley 氧化铝出资的日本 3 家公司，澳洲或美国公司委托精炼 10 万吨》日本经济新闻，1983 年 1 月 22 日，早报，6 页。

72.《神钢，从澳洲 Worsley 撤退，氧化铝权益转卖给 2 家商社》轻金属 No. 1648，2003 年 8 月 11 日。

73.《动摇的铝开发进口（下）长期经济低迷致使亏损难以改变，问题多多》日本经济新闻，1985 年 9 月 7 日，早报，18 页。

74. 通商产业省编委会编，山崎志郎等著，《通商产业政策史 1980—2000》，第 6 卷，313～314 页。

75.《与印度尼西亚的铝业合资，停止对日发货》朝日新闻，1988 年 10 月 6 日，早报，11 页。

76.《铝锭纷争失去了起始点（社论）》日本经济新闻，1988 年 10 月 15 日，早报，2 页。

77.《铝锭，日本配比 6 成 Asahan 项目》日本经济新闻，1988 年 12 月 11 日，早报，9 页。

78.《印度尼西亚的合资 Asahan，开业面临困境——市场低迷产品滞销》日本经济新闻，1982 年 9 月 17 日，早报，6 页。

79.《昭和电工铝业五十年史》，252 页。

80.《住友化学工业最近二十年史》，245 页。

81.《铝业不景气对策的支柱，开发进口投下暗云，当地资金枯竭》日本经济新闻，1985 年 4 月 11 日，早报，12 页。

82.《铝冶炼权益，神钢在加拿大售卖 120 亿日元，返还利息负债》日本经济新闻，2002 年 7 月 8 日，早报，13 页。

83. 神户制钢所网站。

84. 神户制钢所新闻简报。

第六章

展望铝产业的将来

1. 成品论的观点

铝产业自 Hall·Heroult 法发明发展起步以来，在 125 年期间铝被当作金属和木材等替代品需求开始增加。新产品、新使用方法、新用途开发使得市场应用范围扩大。今后伴随新用途的开发利用，需求进一步加大毋庸置疑。

可是按照目前市场扩大趋势来看，难以想象会一直持续下去。伴随经济环境变化，所有产品都有其生命周期，产业有兴盛期就必然会有衰退期。

已如大家所见，铝业市场需求随着从建筑和土木工程扩大到运输行业，需求快速增长。运输行业发展的源动力是以汽车需求扩大为中心。汽车行业随着石油资源枯竭和排放有害尾气问题现在正在迎来新的革新期。

汽油、柴油逐渐被天然气、生物燃料替代，燃烧比的改善使得原来以内燃机为主开始转换，搭载蓄电池和燃料电池驱动马达的电动汽车（EV）是全新的概念。电动驱动和内燃机混合汽车（HV）与原来的汽车也完全不同。不管是内燃机车还是 EV 车或是 HV 车都是为了提高能源利用效率，对减轻车身要求越来越高。

伴随汽车概念更新，铝的需求也发生了变化。汽车驱动马达装置使用的铸造和锻造铝，电动汽车不再使用了，因而必须开发新的高性能冷却材料。

铝材的使用对减轻车身重量起了巨大作用，炼钢技术进步导致了与高张力钢板的竞争。高张力钢板是抗拉强度很高的钢板，普通钢板的抗拉强度是 270MPa（兆帕）以上，而高张力钢板是 340～790MPa，抗拉强度在 980MPa 以上称为超高张力钢板。高张力钢板除了在钢材添加碳元素以外还有添加镍、硅、锰等元素，在成型过程中要经过退火、加热和急速冷却等加工程序。因此，很有必要开发汽车用的特殊高张力钢板。

最早的案例是 JFE 钢铁开发的 780MPa 级别高张力钢板，用在了 2006 年 1 月开始销售的铃木 MR 小面包车上。同年 7 月开始销售的本田汽车新车型机架部分使用了 440MPa 和 590MPa 级别的钢板，车前部保险杠采用 780MPa 级别的高张力钢板[1]。随后的 2011 年 10 月马自达与住友金属工业等共同成功开发汽车用世界高强度级别 1800MPa 高张力钢板。使用在马自达 CX5 车型的保险杠上，与原来的材料相比强度提高了 20%，重量约减轻了 4.8 公斤[2]。还有，日产汽车 2013 年 3 月宣布 2017 年以后销售的新型车种超高张力钢板的使用占车重增加至 25%[3]。日产汽车还与新日铁住金及神户制钢所共同开发 1.2GPa 级别高成型性超高张力钢板，计划每一台车使用的钢材重量减少且每台车的车体重量下降 15%，同时推进高精度生产工程设计和适合焊接的材料工艺。

森谦一郎（丰桥技术科学大学）的铝和高张力钢比较见表 6-1。强度重量比方面铝板比正常高张力钢要强，超高张力钢板比铝板要强很多，而且成本每公斤 100 日元，不到铝板的

1/5。作为板材到目前为止确立了优势地位的铝板，随着超高张力钢板的登场彻底逊色了。在铝轧制产业，开始生产比铝板强度重量比高的镁合金板，但其成本太高，与高张力钢相比其竞争力不大。蚕食钢板市场占有率进入汽车材料市场的铝轧制产业，现在已经逆转，其市场受到生产高张力钢板的威胁。

表 6-1　汽车用板材的比较

板材	抗拉强度/MPa	相对密度	强度比/MPa	成本/（日元/kg）
超高张力钢	980～1470	7.8	126～188	约 100
正常高张力钢	490～790	7.8	63～101	
钢板 SPCC	340	7.8	44	
铝合金板 A6061（T6 处理）	310	2.7	115	500～600
锰合金板 A231	270	1.8	137	约 3000
PAN 系碳素纤维	2000～5000	1.6		约 2000

出处：森谦一郎《高张力钢材的压力成型技术》。

　　随着高张力钢板的登场，与运输有关的铁道车辆和飞机在铝材的需求上很有可能减少。在飞机上高碳纤维合成材料和钛合金材料已经开始登场，铝材使用量在已经降低的情况下有进一步恶化的可能性。

　　在建筑和土木工程方面，普及了铝合金门窗，趋势逐渐向装饰柔软和木质感强的方向发展，铝制家具被开发使用。热传导率高的铝材有断热隔热效果的问题，与隔热树脂配合使用的窗框已被开发出来。在外装材料方面与涂料厂家共同开发具有隔热效果的涂料及反射紫外线的建材已经开始销售。但是在对住宅方面要求更加节能化上，铝建材有其局限性，这是难以改变的事实。

　　铝合金材料基于其所具有的重量轻及耐腐蚀性好等优点，被作为各种土木制品和结构用材料广泛使用，具有削减维护费用和生命周期成本低的特点。比如，铝材防护栏与铁制防护栏比起来初期成本就要低约 20%，生命周期成本（50 年）约低 50%。铝制水门比铁制水门初期成本要高约 30%（比不锈钢约低 20%），生命周期成本（15 年）约低 30%[4]。由于这些优势，所以现在结构材料使用上铝材保持着优势地位。

　　在食品方面，主流饮料用铝罐与钢制罐和塑料制品竞争同时已经普及，2000 年左右易拉罐已经开发成功。无气饮料附带内压填充方法的铝制罐的使用使得应用领域扩大了，但相关者表示："1971 年开始铝制罐在啤酒领域实用化，伴随人口和需求增加的时代潮流，铝罐取得大的发展。但是随着人口增加停滞，容器竞争必定白热化。饮料容器在品质、性能、交货期、成本方面综合竞争的时代已经来临。铝罐要在这个综合竞争中生存下去就必须进行创新[5]"。

　　铝箔可单独使用，也可与过滤器或纸复合在一起使用，用途跨度很大，按需要分为食品（制果类、奶酪类）、日用品（家庭用箔、容器用）、电器（各种电容器用）等[6]。最初成功造出铝箔是 1911 年德国的 Rauba 博士在瑞士应用轧制方法取得的。1930 年日本由德国引进轧制、洗净、剪切等铝箔制造生产设备，用机械制造的方法开始生产铝箔。最初开始用在巧克力等包装领域，获得了广泛好评，1993 年代替锡箔开始应用于香烟。其后，被广泛推广至电容器等各种行业。

　　铝箔因其电容器传导率高而被使用，基于其具有的耐高温氧化特性而被用于锂电池的正极电体，因其良好的气密、防水、防锈等特性而被应用于光纤电缆膜上。用于香烟包装的需求虽然有所减少，但是能与铝箔这样具有一定特性的产品进行竞争的还是不多。

铝的主要应用领域变化不大，但在这个领域里也迎来巨大的变革期。究竟能否通过材料品质、新产品、新加工技术的研究开发来应对，事关铝产业将来的发展。

2. 资源论的观点

下面从资源论的视角对铝产业未来进行展望。第一章已经讲述铝是构成地壳元素中除氧（46.6％）、硅（27.7％）外的第 3 大元素（8.1％），是比铁（5.0％）还丰富的元素。作为原料的矾土矿（含氧化铝的矿石）推算埋藏量在 550～750 亿吨（非洲 32％、大洋洲 23％、南美和加勒比海 21％、亚洲 18％、其他 6％），现在可开采的储量在 280 亿吨左右。矾土矿的开采量及储藏量如表 6-2 所示，可采储藏量几内亚 74 亿吨（26％）、澳大利亚 60 亿吨（21％）、巴西 26 亿吨（9％）、越南 21 亿吨（8％）、牙买加 20 亿吨（7％）等[7]。

表 6-2　矾土矿的开采量及储藏量　　　　　　　　　　　　单位：百万吨

国家	生产量 A		可采储藏量 B	可采年数 B/A
	2012 年	2013 年		
几内亚	18	17	7400	435
澳大利亚	76	77	6000	78
巴西	34	34	2600	76
越南	0.1	0.1	2100	21000
牙买加	9	10	2000	211
印度尼西亚	29	30	1000	33
圭亚那	2	2	850	378
中国	47	47	830	18
希腊	2	2	600	300
苏里南	3	3	580	171
印度	19	19	540	28
委内瑞拉	2	3	320	128
俄罗斯	6	5	200	38
哈萨克斯坦	5	5	160	31
其他	5	5	2400	480
世界合计	258	259	28000	108

出处：USGS、Mineral Commodity Summaries，http：//minerals.usgs.gov/minerals/pubs/commodity/bauiite/mcs-2014-bauxi.pdf（2014 年 4 月 30 日阅览）。

按 2013 年生产量来计算可采储量的开采年数的话，矾土矿还可开采 108 年。一般推算储量是可开采量的 2～3 倍，所以今后可开采的年数肯定要增长。如表 6-3 所示，据推断铁矿石的可开采年数是 58 年、铜是 39 年、镍是 30 年、锡是 20 年、锌是 19 年、铅是 16 年，由此可见铝矿石储藏量还是极其丰富的[8]。

从矾土矿的可开采年数可以看出，澳大利亚、巴西、印度尼西亚开采量很可观，几内亚和越南未开采矿床很多，从原料的角度来看铝资源陷入危机的可能性很低。

表 6-3　金属资源可开采年数　　　　　　　　　　单位：百万吨

种类	生产量 A	可采储藏量 B	推算储藏量	可采年数 B/A
矾土矿	259	28000	55000～75000	108
铁矿石	2950	170000	800000	58
铜	17.9	690	4900	39
镍	2.49	74	130	30
锡	0.23	4.7	不明确	20
锌	13.5	250	1900	19
铅	5.4	89	2000	16

出处：USGS、Mineral Commodity Summaries，http：//minerals.usgs.gov/minerals/pubs/commodity の iron ore，copper，nickel，tin，zincJead（2014 年 4 月 30 日阅览）。

从原料角度看，资源虽很丰富，但有矾土矿制造氧化铝时所产生的废弃物红泥，其属于产业废物，对环境污染很大，再加上氧化铝冶炼铝锭工艺过程中要耗费大量的电，除了水力发电以外都产生温室效应污染环境。与前面提到的高张力钢等进行比较，见表 6-4，高张力钢换算的 CO_2 的排放量是成品每千克 2.3～2.7kg，而铝是 13.9～15.5kg，高出约 5 倍。比镁和高碳纤维的排放量要少，根据 Hall·Heroult 法判断是铝制造的问题。

表 6-4 铝的相关数值比通常表示的生命周期 LCI 的数值要稍微高一点。根据日本铝业协会的调查，推断日本进口原铝包含运输过程，每千克 CO_2 的排放量（2000 年）是 9.218kg[9]。这个数值所考虑的铝冶炼使用电力是按（水力发电 70％、煤炭 25％、燃气 5％）来进行测算的，生产方法没有公布无法判断，但表 6-4 可以认为接近于实际状况。可见原铝对于环境保护的压力还是非常大的。

表 6-4　制造时 CO_2 的排放量　　　　　　　　　　单位：kg

原钢材	2.3～2.7
高张力钢板	2.3～2.7
铝	13.9～15.5
镁（electrolysis）	18～24.8
镁（pigeon）	40～45
碳素纤维	21～23

注：用每千克 CO_2 换算。
出处：森谦一郎《高张力钢材压力成型技术》。

从环保和能源资源的角度来看铝绝对不能说是高枕无忧。矾土矿也有其局限性，环保和能源资源也有其局限性的一面，这都很可能是制约铝供给的因素。

与所有的金属资源一样，铝的再利用、再回收都在推进当中。铝的回收特别是废铝生产的再生铝（二次铝）使用时换算耗电量为每吨约 590kW·h，约为由矾土矿冶炼原铝耗电约每吨 2.11 万 kW·h 的 3％，可以明显看出利用再生铝在节省能源的同时对改善环境有巨大贡献[10]。

据世界铝业机构 2011 年推算，铝材料的应用流程见图 6-1。铝锭供给量是 9080 万吨，其中再生铝 4610 万吨约占 52％。用于生产再生铝的废铝冶炼过的铝渣、轧制和挤压成型的废铝（通常的统计含半成品）、成品加工过程中的铝屑等产业内的废铝合计是 3710 万吨。加上过去制造出来的废旧品（约 7.274 亿吨）中的碎屑 1120 万吨，除去再生过程当中损耗掉的 220 万吨量就是再生量。碎屑量是整个既存品总量的约 1.5％，相当于 2011 年成品量 5260 万吨的约 21％。

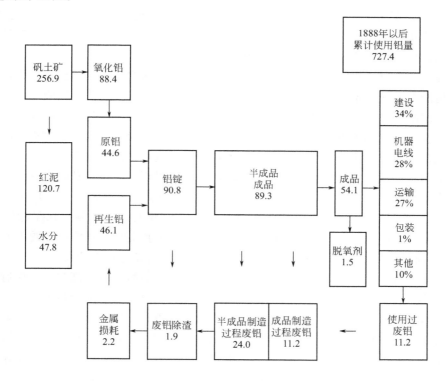

图 6-1　2011 年铝材平面图（单位：百万吨）

出处：Katy Tsesmelis. Recycling-an important part of the aluminium story，http：//www. world-aluminium. org/media/filer ＿ pub ic/2013/02/27/aluminium ＿ recycling ＿'＿ an ＿ important ＿ part ＿ of ＿ the ＿ aluminium ＿ story. pdf（2014 年 4 月 30 日阅览）。

日本铝再生在 1968 年～2008 年的 20 年间，对铝锭总需求之中的原铝（进口铝锭＋国内原铝）投入比例是 42％～43％，再生铝的使用率推算在 57％～58％[11]。比前面所述世界再生铝的使用率 52％稍微要高些。日本的情况是汽车和铝成品如果出口到国外的话，其再生利用是不可能了，所以从世界角度来看再生利用率比较高。

资源回收的相关政策推进方面，在 1995 年 6 月出台了《为促进有关容器包装的分类、收集及商品化等的法律（容器包装回收法）》，2001 年 4 月出台了《特定家庭用机器商品化法（家电回收法）》，2005 年 1 月出台并实施了《关于废旧汽车的再生资源法律（汽车回收法）》。废旧汽车的马达零部件等铸件和锻件再生，高品质挤压成型材、板材等轧制材的回收方面开发成功分等级回收技术"结晶分类法"。

在铝制品中铝罐的回收进展特别快，2012 年铝罐回收率达到了 94.7％，铁罐的回收率达到了 90.8％，塑料瓶的回收率到了 85.8％（2011 年），玻璃瓶是 69.6％（2011 年），医疗容器回收率中铝罐是第 1 位[12]。

以自治体为对象的调查结果显示，各种容器以每个 500mL 换算回收费用的平均值来看，铝罐 0.21 日元最低、铁罐是 2.26 日元、玻璃瓶是 8.36 日元、PET 瓶是 5.42 日元[13]。有关铝罐 111 个自治体中的 57 个自治体（约 51％）产生了收益。铝罐的回收上，"Can to Can" 也就是所谓的由废罐生产铝锭再生产罐的流程，2012 年度比例达到了 66.7％[14]。

如前所述，根据日本铝业协会的调查，再生铝每千克的 CO_2 排出量为 0.31kg，与原铝比较少了 97％，促进了环境保护。在经济产业省设立的有色金属产业战略研究会的铝产业战略领域工作小组编制的《铝产业战略》（2005）中，"铝资源确保和构建循环型社会" 条款中，指出确保稳定海外资源同时进一步推进国内回收工作[15]。

在上述条款中具体提到了如下做法：回收再生铝有混入物时，其品位将会降低，废铝复合材料中树脂等的比率增大，其品质更难保证，有必要进一步加强分类回收。伴随汽车回收法的实施，瞄准拉伸冲压材料回收的扩大时期，促进了由拉伸冲压材料到拉伸冲压材料的再生环境进行整理，比如窗框及汽车护板等对象，首先要构建回收渠道，探讨避免因混入不同金属降低品位，对合金规格表示方法等在业界内做统一应对方面的研究。

到目前为止的探讨是建立在铝资源丰富的前提下，对再生利用也都轻车熟路，资源上的制约性很小。虽然日本目前国内铝冶炼完全消失，原铝 100％ 依赖进口，今后是否能稳定确保供给也是很难说的。如第 5 章所讨论的那样，当前由开发进口体制确保了稳定的原铝供给，但像 Asahan 项目那样，也会发生受到对方国家民族主义的影响导致合同不能延长，或像 Venalum 项目那样，围绕成交价格纠纷造成实质上发生解约的情况。

在经济产业省的《铝产业战略》里指出有关确保稳定的海外资源现状是：握有原料（矾土矿和氧化铝）权益的欧美及俄罗斯的铝业大厂家在提高效率和增加竞争力，日本铝产业有必要讨论在目前现有的轧制（加工）工艺上仅有的竞争力到底能不能跟上海外铝业大厂的步伐。也就是说上游原料及铝锭的权利确保有无必要性，对于冶炼事业者向下游的业务展开等，在讨论商业模式的基础上，如何应对确保资源问题是非常重要的。同时，从避免资源风险出发，国家和民间共同在海外实施铝冶炼项目，现在有必要对其意义进行确认，考虑到对于铝锭供应商参加海外冶炼项目权益上所拥有谈判力是铝锭开发进口的长处所在，对开发进口有必要再评价。今后，确保铝锭权益的开发进口，实施确保上游矾土矿和氧化铝的权益时，我国铝业企业与扩大铝锭权益的商社携手强化民-民基本合作模式，充分利用国际合作银行 JBIC 等政府系金融机构，由 ODA 与当地电力和交通基础设施等携手合作是今后的方向。

在制定了《铝产业战略》以后，与铝业有关的开发进口项目有印度尼西亚氧化铝项目。在印度尼西亚的 Karimantan 西部 Tayann 地区建议用化学反应方式制造氧化铝的计划，2006 年 4 月开始产业化调查[16]。2007 年 2 月昭和电工与印度尼西亚 Antam 合资设立印度尼西亚化学和氧化铝（Antam 出资 80％、昭和电工出资 20％）并进行评估，2010 年 8 月工厂（氧化铝年产量 30 万吨）开始施工，投资额 4.5 亿美元（约 400 亿日元），2013 年 12 月完工并于 2014 年 1 月投产，使用的矾土矿原料来自 Antam 矾土矿矿山。2014 年初投产，其中 20 万吨由昭和电工面向日本客户销售[17]。工厂在 2013 年 10 月进行试车，2014 年下半年开始量产和销售[18]。

所需资金中约 263 亿日元由国际合作银行 JBIC 和民间金融机构贷款筹措，民间金融机构筹款约 105 亿日元中的 80％（84 亿日元），是为石油天然气和金属矿物资源机构 JOGMEC 担保债务的 JBIC 和 JOGMEC 合作项目[19]。

这个项目是水质净化剂、功能材料（陶瓷研磨材料、耐火材料、散热材料等）、电子工程学材料上所使用的氧化铝和氢氧化铝的开发进口，该项目不是应用于铝冶炼的开发进口，是昭和电工横滨事业所停止氧化铝生产以后的替代措施。

2005 年 10 月三菱商事与 BHP Billiton 在马来西亚东部 Sarawak 着手进行建设铝冶炼产业化调查，这个开发进口项目没有推进下去[20]。

2008 年 5 月双日和伊藤忠商事决定为增加设备能力追加投资，与 BHP Billiton 在西澳大利亚 Worsley 共同经营氧化铝合资厂 Worsley Alumina Joint Venture[21]。同时，还对 Worsley 持有的矾土矿矿山新矿区的开发和矾土矿增大运输能力进行了投资。投资总额约 2200 亿日元，其中双日负担 198 亿日元、伊藤忠商事负担 110 亿日元。氧化铝年生产能力由 350 万吨扩大至 460 万吨，预计 2011 年中完工。扩建工程完工以后，双日取得数量是 41.4 万吨，伊藤忠商事是 23 万吨。Worsley 的氧化铝是铝冶炼原料，对已经开始衰退的国内冶炼业来说使用量不大，大部分被用于海外工厂，某种意义上讲也可定义为开发进口。

如第 5 章第 2 节已经记述的那样，2010 年 9 月住友商事发表参加马来西亚最大挤压成型厂 Press Metal Berhad 的子公司 Press Sarawak Sdn. Bhd. 在马来西亚 Sarawak 推进的铝冶炼事业，取得 2009 年 8 月开始投产的 Press Sarawak Sdn. Bhd. （年产 12 万吨）的 20％股份。2013 年 11 月取得同样在 Sarawak 经营铝冶炼工厂（年产 32 万吨，2012 年 9 月投产）Press Metal Berhad 的子公司 Press Bintulu Sdn. Bhd. 的 20％股份。住友商事在这两个项目上总计确保了年产 44 万吨铝锭 20％的股权。

同样如在第五章第二节所述，2011 年丸红接受魁北克政府投资公司转让其所持有的 Alouette 股份，出资份额增加到 13.33％。类似这样的综合商社在不断地推进原铝开发进口。

令人瞩目的是 2006 年越南化学用氢氧化铝项目。日本轻金属和双日两家公司与越南化学 Vinachen 旗下的子公司 SBC 开始共同建设化学用氢氧化铝工厂的可行性进行调查[22]。氢氧化铝的生产能力每年约 55 万吨，项目总建设费用约 400 亿日元，考虑到信用风险，预计以国际合作银行为中心进行资源融资。可是，材料费用高涨带来了工厂建设资金膨胀，世界经济不确定因素造成了经营困境加大，基于此日本轻金属放弃了这个计划[23]。

日本轻金属进军越南的计划主要因素是基于清水工厂制造氢氧化铝的目的，如表 6-2 所示的那样越南是仅次于巴西的世界矾土矿储藏量第 4 位的国家，考虑到其属于发展中国家而进行开发，因而进军越南的意义极其重大。虽说有国际合作银行的背景，但对于进军风险大的海外事业，单独或者少数几家公司的能力还是有局限性的，这个可以说就是个例证。

对高速增长的发展中国家的投资，像过去 Asahan 项目和亚马逊项目那样，还是希望国家牵头进行国家级项目开发。如《铝产业战略》所要求的基本以民-民之间协调，灵活运用国际合作银行 JBIC 等政府系金融机构进行协助，由 ODA 与当地的电力和交通基础设施进行协作的战略方向去实施，大的项目方面之后未能再实现。

从资源视角出发来展望日本铝产业的未来，很明显政府的资源战略重要性巨大。预计 21 世纪为了争夺资源将会产生激烈的竞争，"资源战争"这个词我们切身感受的时代已经来临。对于地球上有限的资源，超越国境进行公正分配的国际规则和国际组织还不存在。由市场决定资源分配有其局限性，资源问题上由国家间进行协调是必不可少的。

对于铝资源问题希望政府发挥切实可行的作用。不应像现在这样每发生一个问题就进行个别应对，应该就能源问题确立必要的综合性资源应对政策，然后采取实际应对措施。21 世纪解决铝资源问题及解决问题的根本方向在于：探讨资源公正分配方法的同时，找到对抗资源民族主义的分配原则，在这个原则的基础上确立资源政策。

注释：

1. 日经 BP 记事（2014 年 4 月 30 日）。

2. 马自达，新闻稿。

3. 日产汽车，新闻稿，2013 年 3 月 12 日。

4. 日本铝业协会《铝建筑结构物》。

5. 宇都宫秀记（大和制罐）《铝饮料罐制造技术的变迁——这 40 年的足迹和将来的课题》2010 年 10 月，43～44 页。

6. 日本铝业协会《对社会贡献的铝箔的世界》。

7. USGS，Mineral Commodity Summaries（2014 年 4 月 30 日）。

8. USGS，Mineral Commodity Summaries（2014 年 4 月 30 日）。

9. 日本铝业协会《原铝及拉伸冲压材料用再生铝 LCI 数据概要》，2005 年 3 月 23 日。

10. 大泽直《简明易懂铝业的基本和组织》秀和系统，2010 年、70 页。根据日本铝协会调查，日本进口的新铝每 1kg 能量消耗（2000 年）是 140.9MJ，再生铝能量消耗（1998 年）是 1.32MJ，再生铝不到新铝的 1%。日本铝业协会《新铝及展伸材料用再生铝的 LCI 数据概要》2005 年 3 月 23 日。

11. 高杉马美《铝的再生利用》，2010 年 10 月，117～118 页。

12. 铁罐再生利用协会的网站。

13. 日本铝业协会《循环型饮料容器——铝罐》。

14. 日本铝业协会网站。

15. 经济产业省《铝产业战略》，2014 年 4 月 30 日。

16. 昭和电工新闻稿，2006 年 4 月 5 日。

17. 昭和电工新闻稿，2010 年 8 月 31 日。

18. 昭和电工新闻稿，2013 年 10 月 29 日。

19. 石油天然气、金属矿物资源机构新闻稿，2011 年 6 月 13 日。

20. 《铝冶炼，马来西亚新工厂——事业化调查，三菱商事，与澳大利亚达成协议》日本经济新闻，2005 年 10 月 8 日，早报，10 页。

21. 双日新闻稿，2008 年 5 月 1 日。

22. 双日新闻稿，2006 年 11 月 20 日。

23. 《日轻金从越南的铝原料工厂计划撤退　新日轻的再生优先》日本经济新闻，2008 年 7 月 17 日，早报，11 页。

后　记

　　本书于 2014 年以本人在庆应义塾大学大学院政策和媒体研究系博士研究生论文《日本铝产业——冶炼产业盛衰与加工产业现状》为基础撰写完成，除去对冶炼行业当时状况进行分析以外，还对历史因素进行了剖析。

　　2005 年在庆应义塾大学大学院政策和媒体研究系，读硕士研究生时的论文题目是《中国汽车产业政策和丰田集团对中国的战略》，取得硕士学位以后，经常在中国的大学进行讲学活动。其间目睹中国经济令人炫目的高速成长，对日本企业在中国的活动兴趣日增，想把硕士研究生论文往前再推一步的想法越来越强烈。与本人硕士论文指导老师庆应义塾大学综合政策学部小岛朋之教授和野村享教授商量，想请他们继续做我的博士研究生导师，由于跨行业的原因未能如愿。最后承蒙庆应义塾大学综合政策学部的桑原武夫教授不弃，担任本人博士指导老师。

　　博士论文最初设想是收集日本企业进军中国除汽车以外，在海外开拓零部件产业方面的信息。在此期间被汽车铝制零部件产业深深地吸引，随后开始研究日本铝产业。了解到很罕见的历史现象：日本铝冶炼曾经是世界第三大规模，因为美元危机和石油危机导致其完全退出历史舞台，与其相关的产业史和经营史的研究几乎是空白。于是决定博士论文题目以研究日本铝产业为对象，主要剖析包括日本铝加工业进军中国的现状、对冶炼产业的兴衰和加工业的现状。

　　撰写过程当中，相继在社会经济史学会第 82 次全国大会（2013 年 6 月 1 日，东京大学）作了题目为《日本铝冶炼产生衰退的经济史意义——从资源问题的角度》、经营史学会第 49 次全国大会（2013 年 10 月 26 日，熊谷大学）作了题目为《日本铝冶炼产业的进入和撤退——以三井集团案例为核心》、社会经济史学会第 83 次全国大会（2014 年 5 月 24 日，同志社大学）作了题目为《日本铝产业的原材料对策——铝锭开发进口的作用》的研究报告。还有 2014 年 12 月 11 日向国际会议 Aluminium as a Material for Creativity from the 19th to the 21st Century（Paris，the Museum of Decorative Arts）提交题目为《From the Rise and Decline of Japanese Smelters to the Success of Aluminium Fabricators'》的论文，并向 The Journal for the History of Aluminium No. 54.（2015，June，Institute for the History of Aluminium）投稿《The Rise and Decline of Japanese Aluminium Smelters from 1960s and 1980s》。

　　论文得到了桑原武夫教授、野村享教授以及庆应义塾大学综合政策学部柳町功教授和松井孝治教授的亲切指导和帮助。除庆应义塾大学湘南藤泽校园以外，三田校园的各位老师和其他大学的研究学者也给予了很大支持。经济产业省事务次官立岗恒良和铝产业界有关的诸位提供资料并配合研究调查等，给予了各种形式的协助。借此机会，对于给予帮助的各位表示衷心的感谢。

本书出版之际，承蒙 2003 年在北京日本学研究中心讲学时有过一面之缘的三重大学浜太郎教授（现三重大学名誉教授、三重大学出版会编辑长）鼎力相助。在此表示由衷感谢。

三和　元

2015 年 10 月

参 考 文 献

秋津裕哉著『わが国アルミニウム製錬史にみる企業経営上の諸問題』建築資料研究
　社、1994年。

浅野秀一著『アルミニウム工業：資源・技術・経済』鉄鋼新聞社、1970年。

東和男編著『中国の自動車産業』華東自動車研究会、2004年。

安西正夫著『アルミニウム工業論』ダイヤモンド社、1971年。

飯高一郎・海江田弘也著『軽金属と軽合金』誠文堂新光社、1942年。

磯野勝衞著『本邦軽金属工業の現勢　アルミニウムとマグネシウム』産業経済新聞
　社、1943年。

逸見謙三編『アジアの工業化と一次産品加工』アジア経済研究所、1975年。

岩原拓著『中国自動車産業入門　成長を開始した"巨人"の全貌』東洋経済新報社、
　1995年。

牛島俊行・宮岡成次著『黒ダイヤからの軽銀―三井アルミ20年の歩み』カロス出版、
　2006年。

越後和典編『規模の経済性』新評論、1969年。

大澤直著『よくわかるアルミニウムの基本と仕組み　性質、製錬、材料、加工の基
　礎知識：初歩からのアルミの科学』秀和システム、2010年。

小川正巳著『アルミ』日本経済新聞社、1990年。

置村忠雄編『マグネシウム工業の回顧』軽金属統制会、1946年。

置村忠雄編『軽金属史』軽金属協議会、1947年。

小野健二著『軽金属』山海堂、1942年。

神尾彰男著『アルミニウム新時代　軽量・高強度と新機能を追求』工業調査会、
　1993年。

カロス出版編『アルミニウム会社便覧』カロス出版、1992年。

北川二郎著『アルミニウム工業』誠文堂新光社、1963年。

『金属』編集部編『金属を知る事典』アグネ、1978年。

熊谷尚夫編『日本の産業組織Ⅱ』中央公論社、1973年。

グループ38著『アルミニウム製錬史の断片』カロス出版、1995年。

軽金属協会編『アルミニウムハンドブック』朝倉書房、1963年。

軽金属協会編『アルミニウム百科事典』軽金属通信社、1969年。

軽金属製品協会編『アルミニウム表面処理ハンドブック』軽金属出版、1971年。

軽金属通信社編『アルミニウム読本』軽金属通信社、1974年。

小久保定次郎著『アルミニウムの性質及用途』内田老鶴圃、1938年。

小島精一著『戦時日本重工業』春秋社、1938年。

小林藤次郎著『アルミニウムのおはなし』日本規格協会、1985年。

小宮隆太郎・奥野正寛・鈴村興太郎編『日本の産業政策』東京大学出版会、1984年。

坂尾茂信著『中国アルミ紀行』ＬＭ通信社、1987年。

佐藤眞住・藤井清隆著『アルミニウム工業』東洋経済新報社、1968年。

佐藤定幸著『米国アルミニウム産業　競争と独占』岩波書店、1967年。

産業教育協会編『日本産業大系　第1巻　エネルギー・鉄鋼・非鉄金属・鉱石』中
　央社、1960年。

産業構造調査会編『日本の産業構造』第3巻、通商産業研究社、1965年。

清水啓著『アルミニウム外史　上巻　戦争とアルミニウム』カロス出版、2002年。

清水啓著『アルミニウム外史　下巻　北海道のサトウキビ』カロス出版、2002年。

杉本四朗著『軽金属読本』春秋社、1963年。

杉山伸也・牛島利明編著『日本石炭産業の衰退』慶應義塾大学出版会、2012年。

園田晋著『アルミニウム工業』昭和電工大町青年學校、1933年。

高橋昇著『日本の金属産業』勁草書房、1965年。

高橋本枝著『アルミニウム及其の合金』工業圖書、1937年。

竹内次夫・向坊隆著『東北産粘土よりアルミナ製造の研究』東北産業科学研究所、1943年。

田中彰著『戦後日本の資源ビジネス』名古屋大学出版会、2012年。

田中久泰著『アルミニウム工業の現状と課題』(社) 軽金属協会、1969年。

陳晋著『中国自動車企業の成長戦略』信山社出版、2000年。

津村善重著『アルミニウム合金』金属通信社、1976年。

電気化学協会編『日本の電気化学工業の発展』電気化学協会、1959年。

デビッド・シンプソン、ロバート・エイヤーズ、マイケル・トーマン著 (植田和弘訳)『資源環境経済学のフロンティア』日本評論社、2009年。

中島崇行・村津寿美男著『アルミ業界』、教育社、1976年。

西岡滋編著『海外アルミ資源の開発』アジア経済研究所、1969年。

西尾滋編著『金属資源　開発と利用の戦略』金属加工出版会、1971年。

日本アルミニウム協会編『社団法人日本アルミニウム連盟の記録』日本アルミニウム協会、2000年。

日本産業学会編『戦後日本産業史』東洋経済新報社、1995年。

長谷川周重著『大いなる摂理』アイペック、1985年。

日向方齊著『私の履歴書』日本経済新聞社、1987年。

フォーイン編『2002中国自動車・部品産業』フォーイン、2002年。

藤井清隆著『軽金属』ポプラ社、1963年。

藤井清隆著　鉄鋼新聞社編『アルミニウムの知識』工業図書出版、1961年。

藤井清隆著『世界のボーキサイト資源』アジア経済研究所、1967年。

松崎福三郎・大場吉三郎著『軽金属工芸』仙台書院、1944年。

水上達三著『私の商社昭和史』東洋経済新報社、1987年。

宮岡成次著『三井のアルミ製錬と電力事業』カロス出版、2010年。

三和良一・田付茉莉子・三和元編著『日本の経済』日本経営史研究所、2012年。

森永卓一著『アルミニウム製錬』日刊工業新聞社、1968年。

森永卓一・高橋恒夫著『軽合金の鍛造』軽金属出版、1982年。

渡辺純子著『産業発展・衰退の経済史』有斐閣、2010年。

日本アマゾンアルミニウム『アマゾンアルミ・プロジェクト30年の歩み』日本アマゾンアルミニウム、2008年。

ロメウ・ド・ナシメント・テイシェイラ著『アルブラス物語』アルブラス、2008年。

高橋武夫編『神鋼三十年史』神戸製鋼所、1938年。

神鋼五十年史編纂委員会編『神鋼五十年史』神戸製鋼所、1954年。

80年史編纂委員会編『神戸製鋼80年』神戸製鋼鋼所、1986年。

三協アルミニウム工業株式会社社史編集委員会編『10年のあゆみ』三協アルミニウム工業、1970年。

中央宣興株式会社出版局編『20年のあゆみ』三協アルミニウム工業、1980年。

三協アルミ30年史編纂委員会企画『三協アルミ30年史』三協アルミニウム工業、1990年。

昭和アルミニウム社史編纂室編『昭和アルミニウム五十年史』昭和アルミニウム、1986年。

昭和軽金属アルミニウム社史編集事務局編『昭和電工アルミニウム五十年史』昭和電工　1984年。

昭和電工株式会社社史編集室編『昭和電工五十年史』昭和電工、1977年。

昭和電工株式会社総務部広報室編『昭和電工のあゆみ』昭和電工、1990年。

昭和電線電纜50年史編纂委員会編『昭和電線電纜50年史』昭和電線電纜、1986年。

スカイアルミニウム編『二十二年の歩み：昭和39.12-昭和61.12』スカイアルミニウ
　　ム、1987年。

住友化学工業編『住友化学工業株式会社社史』住友化学工業、1981年。

住友化学工業編『住友化学工業最近二十年史 ：開業八十周年記念』住友化学工業、
　　1997年。

住友軽金属工業編『住友軽金属工業年表』住友軽金属工業、1974年。

日本社史全集刊行会編『住友軽金属工業社史』（日本社史全集）、常盤書院、1977年、
　　［復刻版］。

住友軽金属工業編『住友軽金属年表　平成元年版』住友軽金属工業、1989年。

住友電気工業編『社史・住友電気工業』住友電気工業、1961年。

住友電気工業社史編集委員会編『住友電工の歴史』住友電気工業、1979年。

住友電工100周年社史編集委員会編『住友電工百年史』住友電気工業、1999年。

『タツタ電線20年史』タツタ電線、1967年。

「大紀アルミの40年」編集委員会編『大紀アルミの四十年』大紀アルミニウム工業所.
　　1989年。

『立山アルミ40年史』立山アルミニウム工業、1989年。

東洋アルミニウム編『東洋アルミニウム五十年史』東洋アルミニウム、1982年。

東海金属編『五十年史』東海金属、1961年。

東海金属株式会社総務部編『創立七十周年記念：ニュートーカイ この二十年のあ
　　ゆみ』東海金属、1982年。

『富山軽金属20年のあゆみ』富山軽金属工業、1990年。

日本アルミニウム工業編『社史・アルミニウム五十五年の歩み』日本アルミニウム
　　工業、1957年。

『最近二十年史』日本アルミニウム工業、1971年。

日本軽金属編『日本軽金属二十年史』日本軽金属、1959年。

日本軽金属社史編纂室編『日本軽金属三十年史』日本軽金属、1970年。

日本軽金属社史編纂室編『日本軽金属五十年史』日本軽金属、1991年。

『日軽圧延』日本軽金属軽圧事業部、1980年。

『日本製箔株式会社五十年史』日本製箔、1984年。

日本鉄鋼連盟戦後鉄鋼史編集委員会編『戦後鉄鋼史』日本鉄鋼連盟、1959年。

日本電線工業会編『電線史』日本電線工業会、1959年。

日本輸出入銀行編『二十年の歩み』日本輸出入銀行、1971年。

日本輸出入銀行編『三十年の歩み』日本輸出入銀行、1983年。

国際協力銀行編『日本輸出入銀行史』国際協力銀行、2003年。

日鉄化学工業編『日鉄化学工業株式会社二十年史』日鉄化学工業、1958年。

日鉄化学工業30年史編集委員会編『日鉄化学30年史』日鉄化学工業、1969年。

日鉄化学工業編『日鉄化学社史』日鉄化学工業、1984年。

藤倉電線社史編纂委員会編『藤倉電線社史（88年のあゆみ）』藤倉電線、1973年。

藤倉電線社史編纂委員会編 『フジクラ100年の歩み：1885-1985』藤倉電線、1987年。

古河電気工業株式会社編、日本経営史研究所編集『創業一〇〇年史』古河電気工業、
　　1991年。

『北陸軽金属工業二十年史』北陸軽金属工業、1963年。

三菱化成工業株式会社総務部臨時社史編集室編『三菱化成社史』三菱化成工業、
　　1981年。

吉田工業編『Y.K.K.三十年史』吉田工業、1964年。

五十年史編纂室編『ＹＫＫ50年史』吉田工業、1984年。

YKK編『挑戦と創造の最近10年史 YKK60周年記念』YKK、1995年。

大蔵省財政史室編『昭和財政史　終戦から講和まで　第一巻　総説 賠償・終戦処理』
　　東洋経済新報社、1984年。
通商産業省産業政策局編『構造不況法の解説 特定不況産業安定臨時措置法』通商
　　産業調査会、1978年。
通商産業省編『基礎素材産業の展望と課題 』通商産業調査会、1982年。
通商産業省基礎産業局非鉄金属課編『メタルインダストリー'88』通産資料調査会、
　　1988年。
通商産業省基礎産業局非鉄金属課監修 MITI's Aluminium Data File、産業新聞社、
　　1991年。
通商産業省産業政策局編『構造不況法の解説　特定不況産業安定臨時措置法』通商
　　産業調査会、1978年。
通商産業省産業政策局編『産構法の解説　新たな産業調整へ向けて』通商産業調査
　　会、1983年。
通商産業省通商産業政策史編纂委員会編『通商産業政策史』第 1 巻、通商産業調査
　　会、1994年。
通商産業省通商産業政策史編纂委員会編『通商産業政策史』第14巻、通商産業調査
　　会、1993年。
通商産業政策史編纂委員会編、尾高煌之助著『通商産業政策史　1980-2000』第 1 巻、
　　経済産業調査会、2013年。
通商産業政策史編纂委員会編、山崎志郎他著『通商産業政策史　1980-2000』第 6 巻、
　　経済産業調査会、2011年。
非鉄金属工業の概況編集委員会編（通商産業省基礎産業局金属課）『非鉄金属工業
　　の概況』（昭和51年版・54年版）小宮山印刷工業出版部、1976年・1979年。

『アルミニウム年鑑・総覧』金物時代社、1937年。
一條諦吉編『アルミニウム年鑑・マグネシウム總覽』金物時代社、1939年。
一條諦吉編『軽金属年鑑』金物時代社、1942年。
金属産業調査研究所、金属通信社編『軽金属通鑑』（昭38～昭48）金属通信社、
　　1963-1973年。
軽金属製錬会編『アルミニウム製錬工業統計年報』軽金属製錬会、1960年。
経済産業省大臣官房調査統計グループ構造統計室『本邦鉱業のすう勢調査』。
財務省『財務省貿易統計』（http://www.customs.go.jp/toukei/suii/index.html）
財務省「対外及び対内直接投資実績」（http://www.mof.go.jp/international_policy/
　　reference/itn_transactions_in_securities/fdi/sankou03.xls）
総務省「平成17年産業連関表」（http://www.soumu.go.jp/main_content/ 000290970.
　　http://www.e-stat.go.jp/SG 1 /estat/List.do?bid=000001019588&cycode= 0 ）
総務省統計局『日本の長期統計』（http://www.stat.go.jp/data/chouki/index.html）
日本アルミニウム協会『アルミニウムデータブック 2012』日本アルミニウム協会、
　　2012年。
日本アルミニウム協会『アルミニウム製錬工業統計年報』
日本アルミニウム協会『アルミニウム統計月報』
　　（http://www.aluminum.or.jp/atatistics/monthly_report.html）
日本アルミニウム協会『アルミ圧延品統計月報』
　　（http://www.aluminum.or.jp/statistics/rollingstat.html）
日本アルミニウム連盟『軽金属工業統計年報』
日本銀行『主要時系列統計データ表（月次）』
　　（http://www.stat-search.boj.or.jp/ssi/mtshtml/m.html）
日本鉄鋼連盟『鉄鋼統計要覧』
日本貿易振興機構『日本の直接投資』

（http://www.jetro.go.jp/world/japan/stats/fdi/data/）
J-DAC『企業史料統合データベース』

池田徹「'85年を迎えるアルミ業界の課題」「あるとぴあ時評」『アルトピア』vol.15
　　No.1 、1985年1月。
大西幹弘「戦後、日本アルミニウム製錬業に見る新規参入と既存企業の対応—三菱
　　化成の参入をめぐって—」、『一橋論叢』第89巻 第5号、1983年5月。
小邦宏治「生か死か—土壇場のアルミ製錬業」『エコノミスト』1978年7月18日。
岸本憲明「Norsk Hydro社をパートナーに迎えて」日本ブラジル中央協会『ブラジ
　　ル特報』2011年7月号。
木村栄宏「アルミ製錬業の撤収と今後の課題」『日本長期信用銀行調査月報』202号、
　　1983年3月。
金原幹夫・望月文男「アルミニウム産業の資源とエネルギー問題」『軽金属』
　　Vol.30、No.1 、1980年。
首藤宣行「"死に至る病"のアルミ製錬」『エコノミスト』1982年9月20日。
田下雅昭「アルミニウム製錬業の国際競争力と設備投資の動向」『日本長期信用銀
　　行調査月報』146号、1976年1月。
田中美生「構造不況と産業調整政策」『神戸学院経済学論集』第17巻第3号、1985年。
富樫幸一「戦後日本のアルミニウム製錬工業の立地変動と地域開発政策」『経済地
　　理学年報』30（1）1984年。
西村「わが国アルミ製錬業の現状と問題点」『三井銀行調査月報』530号、1979年9
　　月。
根尾敬次「アルミニウム産業論」第1回〜22回、『アルトピア』vol.32　No.10〜
　　vol.34　No.8 、2002年10月〜2004年8月。
ラジャン，マヘッシュ　伊田昌弘訳「経営の構造的衰退：日本アルミニウム製錬産
　　業における生産能力調整戦略の制度的影響」『大阪産業大学論集』通号108、1998
　　年2月。
村田博文「死刑を宣告されたアルミ6社」『財界』1981年5月26日。
「新たな局面を迎えるアルミ産業」『三菱銀行調査』429号、1991年1月。
「アルミ圧延の土俵に巨人の足」『エコノミスト』1963年9月24日。
「アルミを黒字集団化した昭和電工」『週刊ダイヤモンド』1988年3月30日。
「アルミ製錬業界事情」『興銀調査』166号、1972年11月。
「アルミニウム産業　1984年の回顧と1985年の展望」『アルミニウム』No.53、1985
　　年1月。
「激突前夜のアルミ戦線」『週刊東洋経済』42年11月4日
「これからの日本のアルミ産業」『アルトピア』vol.17　No.5 、1987年5月。
「トップに聞く　撤収から再構成へのシナリオ」『アルトピア』vol.19　No.2 、1989
　　年2月。
「三井グループ"アルミへの執念"をきる」『ダイヤモンド』1968年2月19日、60頁。

経済産業省「アルミニウム産業戦略」
　　（http://www.meti.go.jp/policy/nonferrous_metal/strategy/aluminium01.pdf）
経済産業省非鉄金属課「アルミニウム産業の現状と課題」2005年
　　（http://www.meti.go.jp/policy/nonferrous_metal/strategy/aluminium02.pdf）
公正取引委員会「古河スカイ株式会社と住友軽金属工業株式会社の合併計画に関す
　　る審査結果について」2013年2月21日、
　　（http://www.jftc.go.jp/houdou/pressrelease/h25/feb/130221.files/130221- 3 .pdf）
国際協力機構『海外経済協力基金史』

(http://www.jica.go.jp/publication/archives/jbic/history/pdf/k11_part 3 chap 4 .
  pdf)
児嶋秀平（経済産業省鉱物資源課）「鉱物資源安定供給論」2002年、
  (http://www.rieti.go.jp/jp/projects/koubutsu/pp01r001-r0712.pdf)
独立行政法人 石油天然ガス・金属鉱物資源機構　金属資源開発調査企画グループ
  『銅ビジネスの歴史』(http://mric.jogmec.go.jp/public/report/2006-08/)
資源エネルギー庁電力・ガス事業部「電気料金の各国比較について」平成23年8月。
  (http://www.enecho.meti.go.jp/denkihp/shiryo/110817kokusaihikakuyouin.pdf)
日本アルミニウム協会「アルミニウム技術戦略のロードマップ　2013」
  (http://www.aluminum.or.jp/roadmap/pdf/2013.pdf)
日本アルミニウム協会「アルミ産業の歩み」
  (http://www.aluminum.or.jp/basic/alumi-sangyo/index.html)
日本アルミニウム協会「アルミニウム合金製品車輌の歴史」
  (http://www.aluminum.or.jp/railway_vehicle/history/index.html)
日本アルミニウム協会自動車アルミ化委員会「自動車アルミ化」
  (http://www.aluminum.or.jp/jidosha/japanese/07/07Localindex.htm)
森謙一郎「高張力鋼部材のプレス成形技術」
  (http://chusanren-jisedai.com/upload/fckeditor/0323_mori.pdf)

日本アルミニウム協会、http://www.aluminum.or.jp/
日本アルミニウム合金協会、http://www.jara-al.or.jp/
全国清涼飲料工業会、http://j-sda.or.jp/
日本サッシ協会、http://www.jsma.or.jp/
軽金属製品協会、http://www.apajapan.org/

Anyadike, Nnamdi, *Aluminium: The Challenges Ahead*, Woodhead Publishing,
  2002
Duparc, Olivier Hardouin, Alfred Wilm and the beginnings of Duralumin,
  Zeitschrift für Metallkunde, vol. 96, 2005
EC, Joint Research Centre, *The World Aluminium Industry*, Dictus Publishing,
  2012
ESS, GHQ, SCAP, *The Aluminum Industry of Japan*, ESS, 1946
Holloway, Steven, *The Aluminium Multinationals and Bauxite Cartel*, Palgrave
  Macmillan, 1988
International Directory of Company Histories, Vol. 31. St. James Press, 2000
International Directory of Company Histories, Vol. 35. St. James Press, 2001
International Directory of Company Histories, Vol. 45. St. James Press, 2002
International Directory of Company Histories, Vol. 56. St. James Press, 2004
International Directory of Company Histories, Vol. 67. St. James Press, 2005
King, James F., *The Aluminium Industry* (*International Trade Series*), Woodhead
  Publishing, 2001
Miwa, Hajime, 'The Rise and Decline of Japanese Aluminium Smelters from 1960s
  and 1980s', *The Journal for the History of Aluminium* no.54. (2015, June,
  Institute for the History of Aluminium)
Nappi, Carmine, *The Global Aluminium Industry - 40 years from 1972*,
  International Aluminium Institute, 2013
  http://www.world-aluminium.org/media/filer_public/2013/02/25/an_outlook_
  of_the_global_aluminium_industry_1972_-_present_day.pdf.

OECD, *The Case for Positive Adjustment Policies*, Paris, 1979

Sheard, Paul, *How Japanese firms manage industrial adjustment: a case study of aluminium*, Research School of Pacific Studies, Australian National University, 1987

Stuckey, John A., *Joint Ventures and Vertical Integration in the Aluminium Industry*, Harvard University, Cambridge, 1983

Tsesmelis, Katy, *Recycling -an important part of the aluminium story*, http://www.world-aluminium.org/media/filer_public/2013/02/27/aluminium_recycling_-_an_important_part_of_the_aluminium_story.pdf

United Nations, Centre on Transnational Corporations, *Transnational corporations in the bauxite/aluminium industry*, United Nations, 1981

USGS, Mineral Commodity Summaries, http://minerals.usgs.gov/minerals /pubs/commodity/

Wallace, Donald H., *Market Control in the Aluminum Industry*, Harvard University Press, Cambridge, 1937

World Aluminium Directory 7 th Revised, Metal Bulletin Books Ltd., 2007

World Bureau of Metal Statistics, *World Metal Statistics*.